WESTEND

THOMAS MOSER

DER AMRI-KOMPLEX

Ein Terroranschlag, zwölf Tote und die Verstrickungen des Staates

WESTEND

Mehr über unsere Autoren und Bücher:
www.westendverlag.de

Die Deutsche Nationalbibliothek verzeichnet diese Publikation in der Deutschen Nationalbibliografie; detaillierte bibliografische Daten sind im Internet über http://dnb.d-nb.de abrufbar.

FSC
www.fsc.org
MIX
Papier aus verantwortungsvollen Quellen
FSC® C083411

ISBN 978-3-86489-341-4

Umschlaggestaltung: Buchgut, Berlin
Satz: Publikations Atelier, Dreieich
Druck und Bindung: CPI – Clausen & Bosse, Leck
Printed in Germany

Inhalt

Kapitel 1
Die Stille

»… ein Geräusch, als wenn ein Haus einstürzen würde, sehr laut, für uns überhaupt nicht einsortierbar, sehr metallisch auch. Die Leute gingen nicht mehr, es standen eigentlich alle da, wie eine Fotografie. Es gab eine minutenlange Stille.«

Ein Ohren- und Augenzeuge am 19. Dezember 2016

»Ich beschreibe einfach das Szenario, Menschen liegen am Boden, werden behandelt von anderen Menschen. Hier ist gerade die Polizei noch an einem …, es ist wirklich schwierig, das in Worte zu fassen. Es liegen Menschen unter dem LKW.«

Ein Journalist

»Am Ort war eine gespenstische Stille. Das fand ich bemerkenswert für so ein Ereignis.«

Ein Polizeibeamter

»Weihnachten existiert für uns nicht mehr.«

Astrid Passin, die auf dem Breitscheidplatz ihren Vater verlor

»Äußerlich bin ich cool, nach innen ein Wrack.«

Andreas Schwartz, der den Anschlag miterlebte und versuchte zu helfen

»Wenn ich manchmal mit dem Fahrrad unterwegs bin und höre einen LKW hupen, dann kommt es vor, dass ich die Straße verlassen muss. Ich bin plötzlich völlig außer mir, von jetzt auf gleich. Was willst du eigentlich hier, wo wolltest du eigentlich hin?«

Egbert Schmidt, Augenzeuge und Betroffener

»Hoffentlich war das nicht dieser Amri.«

Ein Beamter des Landeskriminalamtes von Nordrhein-Westfalen vor dem Untersuchungsausschuss in Düsseldorf auf die Frage, was er dachte, als er von dem Anschlag erfuhr

»Wir haben vermutet, dass Amri kein Lone Wolf war, sondern Leute um sich scharte.«

Rasmus M., Landeskriminalamt Nordrhein-Westfalen und Leiter der Ermittlungskommission »Ventum«

»Mir ist nicht bekannt, dass der Name Amri vermeintlich schon früher bekannt war.«

Jutta Porzucek, damals Leiterin des Staatsschutzes im LKA Berlin, vor dem Untersuchungsausschuss des Bundestags

»Da fehlen mir die Worte. […] Das sind Widersprüche, die ich nicht erklären kann. […] Eine unvorstellbare Kette von Versäumnissen. […] Derart ungewöhnlich, dass es selbst für Berlin ungewöhnlich ist.«

Bruno Jost, Ex-Bundesanwalt, der nach dem Anschlag als Sonderbeauftragter das Behördenhandeln in Berlin untersuchte

»Offenbar geht es um das individuelle Fehlverhalten Einzelner. Mein Vertrauen in die Polizei ist ungebrochen. Wir müssen handlungsfähig bleiben, das ist das Wichtigste bei der Frage.«

Andreas Geisel (SPD), Innensenator von Berlin

»Wir haben nur Ermittlungsthesen, keine Beweise. Die werden Sie auch nicht bekommen.«

Thomas Beck, Leiter der Abteilung Terrorismus in der Bundesanwaltschaft und stellvertretender Generalbundesanwalt

»Einerseits wollen wir natürlich die Öffentlichkeit im Rahmen unserer Aufklärung informieren, andererseits wollen wir natürlich auch den Sicherheitsinteressen Rechnung tragen. Und insofern entscheiden wir im Moment im Zweifel eher für die Nicht-Öffentlichkeit.«

Stephan Lenz (CDU), Vorsitzender des Untersuchungsausschusses im Abgeordnetenhaus von Berlin

»Ich würde wirklich dringend davor warnen zu mutmaßen, als sei hier irgendwie bewusst etwas ignoriert worden. Wenn, dann ist es Versagen im Einzelfall, es ist Fehleinschätzung.«

Frank Zimmermann (SPD), Mitglied des Berliner Untersuchungsausschusses

»Die Arbeit des BfV darf in bestimmten Bereichen nicht in die Öffentlichkeit getragen werden. Ich kann nicht erkennen, dass ich irgendeine Information nicht erhalten habe.«

Armin Schuster (CDU), erster Vorsitzender des Untersuchungsausschusses im Bundestag

»Wir wissen alle nicht, ob Anis Amri gefahren ist. Nach der Spurenlage waren noch andere Personen im LKW.«

Konstantin von Notz (Grüne), Mitglied des Untersuchungsausschusses im Bundestag

»Zu beweisen, dass Amri der Täter im LKW war, tue ich mich schwer: Er ist tot.«

Horst Rüdiger Salzmann, in der Bundesanwaltschaft verantwortlich für die Anschlagsermittlungen

»Ich habe keine Bedenken, dass meine Mitarbeiter korrekt gearbeitet haben. Die Täterfrage ist zweifelsfrei geklärt. Es gibt keine validen Hinweise auf Mittäter.«

Holger Münch, Präsident des Bundeskriminalamtes, vor dem Untersuchungsausschuss im Bundestag

»Die objektive Spurenlage passt nicht zur Darstellung des BKA.«

Irene Mihalic (Grüne), Mitglied des Untersuchungsausschusses

»Amri war ein Fall der Polizei Nordrhein-Westfalen, dann der Polizei Berlin.«

Hans-Georg Maaßen, Ex-Präsident des Bundesamtes für Verfassungsschutz (BfV)

»Die Frage ist nicht mehr, ob der frühere Präsident des BfV Parlament und Öffentlichkeit belogen hat, sondern: Warum?«

Martina Renner (Linkspartei), Mitglied des Untersuchungsausschusses im Bundestag

»Wann hat das Bundesamt für Verfassungsschutz seine V-Leute zu Amri befragt?« – »In dem Moment, in dem die Quelle flüchtig ist.«

Frage im Untersuchungsausschuss der Bundestags und Antwort des BfV-Mitarbeiters mit dem Aliasnamen »Thilo Bork«

»Welche Fehler hat das BfV im Gesamtkomplex in der Nachschau gemacht?« – »Keinen Fehler, dessen Unterlassung dazu beigetragen hätte, den Anschlag zu verhindern.«

Frage im Untersuchungsausschuss und Antwort des BfV-Vertreters mit dem Aliasnamen »Gilbert Siebertz«

»Manches kommt einem natürlich aus dem NSU bekannt vor, was die V-Mann-Praxis des BfV angeht. Klar sein muss, nicht die Bundesregierung kontrolliert das Parlament, sondern das Parlament die Regierung und die Geheimdienste.«

Benjamin Strasser (FDP),
Mitglied im Untersuchungsausschuss des Bundestags

»Die Sitzung hat uns heute eindrucksvoll gezeigt, wie schwer Verfassungsschutzämter kontrollierbar sind. Wir haben heute unsere Grenzen aufgezeigt bekommen.«

Niklas Schrader (Linkspartei),
Mitglied des Berliner Untersuchungsausschusses

»Das war eine Kapitulation des Untersuchungsausschusses gegenüber dem Verfassungsschutz.«

Andreas Schwartz

»Wir haben das Videomaterial nicht vorenthalten, sondern vielleicht nur nicht in der gebotenen Eile weitergegeben.«

Bruno Kahl, Präsident des Bundesnachrichtendienstes (BND),
im Untersuchungsausschuss des Bundestags

»Wie soll man ein Kapitel abschließen, wenn man keine Antworten bekommt, wenn ich nur Fragezeichen, 1 000 Fragezeichen habe?«

Ein Augenzeuge und Opfer

»Das ist wie eine Mauer, wie eine Wand, gegen die man anrennt. Bei einer Antwort bleiben zwei neue Fragen übrig.«

Egbert Schmidt, Augenzeuge und Ersthelfer

»Ich frage mich, ob überhaupt das Interesse bestand, wirklich zu ermitteln, oder ob man sich nicht mit der ›Lösung Amri‹ zufriedengab.«

Gerhard Zawatzki, Besucher des Weihnachtsmarktes und Ersthelfer

»Wir haben die Vermutung, dass die Verbindungen zwischen uns blockiert werden und wir kaum die Möglichkeit haben, uns kennenzulernen.«

Astrid Passin, Sprecherin der Hinterbliebenen

»Wir werden noch an dem ein oder anderen Untersuchungsausschuss teilnehmen und Informationen sammeln. Ich glaube, es ist für meine innere Aufklärung wichtig und für unsere gemeinsame Aufarbeitung, dass ich hier anwesend bin.«

Sascha Klösters, der bei dem Anschlag schwer verletzt wurde und seine Mutter verlor

»… dass es einen solchen schrecklichen Anlass braucht, um zu einer Lösung zu kommen.«

Frank Henkel, Ex-Innensenator, vor dem Berliner Untersuchungsausschuss

»Der Anschlag war wie ein Katalysator, um die Erkenntnisse über Terrorgefahren nun umzusetzen.«

Andreas Geisel vor dem Berliner Untersuchungsausschuss

»Ich habe mit dieser Sache nichts zu tun. Ich würde so was nie im Leben machen.«

Anis Amri in einer Whats-App-Nachricht an Freunde

»Ich wünsche uns, dass eines Tages Klarheit herrscht.«

Kriminaldirektor W., LKA Nordrhein-Westfalen

»Ich sehe erhebliche Fortschritte bei der Terrorabwehr in Deutschland. So etwas wie Amri wird sich nicht wiederholen.«

Bundeskanzlerin Angela Merkel im Bundestagswahlkampf 2017

»Als Bundeskanzlerin der Bundesrepublik Deutschland verspreche ich Ihnen: Wir tun alles, um die Morde aufzuklären und die Helfershelfer und Hintermänner aufzudecken und alle Täter ihrer gerechten Strafe zuzuführen. Es geht auch darum, alles in den Möglichkeiten unseres Rechtsstaates Stehende zu tun, damit sich so etwas nie wiederholen kann.«

Merkel beim Gedenkakt für die Opfer des NSU, Februar 2012

Kapitel 2
Der historische Kontext

Ein Tunesier namens Anis Amri soll nach offizieller Lesart der Attentäter vom Breitscheidplatz gewesen sein. Nach über vierjähriger Aufklärungsarbeit drei parlamentarischer Untersuchungsausschüsse sowie zwei Sonderermittlern spricht mehr dagegen als dafür, dass es Amri war, der den vierzig Tonnen schweren Sattelschlepper in die Menschenmenge des Weihnachtsmarktes an der Berliner Gedächtniskirche steuerte. Das wird im Folgenden zu zeigen sein. Und dennoch spielt der zugereiste Tunesier eine Rolle.

Hinter der Tat zeichnet sich stattdessen eine Vielzahl von Ereignissen, Handlungsebenen, Personen und Personengeflechten ab, die zugleich weit in den bundesdeutschen Sicherheitsapparat hineinreichen. Das bedeutet, dass auf dem Breitscheidplatz kein singuläres Ereignis eines Alleintäters stattgefunden hat. Allerdings: Wenn Amri zwar nicht der Haupttäter war, so war er doch am Tatgeschehen beteiligt und kann als erster gesicherter Mittäter gelten. Er war am 19. Dezember 2016 vor Ort, eines seiner Handys lag im Tat-LKW, und als er in Italien den Tod fand, hatte er die Tatpistole bei sich, mit der in Berlin der polnische Speditionsfahrer ermordet worden war.

Damit stellt die Figur Amri zugleich so etwas wie ein Medium dar, das zu den übrigen Tätern führen kann, wenn man seinen Spuren folgt. Mit wem stand er in Kontakt? Sein Umfeld bestand unter anderem aus Tunesiern sowie Personen anderer arabischer Länder. 2011, nach Beginn der arabischen Rebellionen, die in Tunesien ihren Ausgang nahmen, hatte sich der damals Achtzehnjährige wie viele seiner Landsleute auf den Weg nach Europa gemacht. Über Italien kam er Anfang Juli 2015 nach Deutschland. Was für Zeiten waren das? Im

Folgenden soll zunächst ein Blick auf den historischen Kontext des Anschlags von Berlin gegeben werden.

1989 zerbrach eine zementiert geglaubte Weltordnung. Am symbolhaftesten vielleicht im Fall der Berliner Mauer. In der Folge wurden gesellschaftliche Kräfte freigesetzt, demokratische und fortschrittliche ebenso wie reaktionäre. Die Welt geriet in Bewegung und verfiel gleichzeitig in zahlreiche Auseinandersetzungen. Neue Kriege entbrannten, vor allem auch Bürgerkriege, wie etwa die bewaffneten Konflikte im ehemaligen Jugoslawien, die über ein Jahrzehnt lang andauerten.

Die Bundesrepublik Deutschland machte sich in diesen Konflikten gemeinsam mit anderen Staaten zu einer Weltpolizei. Ihre Armee, die Bundeswehr, agiert seither an verschiedenen Orten außerhalb der Grenzen Deutschlands. Bei diesen Einsätzen geht es nicht allein um Frieden, sondern auch um den Zugang zu Rohstoffen, die Sicherung von Handelswegen oder die Garantie wirtschaftlicher Interessen. Ergänzt wird diese Auslandsexekutive durch die Anwendung des sogenannten Völkerstrafrechts. Deutsche Stellen maßen sich an, Personen und Gruppen überall zu verfolgen, auch im Ausland und unabhängig davon, ob deutsche Staatsbürger betroffen sind oder nicht. Eine Weltjustiz als Pendant zur Weltpolizei. Das deutsche Organ dafür ist der Generalbundesanwalt. Unterstützt wird er vom Bundesnachrichtendienst. Außenpolitik mit den Mitteln des Rechts wird das genannt.

Dieser global-imperiale Anspruch hat aber nicht die Ausweitung der Demokratie und des Rechtsstaates auf andere Länder zum Ziel, sondern die Aufrechterhaltung einer Ordnung, die bestehende Herrschaftsansprüche akzeptiert.

2011 erfasste die 1989 begonnene, weltweite Umwälzung der Herrschaftsverhältnisse die arabischen Länder in Nordafrika und dem Nahen Osten. In Syrien griff die alte Ordnung zum Mittel des Krieges gegen die neuen demokratischen Bestrebungen. Dabei wurde das Land weitgehend zerstört.

Die Bundesrepublik nimmt in diesen Konflikten ihren Platz in der Regel auf Seiten der anerkannten Staaten ein. Deutlich wird das in den regelmäßigen Strafverfahren der Bundesanwaltschaft (BAW) gegen Mitglieder verschiedenster Organisationen, denen Mitgliedschaft in einer terroristischen Vereinigung oder Unterstützung einer terroristischen Vereinigung vorgeworfen wird, wie im Beispiel des Islamischen

Staates (IS). Konsequenterweise verfolgt die BAW auch bewaffnete Angriffe regierungsfeindlicher Gruppierungen beispielsweise auf die syrische Regierung.

Terrorbekämpfung mit den Mitteln des Rechts heißt das nun. Auffällig ist, dass die bestehenden Regimes, wie in Syrien, von Terrorvorwürfen weitgehend ausgenommen werden, obwohl auch sie Terror praktizieren. Im April 2020 wurde zum ersten Mal vor einem deutschen Gericht der Prozess gegen zwei mutmaßliche Mitarbeiter des syrischen Geheimdienstes eröffnet. Ihnen wird Verbrechen gegen die Menschlichkeit, Hilfe bei Folterungen, vorgeworfen. Am 24. Februar 2021 wurde Anwar R., einer der beiden Angeklagten, zu viereinhalb Jahren Haft verurteilt.

Im Normalfall kooperiert der real-existierende Staat Deutschland prinzipiell mit anderen real-existierenden Staaten und deren Organen. Das schließt Polizei und Nachrichtendienste mit ein, mögen diese Staaten auch noch so wenig demokratisch sein. Das entspricht eben der real-existierenden, konspirativen internationalen Logik und Politik des Weltstaatengefüges.

In der deutschen Strafverfolgung kommt unter anderem immer wieder der Paragraph 89a zur Anwendung: »Vorbereitung einer schweren staatsgefährdenden Gewalttat«. Ein Verdachtsparagraph, mit dem sich zahlreiche strafprozessuale Maßnahmen begründen lassen (wie beispielsweise Telefonüberwachung) und durch welchen Strafverfolgung in den Vortatraum verlegt werden kann. »Gefahrenabwehr« nennen die Sicherheitsbehörden dieses Programm, das in den letzten Jahren immer weiter ausgebaut wurde und den Organen repressive Mittel schon für den sicherheitspolitischen Alltag an die Hand gibt. Im Namen der »Gefahrenabwehr« können beispielsweise Personen bis zu zwei Wochen in Gewahrsam genommen werden, ohne dass die Polizei belegen muss, wann wo und mit welchen Tatmitteln eine sogenannte staatsgefährdende Gewalttat verübt werden sollte. Im Juli 2019 nahm die Polizei den Deutsch-Libanesen Wael C., der als Imam in der Berliner Fussilet-Moschee verkehrte, fest, weil er am abgehörten Telefon gesagt hatte, er plane den Aufstieg »ins höchste islamische Paradies«. Zusammen mit Wael C. kamen fünf weitere Salafisten »aus gefahrenabwehrenden Gründen in Gewahrsam«. Vier von ihnen wurden nach wenigen Tagen wieder entlassen, bei C. und einem zweiten Mann wurde der volle Zeitraum von zwei Wochen Gewahrsam ausgeschöpft, obwohl die Polizei nicht sagen konnten, an welchem Tatort zu welcher Tatzeit und mit welchem Tatmittel der unterstellte Anschlag verübt werden sollte.

Polizei und Sicherheitspolitiker suchen nach immer weiteren Aufrüstungsmöglichkeiten im Rahmen der sogenannten »Gefahrenabwehr«, beispielsweise die Ausdehnung der Telekommunikationsüberwachung ohne richterlichen Beschluss oder die Abschiebung eines Unliebsamen.

Der Begriff »Gefährder« gehört ebenfalls zu diesen sicherheitspolitischen Instrumenten. Es handelt sich dabei nicht etwa um ein exakt definiertes Delikt nach dem Strafrecht, das entsprechende Verfolgungsmaßnahmen nach sich zöge, sondern um einen Arbeitsbegriff der Polizei, der es ihr erlaubt, eine betreffende Person zu überwachen. Ein anderes, relativ junges Instrument ist der sogenannte »Nachrichtenmittler«. Dabei handelt es sich um eine Person, die mit Beschuldigten in Kontakt steht, ohne selbst beschuldigt zu sein, und deren Telefon deshalb abgehört werden kann. Im Gegensatz zum »Gefährder« ist der »Nachrichtenmittler« aber ein Institut der Strafprozessordnung und bedarf eines richterlichen Beschlusses.

Im Fall der beiden Tunesier Anis Amri und dessen Freund Bilel Ben Ammar lag, um einen kleinen Vorgriff vorzunehmen, folgende widersprüchliche Situation vor: Beide waren als islamistische »Gefährder« eingestuft worden, zugleich wurden sie als nicht-beschuldigte »Nachrichtenmittler« behandelt, die Kontakt zu Beschuldigten unterhielten. Und obwohl auch sie sich innerhalb der beobachteten Gruppierung konspirativ verhielten, wurden Amri und Ben Ammar von den konkreten Ermittlungen wegen Terrorverdachtes gegen die jeweiligen Gruppenmitglieder ausgenommen. Allerdings gab es gegen beide noch eigene strafrechtliche Ermittlungen wegen Terrorismusverdachtes in einem jeweils anderen Fall. Kurz: Amri und Ben Ammar waren zugleich abstrakte Gefährder, konkrete unschuldige technische Quellen sowie Terrorbeschuldigte. Man könnte auch an besondere Spielfiguren auf dem Terrorismusfeld mit multiplen Eigenschaften denken.

Nach dem Anschlag vom 19. Dezember 2016 standen Amri und Ben Ammar dann an erster und zweiter Stelle der Tatverdächtigen. Amri fand bald darauf den Tod, Ben Ammar wurde nach Tunesien abgeschoben.

Kapitel 3

Der 19. Dezember 2016 und der Tathergang

Bei dem Ereignis auf dem Breitscheidplatz in Berlin handelte es sich, so heißt es bis heute immer wieder, um den schlimmsten einzelnen Terroranschlag seit dem Oktoberfestattentat 1980. Am Anfang eines Anschlags stehen zentrale Fragen: Wer sind die Täter? Was ist das Motiv und das Ziel des Tötungsplans? Sind weitere Angriffe geplant? Gibt es Mitwisser? Wie lange wurde der Anschlag vorbereitet? Gab es Auftraggeber? Was wissen die Sicherheitsbehörden? Warum die Tat an diesem Ort?

Tatort war der Weihnachtsmarkt auf dem Platz, wo die symbolträchtige Gedächtniskirche steht, die an die Zerstörungen des Zweiten Weltkrieges erinnern soll. Ein Mahnmal mit einer Symbolik vor allem für die deutsche Geschichte.

Am 19. Dezember 2016 starben dort elf Menschen, die von dem Fahrzeug erfasst wurden: Anna und Georgyi Bagratuni, in Berlin lebende Ukrainer, Sebastian Berlin (Deutschland), Nadja Cizmarova (Tschechien), Fabrizia Di Lorenzo, in Berlin lebende Italienerin, Dalia Elyakim (Israel), Christoph Herrlich (Deutschland), Klaus Jacob (Deutschland), Angelika Klösters (Deutschland), Dorit Krebs (Deutschland), Peter Völker (Deutschland/USA). Lukasz Urban, der Fahrer der polnischen Spedition, wurde erschossen im Führerhaus gefunden. Dutzende Weihnachtsmarktbesucher wurden verletzt, zum Teil schwer, viele sind traumatisiert. Ein Verletzter liegt bis heute im Koma.

Am Nachmittag des 19. Dezembers wandte sich ein Vertreter der Kirchengemeinde an die mobile Polizeiwache, die an der Südseite der Gedächtniskirche stand, und berichtete, sie hätten Hinweise auf einen eventuellen Anschlag auf den Weihnachtsmarkt am 24. Dezember. Konkretisieren konnte das der Kirchenvertreter nicht.

Seit halb acht Uhr am Morgen stand der Sattelschlepper der Marke Scania, der um 20 Uhr zur Tatwaffe wurde, am Friedrich-Krause-Ufer in Berlin-Moabit gegenüber der Firma Thyssen-Krupp. Etwa um 18:15 Uhr begab sich Amri zu dem Standort. Der LKW einer polnischen Spedition war dort abgestellt, weil der Speditionsfahrer am nächsten Morgen bei Thyssen-Krupp seine Ladung (Stahlträger) löschen wollte. Amri ging an dem Fahrzeug vorbei, machte kehrt, passierte den LKW wieder und begab sich dann zur Fussilet-Moschee in der Perleberger Straße, wo sich mehrere Personen aufhielten. Amri blieb dort von 18:37 Uhr bis 19:06 Uhr, ehe er sich erneut zum Krause-Ufer aufmachte, was etwa zwanzig Minuten in Anspruch nahm. Unterwegs und eine Viertelstunde vor der Bemächtigung des LKW wurde auf dem Handy der Marke HTC, das Amri bei sich trug, sämtliche bisherige Kommunikation gelöscht.

Das Bundeskriminalamt (BKA) stützt sich bei seiner Rekonstruktion auf die Geodaten des HTC-Geräts aus der Google-Cloud. Diese Bewegungsdaten sollen sich in einzelnen Fällen mit Feststellungen Amris auf öffentlichen Videoaufnahmen decken. Letztlich ist aber nicht belegt, wer das Gerät tatsächlich bei sich hatte und ob es ausschließlich Amri war. Möglich ist, dass es auch von anderen Personen genutzt wurde, in dem Smartphone sind insgesamt etwa ein Dutzend SIM-Karten eingelegt worden.

Etwa um 19:30 Uhr soll Amri den polnischen Fahrer erschossen und das Fahrzeug in seine Gewalt gebracht haben. Nicht ausgeschlossen ist, dass mehrere Personen daran beteiligt gewesen waren. Lukasz Urban soll, so die offizielle Version der Ermittler, auf seiner Liege hinter den Fahrersitzen gelegen haben, als er mit einem Kopfschuss getötet wurde. Dem widerspricht allerdings die Auffindesituation im LKW auf dem Breitscheidplatz. Der Tote kauerte nach rechts geneigt auf dem Beifahrersitz. Das spricht dafür, dass er erst am Anschlagsort starb. Damit wäre die offizielle Version des Tathergangs bereits in Frage gestellt. Zugleich ergäben sich aber neue Fragen, zum Beispiel wie Urban bei der Anfahrt stillgehalten werden konnte.

Auf der Fahrt zum Breitscheidplatz, die von 19:30 Uhr bis 20:00 Uhr dauerte, soll Amri mittels des HTC-Handys mehrmals mit einer Person des IS in Libyen kommuniziert haben. Wie das praktisch und technisch gelang, kann das BKA nicht erklären, auch, weil die eingelegte

SIM-Karte dafür nicht benutzt wurde. Die Route des Sattelschleppers aus dem Norden der Stadt in die Mitte führte am Lützowplatz östlich des Breitscheidplatzes vorbei. Auf der Budapester Straße passierte das Fahrzeug den Platz in westliche Richtung, fuhr bis zum Ernst-Reuter-Platz, wo der Fahrer eine Kehrtwende vollzog und auf der Hardenbergstraße zurück den Weihnachtsmarkt ansteuerte. Beim Bahnhof Zoo hielt der LKW ein letztes Mal an.

Zwei Zeugen wollen in der Fahrerkabine drei Männer gesehen haben. Einer sei ausgestiegen, ehe der LKW weiter Richtung Zielort fuhr. Zwischen 20:01 und 20:02 Uhr raste er in den Weihnachtsmarkt.

Ein Augenzeuge, der sich auf dem Platz aufhielt, gibt an, gesehen zu haben, wie in der LKW-Kabine ein stehender Mann von der Beifahrerseite aus dem Fahrer ins Lenkrad gegriffen habe. Daraufhin scherte das Fahrzeug auf die Straße aus. Nachdem es auf der Budapester Straße zum Stehen gekommen war, wollen zahlreiche Zeugen einen oder mehrere Schüsse gehört haben. Ein Zeuge will die Schussabgabe gesehen haben. Mehrere Zeugen sagten aus, der ausgestiegene Fahrer habe eine Waffe in der rechten Hand gehalten. Er sei dann Richtung Bahnhof Zoo gegangen.

Polizeihauptkommissar Rainer G., der Leiter der mobilen Polizeiwache auf der anderen Seite der Gedächtniskirche, brauchte ein paar Minuten, bis er sich zur Unfallstelle durchgearbeitet hatte. Dort sei ein Mann auf ihn zugekommen, der sich als Beamter der Kriminalpolizei vorstellte. Er habe erklärt, er sei zufälligerweise in der Nähe gewesen. Kurz danach habe sich ein zweiter Kriminalbeamter in Zivil dazugesellt. Ob sie vom BKA oder vom LKA waren, kann Rainer G. nicht mehr sagen. Jedenfalls handelte es sich um leitende Beamte, die ihn unter anderem anwiesen, den Toten aus dem Fahrerhaus nach Papieren zu durchsuchen.

Die zwei Polizisten in Zivil sind bisher nicht identifiziert, Namen sind keine bekannt, in den Ermittlungsakten tauchen sie nicht auf, und von sich aus gemeldet haben sie sich auch nicht.

Kapitel 4
Der seltsame Weg des Fahrers

Um acht Uhr an jenem Montagabend saßen die beiden Immobilienberater Steffen P. und Stefan L. noch in ihren Büroräumen im zwanzigsten Stock des Waldorf-Astoria-Gebäudes an der Hardenbergstraße. Der untere Teil des markanten Hochhauses ist ein Hotel, oben liegen gewerbliche Büroräume.

Als sie ein lautes Geräusch wahrnahmen, das sich für sie anhörte wie ein umfallender Stapel von Europaletten, gefolgt von Schreien, die dann abrupt aufhörten, sprangen sie auf und gingen ans Fenster. Dieses liegt an der Front zur Hardenbergstraße und ist bodentief, sodass man direkt nach unten sehen kann. Rechts konnte man zum Breitscheidplatz blicken, links zum Hardenbergplatz und zum Bahnhof Zoo. Steffen P. und Stefan L. sahen auf der Straße den LKW stehen, der gerade durch den Weihnachtsmarkt gefahren war. Die Fahrertür sei aufgegangen und ein Mann herausgesprungen. Ein Blick auf die Beifahrertür sei nicht möglich gewesen. Der Mann sei am Auflieger entlang nach hinten gegangen, sei noch einmal zurück bis zur Mitte, habe sich nach unten gebeugt und unter den LKW geschaut. Dann sei er auf der Mittelinsel in ihre Richtung gekommen, weiter auf die andere Straßenseite hin zum Kino Zoopalast, das dem Waldorf-Astoria-Gebäude genau gegenüberliegt. Er habe relativ ruhig gewirkt und sei nicht gerannt.

Trotz ihres hohen Standpunktes hatten die beiden den Mann vor allem deshalb im Blick behalten können, weil er auffallend helle, beige-gelbliche Stiefel oder Halbstiefel getragen habe. Die seien wie ein Erkennungszeichen des Fliehenden gewesen. Gerade weil es dunkel war, hätten die Schuhe reflektierend gewirkt und ihnen geholfen, den Mann im Auge zu behalten. Da ihnen ein solches Verhalten eines LKW-Fahrers, der eben zumindest einen schweren Unfall verursacht hatte, komisch vorkam, entschieden die beiden Zeugen, ihn zu verfolgen. Steffen P. begab sich nach unten auf die Straße, um den Fahrer einzuholen, Stefan L. blieb oben, um zu sehen, wohin sich der Fahrer bewegte, und seinen Kollegen per Mobiltelefon entsprechend zu lotsen. Er machte ein Handyfoto, auf dem man den fliehenden Fahrer aber nur schemenhaft erkennt, als dieser über den Busbahnhof am Hardenbergplatz schritt. Dann ging er am Gebäude des Bahnhofs Zoo entlang Richtung Norden, passierte die Wache der Bundespolizei, ehe ihn Stefan L. in Höhe der Unterführung ganz am Ende des Bahnhofs aus den Augen verlor.

Die beiden Zeugen aus dem Waldorf-Astoria-Haus haben zwei wesentliche Beobachtungen gemacht, die nicht zum angeblichen Täter Anis Amri passen. Dieser trug zu diesem Zeitpunkt rote Sportschuhe und keine hellen Stiefel. Das ist auf einer Videosequenz von etwa dreißig Sekunden Länge zu erkennen, die eine Überwachungskamera der Berliner Verkehrsbetriebe um 20:06 Uhr von Amri in einer Unterführung des U-Bahnhofs Zoo machte. Zum Zweiten widerspricht die Richtung, die Amri in der Aufnahme eingeschlagen hatte, dem Weg des LKW-Fahrers. Amri war über die Treppe am Bahnhofsgebäude in die Unterführung hinuntergegangen und unterquerte dann den Hardenbergplatz in West-Ost-Richtung, ehe er am östlichen Ausgang beim Zoologischen Garten wieder nach oben kam. Er war also in gewisser Weise Richtung Tatort unterwegs. Der Fahrer war an dem Zugang vorbeigegangen, an dem Amri in die Unterführung ging. Das muss nahezu zeitgleich geschehen sein. Vielleicht haben sich beide auch kurz getroffen. Vielleicht hat eine Übergabe, beispielsweise der Tatpistole, stattgefunden. Die Aufnahme belegt andererseits aber, dass Amri zur Tatzeit in Tatortnähe gewesen ist. Wenn der Fahrer des Tat-LKW jemand anderes war, wären bereits mindestens zwei Personen an dem Attentat beteiligt gewesen.

Als Steffen P. im Juni 2020 als Zeuge vor dem Untersuchungsausschuss des Berliner Abgeordnetenhauses seine Wahrnehmungen am Tatabend schilderte, reagierten mehrere Abgeordnete aufgeregt. Ja, bestätigte er auf deren Nachfragen, er habe aus dem zwanzigsten Stock erkennen können, dass der fliehende Fahrer helle Stiefel trug. Ja, rote Schuhe schließe er aus. Nein, eine Waffe habe er nicht bei ihm gesehen. Nein, das Gesicht habe er nicht genau erkennen können.

Nein, es sei ihm nicht möglich zu bestätigen, dass es sich um Anis Amri gehandelt habe.

Die Brisanz seiner Aussage kommt in dem apodiktischen Satz von Ausschussmitglied Benedikt Lux (Grüne) zum Ausdruck: »Der Täter hatte rote Schuhe!« Streng genommen formulierte Lux einen falschen Vorhalt, denn Tatsache war lediglich, dass Anis Amri rote Schuhe trug. Wenn der LKW-Fahrer aber helle Stiefel anhatte, kann es nicht Amri gewesen sein, sondern es waren zwei verschiedene Personen. Lux sitzt in der Festlegungsfalle: Anis Amri gleich Täter. Diese Festlegung behindert die Aufklärung seit Beginn der Ermittlungen, und sie beeinflusst die Berichterstattung.

Zum ersten Mal war in einem Untersuchungsausschuss ein unbeteiligter Tatzeuge angehört worden. Bis dahin wurden fast ausnahmslos Beamte befragt: Polizisten, Staatsanwälte, Nachrichtendienstler. Doch nicht jeder der nur noch wenigen anwesenden Journalisten wollte die Aussage des Zeugen wiedergeben. Das hätte die Täterfestlegung berührt. So war es, als habe sie nicht stattgefunden.

~ * ~

An dieser Stelle eine kurze Erklärung zur Arbeitsweise des Autors. Ich verstehe mich vor allem als Chronist. Die parlamentarischen Untersuchungsausschüsse sind die wesentlichste Quelle, aus der sich dieses Buch speist. Dafür muss man persönlich vor Ort sein und die Sitzungen verfolgen. Die Parlamentsprotokolle der Zeugenvernehmungen stehen erst nach dem Ende der Legislaturperiode zur Verfügung – wenn überhaupt, denn manche Untersuchungsausschüsse veröffentlichen auch keine Protokolle. Die in diesem Buch an verschiedenen Stellen protokollartig vorgenommene Darstellung von Zeugenbefragungen ist Ergebnis meiner eigenen Beobachtung der Sitzungen und ein journalistisches Stilmittel. Einzelne Formulierungen mögen abweichen, aber ihre Inhalte stimmen. Neben den Untersuchungsausschüssen, diesen offenen Schauplätzen, wurden Informationen aus mehreren anderen Quellen gewonnen, zu denen Befragungen von Zeugen oder Informanten zählen, aber auch Einsichtnahme in amtliche Dokumente. Aus Gründen des Quellenschutzes können diese nicht näher identifiziert werden.

Die seltsamen Wege des angeblichen Täters Amri

Zwischen 20:01 Uhr und 20:02 Uhr raste der Lastwagen in den Weihnachtsmarkt. Vom angeblichen Attentäter Anis Amri existiert eine Videoaufnahme in einer Unterführung des U-Bahnhofs Zoo, ein paar hundert Meter vom Breitscheidplatz entfernt, die laut Zeitstempel um 20:05:58 Uhr beginnt und um 20:06:34 Uhr endet. Amri schlendert darauf durch einen unterirdischen etwa fünfzig Meter langen Gang und streckt am Ende demonstrativ den ausgestreckten Zeigefinger in die Überwachungskamera vor ihm. Die Ermittler interpretieren das Zeichen als den islamistischen »Tawhid«-Gruß und Tatbekennung. Amri sieht allerdings nicht aus wie jemand, der kurz zuvor am Steuer eines Vierzigtonners saß, durch eine Menschenmenge und Verkaufsbuden gefahren ist, möglicherweise den Speditionsfahrer erschossen hat, aus einem verwüsteten Führerhaus mit zerbrochener Windschutzscheibe entkam und vielleicht selber verletzt war. Der Rundfunk Berlin Brandenburg (RBB) hat die Videosequenz im August 2019 um einige Sekunden verkürzt auf seiner Webseite veröffentlicht. Heute ist sie dort nicht mehr zu finden. Die Bundesanwaltschaft, der die Anschlagsermittlungen unterstehen, hat anhand des Videos von Anfang den Eindruck erweckt, Amri sei über den U-Bahnhof und mittels U-Bahn geflohen. Noch am dritten Jahrestag des Anschlags war auf der Seite der Tagesschau zu lesen, Amri sei gegen 20:06 Uhr im U-Bahnhof Zoo gefilmt worden und kurz danach »offenbar in die U-Bahn gestiegen«.

Zusammen mit einem Anschlagsopfer machte ich mich im Herbst 2019 selbst auf die Suche nach jenem Tunnel. Wir wollten wissen, welchen Weg genau der mutmaßliche Täter genommen hat und ob er unter Umständen noch öfter ins Blickfeld von Überwachungskameras gekommen sein könnte. Zunächst war der fragliche Tunnelgang im U-Bahnhof Zoo anscheinend nicht zu finden, was daran lag, dass auch wir davon ausgingen, Amri sei in die U-Bahn geflüchtet. Erst als wir die Perspektive änderten, konnten wir den Gang identifizieren. Er liegt am nördlichen Ende der U-Bahnlinie U9, dient aber nicht nur dem Zu- und Ausgang der U-Bahn, sondern auch als Unterführung des verkehrsreichen Hardenbergplatzes. Die Unterführung verbindet praktisch das Bahnhofsgebäude mit dem Zoologischen Garten.

Amri nahm genau diesen Weg, vom Bahnhofsgebäude zum Zoo. Er ging nicht zur U-Bahn hinunter, sondern stattdessen am Zugang zur U9 vorbei und kam auf der entgegengesetzten Seite des Hardenbergplatzes wieder heraus. Nimmt man die Täter-Hypothese der Bundesanwaltschaft ernst, dann hätte sich Amri vom Tatort Breitscheidplatz zum Hardenbergplatz am Bahnhof Zoo begeben, hätte diesen Platz oberirdisch überquert, wäre auf der Bahnhofsseite in die Unterführung gegangen, um dann auf der entgegengesetzten Seite wieder hochzukommen, dort, wo er ursprünglich herkam. Und das alles nur, um den islamistischen Gruß in eine Überwachungskamera zu zeigen? Das hätte er einfacher haben können, Videokameras gibt es genug.

Tatsächlich hatte auch das BKA realisiert, welchen Weg Amri da nahm und dass er am U-Bahn-Zugang vorbeiging. Wurde das nie in dieser Klarheit kommuniziert, weil dann die Täterschaft mit einem Fragezeichen versehen werden müsste? In den Ermittlungsunterlagen ist relativierend vom »offenbaren Attentäter« Amri die Rede. Völlig ohne Zweifel scheint sich das BKA bei dessen Täterschaft selbst nicht zu sein.

Im März 2020 wurde das U-Bahn-Video auch im Untersuchungsausschuss des Bundestags vorgeführt. Der Vorsitzende Klaus-Dieter Gröhler (CDU) fragte den zuständigen Kriminalhauptkommissar des BKA, T. V., der nur mit Initialen vorgestellt wurde:

Gröhler: »Haben Sie das Video mal mit einem Polizeipsychologen angeschaut? Ich habe es ein Dutzend Mal getan. Irgendetwas ist nicht schlüssig. Viereinhalb Minuten nach der Tat läuft er völlig ruhig durch die Kamera. Er soll vorher zwölf Menschen ermordet haben, ist nicht abgehetzt, nicht verschwitzt.«

T. V.: »Wir haben uns die Frage auch gestellt, können ihn aber nicht mehr fragen. Wer so etwas macht, an den kann man keinen normalen Maßstab anlegen.«

Gröhler: »Warum geht Amri einen Weg Richtung Tatort?«

T. V.: »Natürlich, das erscheint nicht logisch. Aber wir haben keine Anhaltspunkte, die das erhellt hätten.«

Wohin sich Amri nach dem Wiederauftauchen auf dem Hardenbergplatz um etwa 20:07 Uhr wandte, können die Ermittler nicht sagen.

Gegen 21:30 Uhr und 21:50 Uhr soll er im Wedding, wo er wohnte, zweimal von einer Überwachungskamera erfasst worden sein. Er soll in seiner Unterkunft seinen Rucksack geholt und sofort wieder gegangen sein. Der genaue Zeitpunkt ist allerdings nicht verifiziert, die Angaben von zwei Mitbewohnern sind widersprüchlich. Demnach könnte Amri seinen Rucksack schon am Nachmittag vor dem Anschlag geholt haben. Doch wo hätte er ihn dann zwischenzeitlich abgestellt? Nach 22 Uhr am 19. Dezember 2016 verlor sich die Spur von Amri für 33 Stunden und zwei Nächte.

Der falsche Tatverdächtige

Auf der Suche nach dem fliehenden LKW-Fahrer wandte sich Immobilienmakler Steffen P. auf dem Hardenbergplatz an Polizisten. Mit zwei Streifenwagen suchten sie nach ihm. Auf der Straße des 17. Juni kam ein Mann aus dem Tiergarten-Park, auf den die Beschreibung passte, unter anderem, weil er helle Schuhe trug. Die Polizei nahm ihn gegen 20:30 Uhr fest und brachte ihn zur nächsten Polizeiwache. Es handelte sich um den Pakistaner Navid B., der aber mit der Tat nichts zu tun hatte. Den Vernehmern war das relativ schnell klar, vor allem, weil der Festgenommene keinerlei Spuren aufwies, die auf einen LKW-Unfall hindeuteten: keine Verletzungen, keine Glassplitter oder Ähnliches. Doch obwohl die Polizei noch am selben Abend eine Tatbeteiligung ausschloss, blieb der Pakistaner in Gewahrsam.

Die interne Meldung, ein Tatverdächtiger sei festgenommen worden, wurde zunächst nicht korrigiert. Im Gegenteil: Noch nachts um 02:11 Uhr steuerte das Bundeskriminalamt die Information an die Sicherheitsbehörden, es gebe Ermittlungen zu einem festgestellten Tatverdächtigen. So steht es im Bericht der Nachbereitungskommission (»Nakom«) des Berliner Polizeipräsidenten. Dass sich der Tatverdacht gegen den Pakistaner schon am Abend des 19. Dezember zerstreut hatte, liest man im Nakom-Bericht, der das Handeln der Polizei kritisch aufarbeiten sollte, nicht.

Auch nachdem am 20. Dezember gegen 17 Uhr im LKW-Fahrerhaus eine amtliche Duldungsbescheinigung gefunden wurde, die auf Anis Amri hindeutete, wurde Navid B. immer noch nicht entlassen. Das geschah erst um 20:20 Uhr, ziemlich genau 24 Stunden nach seiner Festnahme.

Der Fall von Navid B. war fast in Vergessenheit geraten. Im Berliner Untersuchungsausschuss schilderte der zu Unrecht Verdächtigte die 24 Stunden in Polizeigewahrsam. Ihm sei ein schwarzer Sack über den Kopf gestülpt worden, als er zur Wache gefahren wurde. Dort habe er sich nackt ausziehen müssen, sei nackt fotografiert worden und habe keine Ersatzkleidung bekommen. Erst nach Stunden habe er seine Kleidungsstücke zurückbekommen, die offensichtlich keine Tatspuren aufwiesen. Er sei gefesselt und geohrfeigt worden. Man habe ihm keinen Rechtsbeistand angeboten. Er habe nicht genug zu essen und zu trinken bekommen. In Folge seiner Festnahme habe er acht Monate keine staatlichen Sozialleistungen mehr bekommen. Navid B. hatte ein Zimmer in der Flüchtlingsunterkunft auf dem Tempelhofer Feld in Berlin. Nach seiner Entlassung wurde er noch observiert, mehrere Tage lang wurde er weiterhin als »Tatverdächtiger 1« geführt.

Kapitel 5

Beginn der Aufklärung: Ein Sonderermittler entdeckt Manipulationen

Ein komplexer Terroranschlag mit vielen Toten und Verletzten – doch ganz schnell stellte sich das Narrativ vom Einzeltäter ein: Anis Amri, ein 24-jähriger Tunesier und Islamist, habe den todbringenden Lastwagen in den Weihnachtsmarkt gesteuert. Für die Ermittlungsorgane, für die Politik, aber auch für die Mehrzahl der Medien ist das die Wahrheit. Sie verzichten sogar auf das Attribut »mutmaßlich«.

Nach einem Ereignis beginnt der Wettlauf um die Deutungshoheit. Wer ihn gewinnt, bekommt die Herrschaft über die Tat, ebenso wie über die Opfer, denn dann kann in ihrem Namen geredet und gehandelt werden. Haben sich ein Tatnarrativ und ein Tätername erst einmal durchgesetzt, gibt es so gut wie keine Korrektur mehr. Allerdings darf die Wahrheit das Narrativ nicht stören. Im Fall Breitscheidplatz führte das zwangsläufig zu Eingriffen, sowohl in die Aufklärung wie auch in die unmittelbaren Ermittlungen. Die daraus entstehenden Widersprüche können mittlerweile begutachtet werden. Bei der Figur Amri ist es vor allem der Widerspruch zwischen der Kontrolle durch die Sicherheitsbehörden und der Frage, warum er angeblich dennoch zum Attentäter werden konnte.

Tatsächlich stehen Manipulationen und Vertuschungshandlungen bereits am Anfang der Aufklärung. Am 21. Dezember 2016, ganze zwei Tage nach der Tat, verbreitete der Generalstaatsanwalt von Berlin in einer Pressemitteilung, die Überwachungsmaßnahmen Amris hätten »im September 2016 beendet werden müssen, weil keine Grundlage für eine weitere Verlängerung bestand«.

Die Pressemitteilung ist eine Desinformation, wie man heute weiß. Die Behörden wussten über Amri vielfach Bescheid. Er war als islamistischer »Gefährder« eingestuft, als organisierter Drogendealer bekannt und wurde als Mittäter eines Messerangriffs strafrechtlich verfolgt. Die Telefonüberwachung war zwar am 21. September 2016 ausgelaufen, die Polizei verfügte aber noch über einen gerichtlichen Observationsbeschluss bis zum 21. Oktober 2016. Dass dieses Mittel dennoch nicht mehr benutzt, sondern bereits im Juni 2016 eingestellt wurde, gehört zu den zahllosen Ungereimtheiten, hat aber nichts mit einer angeblichen Fehleinschätzung Amris zu tun.

Der öffentliche Druck nach dem Anschlag war groß. Der Landtag von Nordrhein-Westfalen, wo Amri offiziell registriert war, richtete schon im Februar 2017 einen ersten Untersuchungsausschuss ein. Da im Mai 2017 Landtagswahlen anstanden, konnte der Ausschuss nur eine erste Bestandsaufnahme dessen vornehmen, was über Amri amtlicherseits bekannt war. Das Parlament folgte aber ganz selbstverständlich der Täterfestlegung durch die zentralen Ermittlungsorgane BKA und Bundesanwaltschaft. Das muss nicht unbedingt erfolglos sein, denn die Spuren Amris müssen irgendwo zu anderen Tatbeteiligten führen. Der mutmaßliche Mittäter ist auch ein Medium zur Aufdeckung der Hintergründe.

Im Bundestag und in Berlin konnten sich die Parteien Anfang 2017 noch nicht zu Untersuchungsausschüssen durchringen. Der Berliner Senat setzte stattdessen einen Sonderermittler ein, der das Behördenhandeln in der Hauptstadt untersuchen sollte. Die Wahl fiel auf den früheren Bundesanwalt Bruno Jost. Auch er folgte den Spuren der Person Anis Amri, entdeckte aber Ungeheuerliches. Im Landeskriminalamt war die Akte Amri nach dem Anschlag manipuliert worden. Die Erkenntnis, dass Amri »gewerbs- und bandenmäßigen Rauschgifthandel« betrieb, wurde abgeändert und abgeschwächt zu »möglicherweise Kleinsthandel mit Betäubungsmitteln«, die Namen der Drogenkomplizen verschwanden, das am 18. Januar 2017 manipulierte Schriftstück bekam das Datum »1. November 2016« und wurde so in Unterlagen geschmuggelt.

Für Jost hatte das Vorgehen der Beamten beim Verändern der Unterlagen Methode. Die Delikte wurden bagatellisiert, Amri wurde zum Drogen-Alleintäter, das Merkmal »Bande« fiel weg, alle Eintragungen zu seinem Komplizen Abdelmontasser H. wurden im polizeilichen Informationssystem (POLIKS) gelöscht. Mit den so konstruierten, abgeschwächten Erkenntnissen wäre es, wie der Beauftragte im Abgeordnetenhaus erklärte, schwierig gewesen, ein Verfahren gegen Amri zu rechtfertigen. Telefonüberwachung oder gar einen Haftbefehl hätten sie nicht hergegeben. Das traf exakt auf eine Situation im August 2016 zu, nachdem das LKA Amri als Beteiligten an einer schweren Körperverletzung mit einem Messer überführt hatte. Der notwendige Haftbefehl scheiterte an der Generalstaatsanwaltschaft.

Josts Entdeckung machte der Berliner Innensenator Mitte Mai 2017 selbst öffentlich. Gleichzeitig stellte er Strafanzeige gegen mehrere LKA-Beamte wegen Strafvereitelung im Amt. Es kam zu Hausdurchsuchungen, die Staatsanwaltschaft leitete Ermittlungen gegen zwei Verantwortliche ein: Kriminaloberkommissar Tobias L., der im Staatsschutz die Akte Amri führte, und seinen Vorgesetzten Lars O. Die Verfahren wurden ein Jahr später, im April 2018, zwar folgenlos eingestellt, zugleich bestätigte die Generalstaatsanwaltschaft aber den Vorwurf, dass es sich um Aktenmanipulationen gehandelt habe. In einem akrobatischen Winkelzug blieben die Beschuldigten straffrei, weil die Strafverfolgungsbehörde niemanden erkennen wollte, der einen Nutzen von dieser Manipulation gehabt habe. Eine bewusste Strafvereitelung zugunsten von Amris Drogenkomplizen Abdelmontasser H. habe nicht nachgewiesen werden können, eine zugunsten Amris würde nicht in Betracht kommen, weil er zum Zeitpunkt der Manipulation, im Januar 2017, bereits tot war.

Auf die Idee, dass der Staatsschutz sich durch die Aktenfälschung selbst entlastet haben könnte, kamen die Staatsanwälte nicht. Vielleicht auch deshalb nicht, weil sich die Generalstaatsanwaltschaft mit der Einstellung des Verfahrens letztlich auch selbst und ihre Führung schützte. Der Behördenvize, Oberstaatsanwalt Dirk Feuerberg, führte persönlich die Akte von Anis Amri und verhinderte im August 2016 maßgeblich, dass der Tunesier in Haft genommen wurde. Generalstaatsanwältin Margarete Koppers war, bevor sie oberste Staatsanwältin in Berlin wurde, Polizeivizepräsidentin und damit Chefin der zwei beschuldigten LKA-Beamten.

Weil polizeiintern gegen die zwei Kriminalkommissare zusätzlich Disziplinarverfahren eingeleitet wurden, verweigerten beide in den Untersuchungsausschüssen bis zuletzt erfolgreich die Aussage. Im Oktober 2020 gab ihnen das Landgericht Berlin recht. Sie müssten sich nicht der Gefahr aussetzen, urteilte es, dass infolge ihrer Aussagen erneut Ermittlungsverfahren gegen sie eröffnet werden. In ihrem Schweigen kann man eine Fortsetzung ihrer Vertuschungsversuche sehen.

Bis zu seiner Enttarnung war Tobias L. an den Ermittlungen zum Anschlag beteiligt und saß als Hauptsachbearbeiter der Akte Amri bei den Sicherheitsberatungen zu allen Fragen des Anschlages mit am Tisch des Innensenators. Der Vertuscher wusste also, was die politische Führung wusste und was sie wissen wollte.

Das »Medium Amri« hatte den Sonderermittler Bruno Jost jedenfalls zu einer Handlungsebene geführt, die so nicht erwartet wurde. Aktive Vertuschungsbemühungen im Sicherheitsapparat. Dieses Vorzeichen durchzieht seither den gesamten Anschlagskomplex und prägt ihn bis heute.

Aus der Arbeit des früheren Bundesanwalts im Frühjahr 2017 ist noch ein besonderer O-Ton konserviert worden. Ihm war nämlich aufgefallen, dass die »deutschen Nachrichtendienste sowohl im Vorfeld des Anschlags als auch bei der Aufklärung und Aufarbeitung des Verbrechens eine bemerkenswert bedeutungslose Rolle gespielt« haben sollen. Außer dem Militärischen Abschirmdienst (MAD) hatte er den BND, das Bundesamt für Verfassungsschutz (BfV) und das Berliner Landesamt für Verfassungsschutz nach Erkenntnissen über Amri abgefragt. Alle beschieden die Anfrage negativ. »Das mag man, ja, das muss man wohl so zur Kenntnis nehmen«, sagte Jost im November 2017 desillusioniert.

Die Antworten der Nachrichtendienste sollten sich dann im Verlauf der Aufklärung als wenig wahrhaftig herausstellen. Nach Josts Enthüllungen war die Einrichtung eines Untersuchungsausschusses im Abgeordnetenhaus von Berlin beschlossene Sache. Im September 2017 nahm er seine Arbeit auf. Der im Bundestag musste noch warten, da im September 2017 zunächst neu gewählt wurde. Ab März 2018 arbeitete dann auch dort ein solches Gremium. Noch vor der unabhängigen parlamentarischen Aufklärung sollte die Polizei selber die Vertuschungen in ihren Reihen untersuchen dürfen. Der Polizeipräsident richtete dafür eine interne Task Force namens »Lupe« ein. Damit wurde zugleich auch der Sonderermittler entmachtet. Und während die Task Force gerade erst installiert worden war und noch nicht einmal mit ihrer Arbeit begonnen hatte, wusste der Innensenator bereits, wer für die Manipulationen innerhalb der Polizei verantwortlich ist: »Offenbar geht es um das individuelle Fehlverhalten Einzelner. Mein Vertrauen in die Polizei ist ungebrochen«, so Andreas Geisel. Die Begründung lieferte er gleich mit: »Wir müssen handlungsfähig bleiben, das ist das Wichtigste bei der Frage.« Die Sicherheit sei durch Terroristen gefährdet und nicht durch die Polizei, das Ganze dürfe keine Polizeidebatte werden.

Die Handlungsfähigkeit der Exekutive – das ist aber einer der ungeschriebenen Grundsätze, denen sich die Aufklärung selbst von Terrorfällen unterzuordnen hat. Und die Formel vom »individuellen Fehlverhalten Einzelner« erscheint wie eine Variante der Einzeltäter-Theorie.

Was die Öffentlichkeit zum damaligen Zeitpunkt nicht wusste: Es existierte längst eine polizeiinterne Untersuchung. Im Januar 2017 hatte der Polizeipräsident eine »Nachbereitungskommission«, kurz »Nakom«, eingesetzt, um die internen Abläufe am Anschlagstag zu analysieren. Auf 120 Seiten wurden zum Teil schwerwiegende Versäumnisse aufgelistet, unter anderem die Festnahme des falschen Verdächtigen. Die Existenz der Nakom wurde weiter verheimlicht, als die »Lupe« publikumswirksam präsentiert wurde. Von ihr erfuhr man erst Monate später. Im Untersuchungsbericht der Task Force, der im April 2018 bekannt wurde, ist von 254 Mängeln bei den Ermittlungen gegen Amri die Rede, davon 32 der höchsten Fehlerkategorie. Dazu zählt, eine schwere Körperverletzung als einfache Körperverletzung zu klassifizieren oder gewerbsmäßigen Drogenhandel als einfachen.

Kapitel 6

Ein zweiter Mann im LKW

Der 19. Dezember 2016 war ein Montagabend. Die Woche vor Weihnachten hatte begonnen. Der Markt an der Gedächtniskirche war nicht übermäßig stark besucht. In der Kirchengemeinde fand abends die wöchentliche Abendspeisung für Bedürftige statt.

Andreas Schwartz war alleine auf dem Breitscheidplatz unterwegs. Um acht Uhr am Abend stand er an einer der Konsumhütten und unterhielt sich entspannt. Er berichtet:

> *Mit einem Mal gab es ein ganz komisches Geräusch. Wie soll ich das beschreiben, es war wie so ein Donnergrollen. Man kennt das von Bahnhöfen, wenn die Züge durchfahren, Güterzüge, das holtert und poltert. In dem Moment, als ich mich dann in die Richtung drehte, wo das Geräusch herkam, sah ich mit einem Mal zwei Lichter auf mich zukommen. Ein LKW, der auf den Platz raste. Ich sah, wie Menschen überrollt worden sind, ich sah Menschen sterben. Es war zu viel, zu heftig. Aber ich sah auch, wie zwei Mann im LKW waren. Einer griff dem anderen ins Lenkrad. Der LKW kam direkt auf mich zu. Zu diesem Zeitpunkt war die Frontscheibe noch intakt, man konnte durchsehen. Ich sah den Fahrer, und ich sah einen stehenden Beifahrer über den Mitteltunnel rübergebeugt, wie er ins Lenkrad gegriffen hat. Das habe ich klar und deutlich gesehen. Das Bild ist in mir drin.*

Schwartz konnte sich im letzten Moment retten, verletzte sich dabei am Rücken, der LKW streifte noch seinen Fuß. Er war selbst LKW-Fahrer, seit dem Anschlag ist er arbeitsunfähig. Da er zugleich ausgebildeter Rettungssanitäter ist, kümmerte er sich noch um Verletzte. Dann verließ ihn die Erinnerung. Sie kam erst am nächsten Morgen wieder.

»Retrograde Amnesie« wird das medizinisch genannt, sie wurde bei mehreren Opfern des Anschlags diagnostiziert.

Was Andreas Schwartz beobachtet hat, ist nicht nur irgendein Detail. Es stellt die offizielle Tatversion in Frage, weil Lukasz Urban dann noch gelebt haben müsste, als sein Fahrzeug auf den Weihnachtsmarkt gesteuert wurde. Er wäre erst auf dem Breitscheidplatz erschossen worden. Die Bundesanwaltschaft hält dagegen unverändert an einer anderen Version fest. Urban sei gegen 19:30 Uhr in seinem LKW, der am Friedrich-Krause-Ufer stand, von Amri getötet worden. Der Fahrer habe sich auf der Liege unmittelbar hinter den Sitzen aufgehalten. Der Leichnam habe mit dem Kopf in Richtung Frontscheibe in der Fahrerkabine gelegen. Diese Darstellung passt nicht mit Zeugenaussagen über die Auffindesituation im Führerhaus zusammen. So von dem Polizeibeamten Mario N., der den Toten zusammengekauert und rechts an die Beifahrerseite gelehnt fand. Auch seiner Witwe in Polen zeigte die Polizei später Fotos, die ihren toten Mann in sitzender Position rechts auf dem Beifahrersitz zeigen. Im Fußraum des Beifahrersitzes befand sich außerdem eine große Blutlache.

Wurde Urban also erst auf dem Breitscheidplatz erschossen? Zahlreiche Ohrenzeugen haben nach dem Stillstand des LKW einen Schuss gehört. Zum Beispiel eine junge Frau, die an einer Bude Kartoffelchips verkaufte. Der LKW riss einen Teil der Bude mit sich. Ein Zeuge will im LKW sogar Mündungsfeuer gesehen haben. Andere Zeugen wiederum wollen mehrere Schüsse vernommen haben.

Eine Handvoll Augenzeugen hat den aussteigenden Fahrer mit einer Waffe in der rechten Hand gesehen, so die Inhaberin eines Bekleidungsgeschäftes im Bikini-Haus, das dem Breitscheidplatz gegenüberliegt.

Am Friedrich-Krause-Ufer, wo der LKW gestartet war, wurde später eine Patronenhülse gesichert. Allerdings nicht direkt am Standort des LKW. Am Breitscheidplatz, heißt es seitens der Ermittler, wurde dagegen keine Hülse gefunden. Das muss nicht unbedingt verwundern, denn es wurde in der großen Verwüstung auch nicht gründlich genug gesucht. Nach zwei Tagen wurde sämtlicher Schutt, aber auch potentielle Asservate, in Container geschippt und entsorgt. Die Container waren weder bewacht noch wurden sie kriminaltechnisch durchsucht.

Warum scherte der LKW nach links aus der Budengasse aus und kam auf der Budapester Straße zum Stehen? Er sei durch den Notbremsassistenten gestoppt worden, so die Erklärung der Ermittler. Der vom BKA beauftragte Unfallsachverständige stellte allerdings fest, dass der Notbremsassistent gar nicht reagiert hatte. Wurde das Fahrzeug also abgebremst und zum Stillstand gebracht, weil der zweite Mann im Führerhaus aktiv eingegriffen hatte, so wie es der Augenzeuge Andreas Schwartz gesehen hat? Sein Eindruck war: »Der Beifahrer hat dadurch Schlimmeres verhindert. Hätte der nicht ins Lenkrad gegriffen, hätten sich die vierzig Tonnen weiter durch den Weihnachtsmarkt gebohrt. Der wäre vielleicht am anderen Ende zum Stehen gekommen.«

Die Bundesanwaltschaft geht die Wahrnehmung der Zeugen dagegen regelrecht an. In der obersten deutschen Ermittlungsbehörde fungiert Oberstaatsanwalt Helmut Grauer als Hauptsachbearbeiter des Tatkomplexes Breitscheidplatz. Er steht einem ganzen Team von Staatsanwälten vor. Als Grauer vor dem Untersuchungsausschuss des Bundestags mit Zeugenbeobachtungen wie den oben genannten konfrontiert wurde, qualifizierte er sie ab. Die Ermittlungen hätten nichts ergeben, wer diese zweite Person gewesen sein könnte. Er gehe davon aus, dass sich die Zeugen geirrt oder die Leiche Urbans gesehen haben. Eine durch die Fahrerkabine fliegende Leiche – ein Bild, das illustriert, zu welch skurrilen Vorstellungen Strafverfolger fähig sind, wenn Beobachtungen nicht zu ihrer Theorie passen.

Warum aber die Kompromisslosigkeit und Verbissenheit der Ermittler in dieser Frage? Die Antwort fällt nicht sonderlich schwer: weil bereits damit der Tathergang ein anderer wäre. Er wäre nicht weniger rätselhaft, aber er würde zu völlig anderen Fragen führen. Wieso saß der polnische Speditionsfahrer mit im Fahrzeug? Wurde er mit der Waffe in Schach gehalten? Etwa durch einen dritten Mann im LKW, der kurz vor der letzten Anfahrt auf den Breitscheidplatz ausstieg? Gab es möglicherweise eine wie auch immer geartete Beziehung zwischen den Terroristen, dem Frachtfahrzeug und dem Fahrer?

Fragen, die ganz neue Ermittlungsdimensionen eröffnen würden – und die vor allem die Theorie vom Einzeltäter Amri für obsolet erklären würden.

Das Tatvideo

Eine Videoaufnahme hat festgehalten, wie der Lastwagen auf den Weihnachtsmarkt rast und nach siebzig bis achtzig Metern wieder zur Straße hinaus ausbricht, ehe er zum Stehen kommt. Die zwölf Sekunden lange Sequenz hat das ARD-Magazin »Kontraste« im März 2018 erstmals ausgestrahlt.

Auf einem etwas längeren Videoausschnitt, den die Öffentlichkeit bisher nicht kennt, sieht man in der Folge, wie ein paar Sekunden nach dem Stillstand des LKWs die Fahrertür aufgeht und eine Person aussteigt. Nach dem Aussteigen rennt sie aber nicht direkt weg, sondern verbleibt in der Nähe des LKW. Was dann geschieht, ist nicht mehr zu erkennen, da das Video an der Stelle geschnitten wurde. Ein schwarzer Balken schiebt sich ins Bild. Das Video setzt sich erst fort, als hinter dem Tatfahrzeug bereits der gelbe Linienbus der Berliner Verkehrsgesellschaft steht. Im Handlungsablauf fehlt eine zeitliche Lücke von etwa vierzig Sekunden. Das erschließt sich aufgrund eines zweiten Videos von exakt 34 Sekunden Länge, das von der gegenüberliegenden Straßenseite, dem sogenannten Bikini-Haus, aufgenommen wurde. Auf ihm sieht man den Omnibus herannahen und zum Halten kommen. Die Lücke im Geschehensablauf wird allerdings nicht komplett geschlossen, denn nicht zu sehen ist, wie der LKW vorher durch die Buden zur Straße hin ausbricht, zum Stehen kommt, wie die Person aussteigt und wohin sie sich bewegt.

Aufgenommen wurde das Tatvideo aus einiger Entfernung aus dem Europacenter, einem Hochhaus am Breitscheidplatz, mit direktem Blick auf den heranrasenden LKW und seine Verwüstungsspur durch den Weihnachtsmarkt. Es ist nahezu die ideale Position, um den Anschlag zu beobachten. Gedreht hat das Material eine Hamburger Filmfirma, die am 19. Dezember 2016 in Berlin war, um vom Europacenter aus ganz allgemeine Demo- und Werbeaufnahmen zu fertigen. Die Dreharbeiten begannen um 15:42 Uhr und endeten um 0:43 Uhr in der Nacht zum 20. Dezember, nach neun Stunden also.

Wo das gesamte Material ist oder was mit ihm geschah, ist nicht klar. Ebenso wenig, wer das Video geschnitten hat. Laut BKA-Forensik seien die Metadaten der Videodatei nicht mehr einsehbar, ob der

Videoinhalt verändert wurde, könne nicht mehr überprüft werden, da die Originaldatei nicht vorliege.

Der Bundesanwaltschaft liegt jedenfalls Rohmaterial von mehreren Minuten Länge vor. Es umfasst einen Zeitraum, der vor dem Tatzeitpunkt beginnt und bis einige Minuten danach geht. Darauf müsste zum Beispiel unter Umständen der LKW zu erkennen sein, als er wenige Minuten vorher den Breitscheidplatz aus östlicher Richtung passierte. Zunächst schwenkt die Kamera ein paar Mal langsam und regelmäßig von links nach rechts und zurück. Es sieht aus, als ob das automatisch geschieht. Das Zentrum der Aufnahmen ist der Weihnachtsmarkt unten auf dem Breitscheidplatz. Als es zum Anschlag kommt, verharrt die Kameraperspektive am Tatort. Man könnte denken, sie wird nun von einem Menschen bedient.

Das BKA hat nach dem Anschlag die Öffentlichkeit aufgerufen, eigenes Film- und Fotomaterial in einer speziellen Cloud einzustellen. Die daraus resultierenden Daten umfassen ein Volumen von hundert Terabyte. Die Aufnahmen wurden fast ausnahmslos alle nach dem Anschlag gemacht. Dem Untersuchungsausschuss des Bundestags wurde das Material zur Verfügung gestellt. Der mehrere Minuten lange Schlüsselfilm ist allerdings nicht darunter.

Der Fahrer des Busses, der hinter dem LKW anhalten musste, wurde übrigens bis heute nicht als Zeuge vernommen.

Kapitel 7

Die seltsamen Funde im und am Tatfahrzeug

Um 23 Uhr, drei Stunden nach der Tat, erschien die siebte Mordkommission des LKA am Tatort Breitscheidplatz, angeführt von Kriminalhauptkommissar Thomas Bordasch. Bis dahin war der Tatort zwar abgesperrt, das Tatfahrzeug aber unbewacht. Zumindest für Polizisten und Rettungskräfte, aber auch für das Personal des Weihnachtsmarkts, wäre es bis zu diesem Zeitpunkt zugänglich gewesen. Auch Bordasch selbst betrat das Fahrzeug nicht, um keine Spuren zu vernichten. Er entschied, den LKW für die Spurensicherung wegbringen zu lassen. Das sollte fast einen Tag dauern und für die Ermittlungen wie für die Fahndung nach dem Täter eine Rolle spielen.

Die geeignete Halle fand man in der Julius-Leber-Kaserne der Bundeswehr, nahe des Flughafens Tegel. Dass sich die Spurenlage im Inneren des Tatfahrzeuges durch den Abtransport verändern könnte, nahmen die Mordermittler in Kauf. Ihnen ging es vor allem um die Sicherung von DNA-Spuren, Fingerabdrücken, Schmauch-, Faser- oder Geruchsspuren, die in einer heizbaren Halle besser möglich sein sollte. Vor dem Abtransport wurde der LKW-Innenraum ausführlich fotografiert.

Das Manöver zog sich hin. Erst gegen 5:45 Uhr am Dienstagmorgen war das bestellte Abschleppunternehmen am Breitscheidplatz. Dann blockierte die Bremse des Tat-LKWs, sodass der Abtransport erst gegen elf Uhr vormittags beginnen konnte. Im Schritttempo erreichte der Zug gegen 14:30 Uhr die Kaserne. Dort passte der Laster nicht durch das Tor der Halle, und es musste der Reifendruck abgelassen werden. Laut Protokoll begann dann um 15:25 Uhr am 20. Dezember die Spurensicherung

Um 16:45 Uhr fand die Tatortgruppe ein Portemonnaie, in dem eine Duldungsbescheinigung der Ausländerbehörde in Kleve steckte, ausgestellt auf einen tunesischen Asylbewerber namens »Ahmed Almasri« und versehen mit zwei Passbildern Amris. Der polizeiliche Abgleich ergab: Das Dokument gehörte Amri. Von diesem Zeitpunkt an wollen Ermittlungs- und Sicherheitsbehörden davon ausgegangen sein, dass Anis Amri der Fahrer des Tat-LKW war. Die öffentliche Fahndung nach ihm erfolgte dennoch erst am nächsten Tag.

Das Portemonnaie mit Amris Papieren lag unter einer Wolldecke im Fußraum des Führerhauses. Im Unterschied zu anderen Gegenständen in der Kabine war es nicht mit Glasstaub übersät.

Im Juni 2020 lud der Untersuchungsausschuss des Bundestags den Organisator des Weihnachtsmarktes vom Breitscheidplatz als Zeugen vor. Michael R., Vorsitzender des Berliner Schaustellerverbands und mit einer eigenen Bude am 19. Dezember 2016 vor Ort, war einer der ersten Zeugen am Tat-LKW nach der Kollision. Als er etwa eine Minute danach ankam, sei die Fahrertür sperrangelweit offen gestanden, erzählte er, die Beifahrertür war geschlossen. In der Kabine lag nach rechts gebeugt ein toter Mann. Seine Beschreibung des LKW-Inneren deckte sich allerdings nicht mit den Fotos, die die Spurensicherung später gemacht hatte. Er sah innen ein »benutztes Fahrzeug«, wie es »in einem LKW eben aussieht«, aber nicht etwa ein »Chaos«. Die Bilder der Tatortermittler zeigen dagegen ein wildes Durcheinander. Als der Ausschuss sie ihm vorlegte, reagierte Michael R. überrascht: Nein, so habe er die Kabine nicht in Erinnerung. Und er präzisiert: Vor allem die Stoffdecke, die auf den Bildern zu sehen ist, habe seiner Meinung nach dort nicht gelegen.

Der Verantwortliche des Weihnachtsmarktes war überhaupt erst im Dezember 2019 zum ersten Mal vom BKA vernommen worden. Allem Anschein nach aber nicht so gründlich wie im Bundestag.

Zurück zur Spurensicherung im Dezember 2016, wo die Berliner Mordkommission im und am LKW weitere seltsame Funde machte. Im Fußraum lag ein rotes Klapphandy der Marke Samsung, das sich später ebenfalls als Eigentum von Amri erwies. Es war mit Glasstaub bedeckt, ein Zeichen, dass es schon zum Zeitpunkt des Unfalls im LKW gewesen sein muss. Als die Techniker es öffneten, stellten sie fest, dass keine SIM-Karte eingelegt war.

Den kuriosesten Fund machten die Spurensicherer außerhalb der Fahrerkabine: In einem Loch der vorderen Karosserie entdeckten sie ein eingeklemmtes Mobiltelephon. Zunächst dachten sie, es handle sich um ein Handy eines Besuchers des Weihnachtsmarktes, das vom LKW mitgerissen wurde, wie viele andere Dinge (unter anderem Bretter, Holzteile, Girlanden oder Zinnbecher). Bei der Untersuchung stellte sich heraus, dass es jenes Gerät der Marke HTC war, mit dem Amri den ganzen Tag unterwegs gewesen sein soll und mit dem auf der Anfahrt des LKW zum Breitscheidplatz mit einem Mitglied des IS in Libyen kommuniziert worden sein soll. Wie dieser Gegenstand des mutmaßlichen Todesfahrers außen in die LKW-Karosserie gelangt sein soll, kann das BKA nicht erklären. Der Untersuchungsausschuss des Bundestags hat etwa einer Handvoll Ermittlungsbeamten diese Frage vorgelegt. Dass das Handy durch den Aufprall dorthin geschleudert wurde, schließen sie ebenso aus, wie dass es der Fahrer selber dort platziert hat. Was ihnen bleibt, ist eine Spekulation: Ist das Handy aus dem Fahrerhaus herausgefallen, als der tote Speditionsfahrer von Rettungskräften geborgen wurde? Und hat es dann jemand an die Stelle gelegt, wo es gefunden wurde? Überzeugend ist das nicht, denn auf dem Boden des Breitscheidplatzes lagen zahllose Gegenstände, darunter Handys, ohne dass sie jemand weggeräumt hätte.

Die Tatortermittler um Thomas Bordasch kopierten alle Ergebnisse ihrer Arbeit auf eine DVD und übersandten sie an die Abteilung 5 des LKA Berlin (zuständig für den Bereich »Staatsschutz«) zur Auswertung. Doch im März 2017 meldete diese sich wieder bei der Mordkommission: Das Beweismaterial sei verlorengegangen. Bordasch hatte seine Originalergebnisse noch, brannte die DVD mit den Daten ein zweites Mal und übermittelte sie erneut, zusammen mit der sarkastischen Bemerkung: »Das LKA 5 muss ein Bermudadreieck sein.« Kurz danach soll sich dort die verloren gegangene DVD wieder in irgendeinem Rechner gefunden haben.

In der Spurenerfassung der Tatortermittler fehlte zunächst ein wesentliches Asservat. Ein Zettel, auf dem das Wort »HARDENBERGSTRB« in handgeschriebenen Großbuchstaben stand. Dieser Zettel soll unter dem Lenkrad auf der Tachoanzeige gelegen sein. Er wurde aber weder bei der ersten Spurensicherung (die bis zum 22. Dezember 2016 dauerte) noch bei einer Nachschau am 30. Dezember gefunden, sondern soll erst am 10. Januar 2017 bei einer zweiten Nachschau durch einen Spurenkoordinierer des BKA entdeckt worden sein, also nach drei Wochen. Der LKW war bis zu diesem Zeitpunkt aus der Bundeswehrkaserne weggebracht und zweimal durch die Stadt bewegt worden. Auf dem Zettel gab es keine Fingerabdrücke, stattdessen ein DNA-Mischprofil von drei Personen. Dominant ist die DNA des Speditionsfahrers Urban, für das zweite Profil sei, wie es heißt, Amri »in Betracht zu ziehen«, das dritte gehörte einer unbekannten Person.

Die siebte Mordkommission, die unter der Leitung von Thomas Bordasch die wesentliche Spurensicherung vornahm, wurde nach getaner Arbeit übrigens aufgelöst. Warum, weiß selbst ihr Leiter nicht. Jedenfalls kann es von den zentralen Tatortermittlern nun keine offiziellen Nachfragen mehr an die Auswerter im LKA Berlin oder im BKA geben.

Kapitel 8

Wann wussten die Sicherheitsbehörden, wer der Täter gewesen sein soll?

Am Nachmittag des Folgetags soll festgestanden haben, dass der Tunesier Anis Amri der Fahrer des Tat-LKW gewesen ist. Zunächst war ein falscher Mann festgenommen und 24 Stunden festgehalten worden. Parallel dazu verschleppte sich der Beginn der Spurensicherung ebenfalls um fast einen Tag. Erst mit dem Fund der amtlichen Papiere aus Kleve gegen 17 Uhr am 20. Dezember wollen die Ermittler Gewissheit gehabt haben, wer der Täter war. So wird es offiziell bis heute erzählt.

Diese Version wurde am 26. September 2019 in der Sitzung des Untersuchungsausschusses im Bundestag durch einen Kriminalbeamten aus Nordrhein-Westfalen erschüttert. Er habe, erklärte er, bereits am frühen Morgen des 20. Dezember 2016, »spätestens zwischen 4:00 und 8:30 Uhr« in seiner Dienststelle – dem LKA in Düsseldorf – erfahren, dass Anis Amri der Täter sein soll. Sollte sich das bewahrheiten, wäre nicht nur eine Frage aufgeworfen, sondern eine Unmenge. Unter anderem die, warum nahezu der gesamte Sicherheitsapparat seit Jahren eine falsche Version vertritt.

Der Zeuge, Kriminaloberkommissar E., von dessen Nachnamen lediglich die Initiale mitgeteilt wurde, war Sachbearbeiter in der Ermittlungskommission (EK) »Ventum« des nordrhein-westfälischen LKA, die gegen eine zentrale Gruppierung von nominellen Islamisten ermittelte, das Netzwerk des mutmaßlichen deutschen IS-Vertreters Abu Walaa (bürgerlich: Ahmad Abdulaziz Abdullah Abdullah). Walaa selbst und vier weitere Personen wurden im November 2016 festgenommen. Im September 2017 begann vor dem Oberlandesgericht Celle der Prozess gegen sie, im Februar 2021 wurden vier von ihnen zu Haftstrafen verurteilt.

Anis Amri hatte Verbindungen zu der Gruppierung, die unter anderem in Hildesheim, Dortmund und Duisburg aktiv war. Die Ermittler behandelten ihn als sogenannten »Nachrichtenmittler« und hörten sein Telefon ab. Er wurde aber nicht als Beschuldigter geführt und auch nicht im November 2016 mit den anderen zusammen festgenommen.

Kriminaloberkommissar E. war bereits in Düsseldorf vom dortigen Untersuchungsausschuss vernommen worden. Dabei wurde er mit einem bemerkenswerten Zitat bekannt. Als er gefragt wurde, was er nach dem Anschlag gedacht habe, antwortete er: »Hoffentlich ist es nicht dieser Amri.«

Im Untersuchungsausschuss des Bundestags wollte Konstantin von Notz (Grüne) vom Zeugen E. wissen, wann er erfahren habe, dass es doch »dieser Amri« gewesen sei:

E.: »Nach wenigen Stunden.«

von Notz: »Wann?«

E.: »Am selben Abend oder am Tag danach.«

von Notz: »Wo haben Sie es erfahren?«

E.: »In der Behörde.«

von Notz: »Wie haben Sie erfahren, dass er es doch ist?«

E.: »Ich habe es gelesen, in der Informationssteuerung. Ich gehe davon aus, dass das aus Berlin kam.«

von Notz: »Wann kam die Information spätestens?«

E.: »Es war dunkel. Zwischen 4:00 und 8:30 Uhr am nächsten Tag.«

von Notz: »Also am Morgen des 20. Dezember. Offiziell heißt es, Amris Dokumente wurden am Nachmittag des 20. Dezember im LKW gefunden.«

E.: »Das ist dann so. Ich kann nur aus meiner Erinnerung zitieren.«

Lagen Kenntnisse über den möglichen Täter oder über den angeblichen Täter Amri zu einem früheren Zeitpunkt vor, als es bisher dargestellt wird? In der Staatsschutzabteilung des LKA Berlin ging man am 19. Dezember sofort von einem terroristischen Anschlag und nicht etwa von einem Unfall oder einer Amokfahrt aus: Der Staatsschutz übernahm die Ermittlungen und nicht der Polizeipräsident. Dessen formale Führungsstruktur wurde gewissermaßen parallel zur Struktur des Staatsschutzes errichtet, eine sonderliche Art von Doppelstruktur. Im Staatsschutz wiederum war das Dezernat 54 für islamistisch motivierte Gewalt unter seinem Leiter Axel B. federführend und nicht etwa die damalige Staatsschutz-Chefin. Unterstützt wurde Axel B. von ein paar BKA-Beamten. Sie bauten eine Leitstelle und eigene »Besondere Aufbau-Organisation« (BAO) namens »Anschlag« auf, die bereits nach zwei Stunden arbeits- und führungsfähig war, und lösten die Maßnahme 300 aus, die Verbleibkontrollen polizeibekannter Islamisten zur Folge hatte.

Die Fahnder stellten eine Liste von vierzig Personen zusammen, die als mögliche Tatbeteiligte eingestuft und ab 23 Uhr zuhause oder in Moscheen aufgesucht wurden. Darunter war auch die Fussilet-Moschee in der Perleberger Straße 14, die wie bereits erwähnt als Treffpunkt besonders gewaltbereiter Islamisten galt und die Amri noch eine Stunde vor dem Anschlag aufgesucht hatte.

Um 1:07 Uhr gab es dort den ersten Polizeieinsatz. Ein Streifenwagen des Mobilen Einsatzkommandos fuhr vor. Mit gezogenen Waffen, darunter eine Maschinenpistole, begaben sich zwei Beamte in das Gebäude, kamen vier Minuten später wieder heraus und fuhren weiter. Die Szene wurde von einer Videokamera erfasst, die an der gegenüberliegenden Polizeiwache angebracht war. Dass sich mutmaßliche Terroristen einen Treffpunkt vor den Augen der Polizei aussuchen, ist eine der vielen Seltsamkeiten der Geschichte. Neben der Polizeiwache hatten auch das LKA und der Berliner Verfassungsschutz Technik in der Straße installiert, um kontrollieren zu können, wer in der Moschee ein und aus ging. Hinzu kommen mehrere Informanten im Kreise der Moscheemitglieder. Mehr Überwachung geht fast nicht.

In der Nacht vom 19. auf den 20. Dezember, um 5:21 Uhr, zeichnete die Überwachungskamera der Polizei den nächsten Polizeieinsatz vor dem Eingang zur Moschee auf. Dieser dauerte drei Stunden. Ein Beamter hielt sich längere Zeit im Haus auf. Eine vermummte Person ging hinein. Weitere Polizisten erschienen und standen redend vor dem Eingang. Ein Mann kam heraus, ging mit zwei Beamten weg und kehrte mit ihnen wieder zurück. Um 8:33 Uhr verabschiedeten sie sich mit Handschlag.

Diese Polizeieinsätze finden sich in keinem Protokoll. Mitglieder des Untersuchungsausschusses im Bundestag haben sie beim Sichten des

Videomaterials entdeckt. Die Aufnahmen werfen auch ein Schlaglicht auf das besondere Verhältnis zwischen Sicherheitskräften und ihrer Klientel. Polizisten und Salafisten, die sich aus der täglichen Arbeit gut kennen, sich duzen und die Hände schütteln. Ist das zugleich jene Klientel, aus der Terroristen kommen sollen? Der Umgang erinnert eher an einen mit »Informanten« oder »Hinweisgebern«. Die nächste Ebene des vielschichtigen Komplexes beginnt, sichtbar zu werden.

Mehr als die Vor-Ort-Kontrollen wurden in dieser Nacht nicht durchgeführt, Festnahmen gab es keine. Der Name Anis Amri stand eigenartigerweise nicht auf der Liste der zu Überprüfenden. Als sein Name am Nachmittag des 20. Dezember polizeiintern bekannt wurde, wurden die Personenüberprüfungen beendet und nur noch nach dem Flüchtigen gefahndet. Amris Vertrauter Ben Ammar tauchte zehn Tage lang unter, eher er aufgespürt wurde, sein Zimmermitbewohner Khaled Abdeldaim war sogar fünfzehn Tage lang verschwunden.

Die große Frage ist: Warum übernahm sofort das Islamismus-Dezernat die Regie in jener Nacht und nicht einmal die Staatsschutz-Spitze, geschweige denn das Polizeipräsidium? Hatten die Polizeiexperten Hinweise, dass der oder die Täter in islamistischen Kreisen zu suchen waren? Oder hing das damit zusammen, dass der Berliner Staatsschutz und das BKA schon lange und intensiv mit der genannten mutmaßlichen Täterklientel zu tun gehabt hatten und über Vorwissen verfügten? Kurze Zeit später übernahm der Generalbundesanwalt den Fall, das BKA führt seither die Ermittlungen, die BAO bekam den Namen »City«.

Ein Pegida-Mann als Zeuge

Lutz Bachmann ist Gründer und Aktivist der islam- und fremdenfeindlichen Pegida-Bewegung. Er taucht im Anschlagskomplex auf, weil er am Tatabend zwei Stunden nach dem Ereignis, um 22:16 Uhr, folgenden Tweet absetzte: »Interne Info aus Berliner Polizeiführung: Täter tunesischer Moslem. Dass der Generalbundesanwalt übernimmt, spricht für die Echtheit.«

Gemessen an der späteren offiziellen Version vom tunesischen Attentäter Amri lag Bachmann schon frühzeitig richtig. Und gemessen an der Hypothese, dass der Name Amri in Kreisen der Sicherheitskräfte bereits früher kursierte als erst nach dem Fund seiner Personaldokumente am Nachmittag des folgenden Tages, ebenfalls. Wenn die angebliche »Info aus Berliner Polizeiführung« stimmt, ist sie ein Puzzlestück einer anderen Tatgeschichte.

Der Untersuchungsausschuss im Bundestag fragte Polizeiverantwortliche und Ermittler immer wieder, was sie zu dem Bachmann-Tweet wüssten und ob sie der Spur nachgegangen seien. Alle mussten passen: Ermittlungen dazu wurden keine angestellt, Bachmann wurde nicht vernommen. Aber sie räumten ein, seltsam sei ihnen der Tweet schon vorgekommen. Daraufhin beschloss der Ausschuss, Bachmann selbst vorzuladen und zu befragen, was im November 2020 dann geschah. Nicht alle waren einverstanden. Die Abgeordnete der Linkspartei blieb dem Auftritt demonstrativ fern. Der Bundestag solle Nazis keine Bühne geben, erklärte sie.

Der Mann bekam im Bundestag keine Bühne, er hat sie auch nicht gesucht. Er verzichtete auf ein Eingangsstatement, das jedem Zeugen zusteht und das so mancher höhere Beamte schon einmal gerne für eine geschlagene Stunde in Anspruch nimmt. Bachmann schien die Befragung eher unangenehm zu sein. Er antwortete sachlich und konkret: Der Tweet von damals entspreche der Wahrheit. Er habe nach dem Anschlag am Abend einen Anruf von einem Mann erhalten, der sich als Polizeibeamter aus Berlin vorstellte und der mitgeteilt habe, der Täter sei ein tunesischer Moslem. Kurz danach sei noch eine SMS mit demselben Inhalt eingegangen. Die habe er aber nicht mehr. Der Anrufer habe mit Berliner Akzent gesprochen, um wen es sich handelte, wisse er nicht. Er habe ihn nicht gefragt, woher er sein Wissen habe. Ob der Anrufer in die Anschlagsermittlungen involviert war, könne er nicht sagen. Er habe souverän geklungen, gezielt nach ihm gefragt und dann seine Aussage vom tunesischen Täter gemacht. Der Name Anis Amri sei nicht gefallen. Dass es sich um eine »interne Info aus Berliner Polizeiführung« gehandelt habe, wie er in seinem Tweet formulierte, sei eine Vermutung von ihm gewesen. Er bekomme öfter Anrufe von Beamten, die ihn über interne Polizeivorgänge informierten. In Polizei-Chatgruppen sei er aber nicht. Mit Behörden habe er wegen der Sache keinen Kontakt aufgenommen.

Der Täter ein »tunesischer Moslem«? Das deckt sich zumindest mit der amtlichen Darstellung. Es muss aber nicht unbedingt Anis Amri gewesen sein. Die Bezeichnung trifft vielmehr auf eine Reihe von Leuten zu, die in Berlin verkehrten oder immer noch verkehren. Und es stellt sich zudem die Frage: Wenn Amri fälschlicherweise als Täter bezeichnet wird, warum soll dann die Angabe »tunesischer Moslem« stimmen?

Kapitel 9
Die Tat- und Täterversion der Bundesanwaltschaft

Ein halbes Jahr nach dem Anschlag, Anfang Juli 2017, machte der stellvertretende Generalbundesanwalt Thomas Beck dem Abgeordnetenhaus von Berlin seine Aufwartung. Er sollte den Stand der Ermittlungen darstellen. Eigentlich bequemen sich Vertreter von Bundesbehörden nicht in die Niederungen von Landesparlamenten, aber der Anschlag war nun einmal in Berlin geschehen. Der zweitoberste bundesdeutsche Strafverfolger ließ das die Abgeordneten vor der anwesenden Presse direkt wissen. Nach ein paar höflichen Worten, dass die Einladung für die Bundesanwaltschaft und ihn persönlich eine »Ehre« sei, schränkte Beck ein, es handle sich um eine Ausnahme:

> *Unsere von Verfassungswegen gebotene parlamentarische Berichts-, Auskunfts- und letztlich Rechenschaftspflicht besteht exklusiv gegenüber dem Deutschen Bundestag und seinen Abgeordneten, und deshalb hat ein Auftreten der Bundesanwaltschaft vor einem Länderparlament immer einen besonderen Ausnahmecharakter. Diese vom Grundgesetz vorgegebene föderalistische Grundsatzentscheidung haben wir zu achten, und es steht nicht in meinem Belieben, mich darüber hinwegzusetzen. Konkret heißt das, ich kann Ihnen nicht Rede und Antwort stehen, wie das gegenüber den Abgeordneten des Deutschen Bundestags der Fall ist, und selbst gegenüber dem Parlament des Bundes endet meine Auskunftspflicht dort, wo der Erfolg noch andauernder Ermittlungen gefährdet würde.*

Beck stellte seiner Behörde eine Art Freibrief aus, was die Offenlegung von Ermittlungserkenntnissen gegenüber Parlamenten angeht. Die Bundesanwaltschaft sollte davon wiederholt Gebrauch machen, bis heute. Auch die Methode, Bundestag und Landesparlamente gegeneinander auszuspielen, ist in der Erklärung des BAW-Vertreters bereits angelegt. Untersuchungsausschüssen der Länder werden Unterlagen mit der Begründung vorenthalten, es handle sich um Bundesangelegenheiten. Das funktioniert auch umgekehrt, wenn dem Untersuchungsausschuss des Bundestags Akten verweigert werden, weil sie einer Landesbehörde gehören. Zu guter Letzt kann die Exekutive noch auf ihr Joker-Argument vom »Staatswohl« zurückgreifen, das angeblich gefährdet ist, sollten gewählte Abgeordnete einen zu genauen Einblick in das Wissen von Sicherheitsbehörden verlangen. Auch im Amri-Komplex wird dieser Trumpf immer wieder gespielt.

Für die BAW war Anis Amri zweifelsfrei der Täter, wie ihr Vertreter gegenüber den Berliner Abgeordneten bekundete. Er sei von Kadern des IS aus dem Ausland angeleitet und ermuntert worden, die Tat an sich, so Beck, sei aber »von Anbeginn an als Tat einer Person ausgelegt« gewesen. Amri habe im Inland keine Mittäter oder Gehilfen gehabt. Mit dieser Darstellung nahm der Bundesanwalt einen Kunstgriff vor, der bis heute zum Einsatz kommt. Amri soll »praktisch« zwar ein Einzeltäter gewesen sein, aber »theoretisch« beziehungsweise »psychisch« doch Unterstützer gehabt haben. Mit dieser doppelköpfigen Täter-Figur versuchen die Ermittler, Zweifel an Amris Alleintäterschaft, wie sie in den Untersuchungsausschüssen aufkamen, zu kontern. Man habe nie gesagt, Amri habe keine Unterstützung gehabt, so die Argumentation auf entsprechende Einwände.

Mit der »praktischen« Einzeltäter-Theorie können die zentralen Ermittlungsinstanzen allerdings eine ganze Reihe von Fragen nicht beantworten, etliche Indizien und Zeugenbeobachtungen passen nicht mit ihr zusammen. Woher zum Beispiel die Pistole stammte, mit der in Berlin der polnische Speditionsfahrer erschossen wurde und die Amri dabeihatte, als er in Italien selber den Tod fand, ist bis heute nicht geklärt. »Wir werden es vermutlich auch nicht erfahren«, sagte Thomas Beck im Juli 2017 bei seinem Besuch im Berliner Abgeordnetenhaus dazu. Für einen professionellen Ermittler ein seltsamer Satz. Ein wenig hörte es sich an wie: »Wir wollen es auch gar nicht erfahren.«

Zur exklusiven Täter-Theorie der Bundesanwaltschaft gehört auch, dass Amri seine Geldbörse, inklusive amtlicher Duldungsbescheinigung, sowie seine Handys bewusst im und am Tatfahrzeug hinterlassen habe, um, so Beck, »die Tat mit seiner Person in Verbindung zu bringen«. Als weiteren Beleg für dessen Täterschaft erwähnte er dann noch »Fingerspuren Amris an der Fahrertür und der B-Säule der Zugmaschine«, sprich: außen. Als ein Abgeordneter nachfragte, ob es keine Fingerspuren von Amri in der Fahrerkabine gegeben habe, war Becks allgemeine wie lapidare Antwort: »Natürlich sind im Innenraum noch zahlreiche Spuren festgestellt worden.« Er nahm keinerlei Konkretisierung vor.

Es sollte fast drei Jahre dauern, bis klar wurde, dass diese Darstellung nicht den Tatsachen entspricht.

Keine Fingerabdrücke und eindeutigen DNA-Spuren von Amri im LKW

Anfang März 2020 war zum ersten Mal das Anschlagsgeschehen an sich Thema in einem Untersuchungsausschuss, dem des Bundestags. Zu diesem Zeitpunkt bestand er bereits zwei Jahre lang. Der Grund für die späte Beschäftigung lag im »Fahrplan« des Gremiums. Die Mehrheit, gestellt von den Fraktionen der Regierungskoalition, CDU/CSU und SPD, wollte den Fall chronologisch angehen, begonnen mit der Einreise Amris in Deutschland im Juli 2015. Die Tat sollte ganz am Ende untersucht werden.

FDP, Linkspartei und Grüne dagegen wollten den Komplex genau anders herum aufrollen: ausgehend vom Anschlag am 19. Dezember 2016 den Fragen folgen, die sich daraus ergeben. So sahen das auch die Opfer und die Angehörigen der Getöteten. Sie wollten vor allem wissen, was damals auf dem Breitscheidplatz geschehen war, wo ihre Familienmitglieder starben oder sie selbst verletzt wurden. Sie befürchteten, dass viele Erinnerungen von Zeugen verblassten, je länger die Tat zurücklag.

Die Ausschussmehrheit setzte sich zwar durch, aber die Entwicklungen, die die Aufklärungsarbeit im Ausschuss nahm, führten schließlich dazu, dass das Anschlagsgeschehen vorgezogen wurde. Und so erschien am 5. März 2020 mit Thomas Bordasch derjenige, der die unmittelbaren Tatort-Ermittlungen geleitet hatte. Seine Aussage brachte eine ungeheure Dynamik in den Fall und führte zu Turbulenzen, die über den Ausschuss hinaus anhalten.

Am und im LKW sicherten die Mordermittler zahlreiche Fingerabdrücke und DNA-Spuren. Alle Befunde gingen zur Auswertung an die Staatsschutzabteilung des LKA. Die einzige Rückmeldung lautete: Außen an der LKW-Fahrertür wurden zwei Fingerabdrücke festgestellt, die dem Tatverdächtigen Amri gehörten. Weitere Spuren und Fundstellen wurden nicht genannt. Das bedeutete: keine Fingerabdrücke von Amri im Inneren des Tatfahrzeugs. Von einer letztendlichen Auswertung aller Spuren erfuhr die Mordkommission nichts. Ein Bericht über den daktyloskopischen Befund oder gar ein Abschlussbericht erreichte sie nie.

Diese elektrisierende Aussage, die den meisten Berichterstattern im Übrigen keinerlei Erwähnung wert war, wurde durch sämtliche

Ermittler des BKA, die der Ausschuss in der Folge dazu befragte, bestätigt. Außen fanden sich konkret ein Fingerabdruck und ein halber Handflächenabdruck von Anis Amri, aber im Inneren der LKW-Zugmaschine wurde an den unbeweglichen Teilen kein einziger Fingerabdruck festgestellt, weder am Lenkrad noch am Armaturenbrett, am Schaltknüppel oder an der Innenseite der Fahrertür. Lediglich auf einem Geldschein im aufgefundenen Portemonnaie fand sich ein Daumenabdruck von ihm. Bei den DNA-Spuren verhielt es sich ähnlich. Es wurde kein einziges Vollprofil des Beschuldigten gesichert. Lediglich an zwei Stellen fanden sich in Mischspuren mehrerer Personen DNA-Anteile, für die, so die Formulierung der Kriminaltechniker, Amri in Betracht zu ziehen wäre. Eine Mischspur wurde auf dem Prellkopf des Lenkrads gesichert. Darin soll sich in einer »schwachen Beimengung« ein »schwacher DNA-Materialbeitrag« befunden haben, der zu Amri gehören könnte. Unbestimmter geht es fast nicht. Die andere Mischspur fand sich auf jenem ominösen kleinen Zettel mit dem Wort »HARDENBERGSTRB«, der nach Beendigung der Spurensicherung nachgemeldet wurde.

Keine nachvollziehbaren Humanspuren des angeblichen Attentäters. Der Laster fährt mit etwa Tempo fünfzig in den Markt, wird dann auf null abgebremst, wie bei einem schweren Verkehrsunfall, und trotzdem soll der Fahrer keine Spuren hinterlassen haben? Kein Schweiß, kein Blut, keine Haare oder Hautschuppen? Das wäre für jemanden, der sich obendrein zu der Tat bekannt haben soll, ein geradezu sinnwidriger Befund.

Allerdings wurde in der LKW-Kabine tatsächlich eine Reihe von Spuren gesichert, die bis heute nicht identifiziert sind. Also weder Amri noch dem Speditionsfahrer Urban noch anderen sogenannten »berechtigten« Personen zugeordnet werden konnten, zu denen die Speditionsfahrer, Polizeibeamte oder Rettungskräfte gehören.

DNA-Spuren einer unbekannten Person

Gleich an vier Stellen fand sich im LKW-Führerhaus DNA-Material einer »Unbekannten Person«, genannt »UP 2«, weil es die zweite war, die nicht identifiziert werden konnte. Eine zunächst »Unbekannte Person 1« (UP 1) erwies sich später als »tatortberechtigte Person«. Die DNA der »UP 2« wurde einmal an der Kopfstütze des Fahrersitzes in Form einer Hautschuppe gesichert, daneben unter anderem am Griff der Sitzverstellung sowie am inneren Öffnungshebel der Fahrertür. Offensichtlich saß die Person auf dem Fahrersitz und hatte ihn zuvor möglicherweise verstellt. Hat sie auch den LKW gefahren?

Die Spur wurde mit der DNA-Analyse-Datei des BKA abgeglichen, das Ergebnis war negativ: »Kein nationaler Treffer«. Unklar ist, wer von Amris Personenumfeld in der DNA-Datei registriert ist und wer nicht. Bisher wurden nur wenige Namen genannt, mit denen das Material abgeglichen worden ist, darunter Bilel Ben Ammar, der als Tatverdächtiger galt, ehe er nach Tunesien abgeschoben wurde, sowie Kamel A., ein Mitbewohner Amris. Das Ergebnis war in beiden Fällen negativ. Mit Letzterem wurde das Material auch deshalb abgeglichen, weil dessen DNA überraschenderweise an der Tatpistole festgestellt wurde. Für das BKA dennoch kein Grund, ihn als Tatverdächtigen anzusehen. Das hätte zwangsläufig die behauptete Täterschaft von Amri in Frage gestellt.

Eine eigenartige Entwicklung nahm die Blutspur der lange Zeit »Unbekannten Person 8«. Sie war mit zwei Wattestäbchen aufgenommen worden und zusammen mit einem dritten Wattestäbchen mit Blut, das dem ermordeten Speditionsfahrer Urban zugeordnet werden konnte, zur Auswertung an die Kriminaltechnik gegangen. Der Abgleich mit der DNA-Datei war negativ, »kein nationaler Treffer«. Das Blut der »UP 8« ist in den Spurenakten zwei Asservaten mit fortlaufenden Nummern zugeordnet. Um was für Asservate es sich handelt, wird nicht ersichtlich, sie werden lediglich als »extern gesichertes Material« bezeichnet.

Im Auftrag des Bundestags erstellte das BKA im Sommer 2020 eigens eine Tabelle mit sämtlichen gesicherten Spuren: Fingerabdrücke, DNA, Fasern, Schmauchspuren, exakt 1516 an der Zahl, die an allen relevanten Tatorten aufgenommen worden waren. Neben dem Breitscheidplatz und dem LKW waren das vor allem der Ort, wo der Sattelschlepper gestartet war, sowie die Wohnung, in der Amri bis zum Anschlagstag zusammen mit drei anderen Personen gewohnt hatte. Laut dieser Spurentabelle wird das Blut der bis dahin »UP 8« nun einer getöteten Person zugeordnet. Das entsprechende kriminaltechnische Ergebnis soll erst am 5. August 2020 vorgelegen haben. Das Blut soll vom Asphalt der Straße links des LKW aufgenommen worden sein. Das Blut Urbans auf dem dritten Wattestäbchen auf dem Asphalt rechts des LKW. Wieso das gemacht wurde, geht aus der Spurentabelle nicht hervor. Der Breitscheidplatz war voll mit Blut, aber nur in diesen beiden Fällen wurde Blut vom Boden aufgenommen und zur Auswertung gegeben. Das Blutmaterial der anfänglichen »UP 8« wurde, wie man weiter lesen kann, bei der DNA-Analyse »vollständig eingesetzt und verbraucht«. Die Untersuchung lässt sich also nicht wiederholen.

Kapitel 10

Das Handy-SIM-Karten-Rätsel

Mehr Merkwürdigkeiten als am »Tatort LKW« kann es kaum geben. Je näher man die Befunde begutachtet, desto befremdlicher werden sie. Amri habe seine Geldbörse und seine zwei Mobiltelefone als Zeichen der Tatbekennung absichtlich am Tatort und im Tatwerkzeug zurückgelassen, so die quasi hoheitliche Deutung der Bundesanwaltschaft. Tatsächlich sind die Gegenstände zu Beweisstücken für mögliche Manipulationen geworden.

In der Fahrerkabine lag ein rotes Klapphandy der Marke Samsung, das Amri schon jahrelang benutzte und mit welchem er zum Beispiel auch mit seiner Familie in Tunesien telefonierte. Das Gerät war älteren Jahrgangs und nicht internetfähig. Nennen wir es im Interesse der besseren Unterscheidbarkeit so, wie es auch die BKA-Techniker tun: »Knochen«. Dieses Gerät war zerbrochen und mit Glasmehl besät, es muss beim Unfall also im Fahrzeug gewesen sein.

Das Besondere: In dem »Knochen« steckte keine SIM-Karte, man konnte nicht mit ihm telefonieren. Er hatte damit keinen praktischen Nutzen, erfüllte möglicherweise aber dennoch eine Funktion, weil er auf seinen Besitzer Amri hinweist.

Die SIM-Karte, die in dem »Knochen« regulär benutzt wurde, hatte die Rufnummer mit den Endziffern -5528. Mit dieser Rufnummer wurde letztmalig am 18. Dezember 2016 um 20:30 Uhr, also am Vorabend des Anschlags, telefoniert. Zu diesem Zeitpunkt war Amri wahrscheinlich mit Bilel Ben Ammar zusammen. Ab 21 Uhr hielten sie sich in einem Restaurant in Berlin-Wedding auf, wo noch andere Kontaktpersonen auftauchten, darunter Amris Mitbewohner Khaled Abdeldaim. Die Kriminalforensiker gehen davon aus, dass die SIM-Karte mit der -5528er Rufnummer am Nachmittag des 19. Dezember, aus dem

»Knochen« herausgenommen wurde. Dass sie der Täter erst nach den Kollisionen auf dem Breitscheidplatz im LKW-Führerhaus und vor Verlassen des Fahrzeugs noch schnell und umständlich herausgefingert hat, ist unwahrscheinlich, und das verraten auch keine entsprechenden Spuren am Gerät.

Warum soll Amri die SIM-Karte aus seinem Telefon genommen haben? Und wo verblieb sie? Gefunden wurde sie nicht, sie muss aber in Berlin geblieben sein, als Amri die Stadt verließ. Festgestellt wurde nämlich, dass die -5528er-Rufnummer am 21. Dezember 2016 um 17:30 Uhr im Bereich des Berliner Kurfürstendamms eine »Netzaktivität« entfaltete. Wo genau sich die SIM-Karte befand, konnte nicht geortet werden. Der angebliche Besitzer Amri war zu diesem Zeitpunkt auf dem Weg von Amsterdam nach Brüssel.

Dass die -5528er-Rufnummer Anis Amri gehört hat, erfuhr das BKA übrigens von einem ausländischen »Partnerdienst«, von welchem, wird nicht mitgeteilt. In Frage käme das FBI.

Das zweite Mobiltelefon, ein internetfähiges Smartphone der Marke HTC, steckte in einem Loch der Frontkarosserie des LKW. Es soll ebenfalls Amri gehört haben. Allein der Fundort des Geräts gibt fundamentale Rätsel auf. Die Ermittler räumen ein, dass es nicht durch den Aufprall dorthin gelangt sein kann. Es muss jemand an der Stelle abgelegt haben. Nur wer? Die Ermittler schließen den Fahrer (für sie Amri) aus. Sie mutmaßen, dass das HTC-Handy ebenfalls im Fahrerhaus lag und herausgefallen ist, als der tote polnische Speditionsfahrer Lukasz Urban aus der Kabine geborgen wurde. Dann hätte jemand das Handy in jenem Karosserieloch abgelegt. Eine gewagte Hypothese. Auf dem Breitscheidplatz lagen mehrere Handys von Opfern und Verletzten, die niemand irgendwo abgelegt hat. Bleibt die Möglichkeit, dass ein Tatbeteiligter das Handy dort platzierte, wo es noch in der Nacht auf den 20. Dezember 2016 gefunden wurde. Der LKW stand bis etwa elf Uhr am nächsten Vormittag auf dem Breitscheidplatz, ehe er abtransportiert wurde.

In dem HTC-Handy steckte eine Prepaid-SIM-Karte des Providers Telefónica mit den Rufnummer-Endziffern -936. Sie war am 15. Dezember 2016 gekauft und installiert worden, zusammen mit einem Datenvolumen von 5 Gigabyte. Danach wurde die Rufnummer der SIM-Karte nicht mehr benutzt. Für die offizielle Tat- und Täterversion kommt dem HTC-Handy eine besondere Bedeutung zu. Mit ihm soll der Fahrer, angeblich Amri, bei der Anfahrt des LKW zum Tatort Breitscheidplatz mit einer Person des IS (Islamischen Staates) kommuniziert haben, die den Username »Moumou1«, aber auch das Alias »Moadh Tounsi« führte. Zunächst als Textnachrichten (zuletzt um 19:33 Uhr abgehend: »Bruder, alles hat Erfolg!«), dann drei Sprachnachrichten, die sich laut BKA noch physisch auf dem Gerät befinden und abspielbar sind. Die letzte kurz vor dem Anschlag abgehend: »Mach für mich Bittgebete! Bitte, mein Lieber, bete für mich!« Außerdem wurde ein verschwommenes Bild aus der Fahrerkabine versendet.

Die Kommunikation lief über den Messengerdienst Telegram. Der Telegram-Account war am 18. Dezember 2016 um 16:58 Uhr aktiviert worden. Kurz danach wurde der entsprechende Zugangs-Code per SMS an die Rufnummer von Amris Klapphandy-Knochen geschickt. Dadurch soll Amri Zugriff auf den Telegram-Account erlangt haben.

Unklar ist, über welchen Weg am 19. Dezember die Gesprächsverbindung zwischen dem HTC-Nutzer und dem IS-Mann hergestellt wurde. Die eingelegte SIM-Karte mit der Rufnummer -936 wurde dazu jedenfalls nicht verwendet. Die beiden Personen haben auch nicht über WLAN-Netze oder einen spezifischen Hotspot, beispielsweise den des LKWs, kommuniziert, sondern über eine eigene Internetverbindung, so ein BKA-Spezialist im Januar 2021 vor dem Untersuchungsausschuss des Bundestags. Welcher Art diese Internetverbindung genau war, sei nicht mehr feststellbar. Ob das Datenvolumen bei der Kommunikation verbraucht wurde, konnten die BKA-Techniker ebenfalls nicht sagen, weil das Gerät bei der kriminaltechnischen Untersuchung zerstört wurde.

Am 19. Dezember 2016 war zunächst um 19:14 Uhr sämtliche Kommunikation auf dem HTC-Handy gelöscht worden, ehe um 19:16 Uhr der Kontakt zu dem IS-Mann neu hergestellt wurde. Das war eine Viertelstunde, bevor der LKW gekapert wurde. Warum? Um Spuren zu verwischen, die zu anderen Kommunikationsteilnehmern geführt hätten?

Anhand der Google-Cloud-Geodaten konnten die Ermittler rückwirkend feststellen, dass das HTC-Handy zwischen 19:30 Uhr und 20:00 Uhr denselben Weg bis zum Breitscheidplatz zurücklegte wie der LKW. Ein Beweis, dass das Gerät ausschließlich im LKW lag und nicht unter Umständen in einem Fahrzeug vor oder hinter dem LKW benutzt wurde, ist das allerdings nicht. Vielleicht saßen aber auch zwei Täter im Fahrzeug, einer lenkte, der andere telefonierte. Dazu passt die Beobachtung von zwei Zeugen in der Nähe des Breitscheidplatzes, die einen Mann aussteigen sahen, eher der LKW den Weihnachtsmarkt ansteuerte.

Mit dem HTC-Handy muss sich auch die eingelegte SIM-Karte der Firma Telefónica auf jener LKW-Strecke durch Berlin mitbewegt haben. Doch darüber sollen laut BKA keinerlei Daten vorliegen, weder Verbindungsdaten noch Bewegungs- oder Standortdaten. Sie sollen beim Betreiber Telefónica zwar angefordert worden sein, wo sie geblieben sind, sei aber nicht mehr rekonstruierbar. Eine Oberflächlichkeit, obendrein bei einem Terroranschlag, die mit der immer wieder lautstark reklamierten Notwendigkeit einer Vorratsdatenspeicherung nur schwer kompatibel erscheint.

Das HTC-Smartphone, das die Ermittler als Amris »Terrorhandy« bezeichnen, war am 24. September 2016 von einem Schweizer Touristen in Berlin als gestohlen gemeldet worden. Seltsam ist, dass der Bestohlene bei der Polizei eine falsche Adresse angab. Anfang Oktober 2016 gelangte das Gerät in die Hände von Amri, wahrscheinlich durch eine Person aus seinem Umfeld. Am 21. September 2016 war die Telefonüberwachung Amris durch das Berliner LKA ausgelaufen. Mit dem Smartphone wurden etwa ein Dutzend Telefonnummern benutzt. Das sind wesentlich mehr als die fünf oder sechs, die von Amri bekannt sind. Hat also noch jemand anderes das HTC-Handy mit eigener SIM-Karte benutzt? Vielleicht sogar mehrere Personen? Damit ist zugleich die Frage verknüpft, wer das HTC-Handy nach dem Anschlagsunfall in das Karosserieloch des LKW gesteckt haben könnte.

Bei der Sichtung des Geräts wurden im Foto-Storage zwei Bilder festgestellt, die nach dem Anschlag vom Breitscheidplatz gemacht wurden. Das BKA schließt den LKW-Täter als Urheber aus und erklärt den Fund so: Die Google-Now-App habe die Bilder automatisch auf dem Gerät installiert. Es handle sich um Bilder, die an jenem Abend in Nachrichtenportalen auftauchten. Das BKA musste jedoch einräumen, keine direkte Verbindung zwischen den Bildern und einer konkreten Webseite gefunden zu haben. Diese Erklärung erklärt außerdem nicht, warum nicht noch mehr Bilder vom Tatort Breitscheidplatz, der damals international Nachrichtenthema war, gespeichert sind oder warum keine Bilder von anderen Ereignissen installiert wurden; und vor allem, warum die Breitscheidplatz-Bilder im Foto-Storage, dem Bilderarchiv des Geräts, auftauchen, also von jemandem aktiv abgespeichert worden sein müssen.

Von Amri sind vier Mobiltelefone bekannt: der »Knochen«, das HTC, ein gestohlenes Handy, das ihm im Februar 2016 nach einer kurzzeitigen Festnahme von der Polizei abgenommen worden war, sowie ein Handy, das er auf seiner Flucht nach dem Anschlag von Berlin über Emmerich, Kleve, Amsterdam, Brüssel, Lyon, Turin und Mailand mit sich führte, ehe er am 23. Dezember 2016 im Mailänder Vorort Sesto San Giovanni erschossen wurde. Offiziell wird bestritten, dass Amri bei seinem Tod ein Handy bei sich trug. Unter den Asservaten des Toten ist kein Handy aufgelistet. Allerdings gibt es eindeutige Indizien, dass Amri unterwegs eines besessen hat. Zu der Frage existierten ursprünglich gegensätzliche Informationen zwischen den italienischen Ermittlungsunterlagen und den Angaben der deutschen Ermittler.

Die Ermittlungen sind nicht abgeschlossen. Wegen der schier unendlichen Widersprüche und der bohrenden Fragen der Abgeordneten muss das BKA immer wieder nacharbeiten. 2020 nahm es eine Überprüfung der Funkzellendaten aus den anfänglichen Anschlagsermittlungen vor und kam nun zu einem überraschenden Ergebnis: Am Tattag, dem 19. Dezember 2016, war auch eine V-Person des Verfassungsschutzes von Mecklenburg-Vorpommern in Berlin. Sie hatte Anfang 2017 ihrem Führungsbeamten in Schwerin berichtet, eine arabisch-stämmige Familie habe mit dem Anschlag zu tun. Diese habe Amri auch bei seiner Flucht geholfen. Das erfuhr der Untersuchungsausschuss jedoch erst im Laufe des Jahres 2020. Der Sachverhalt wurde unter dem Stichwort »Opalgrün« bekannt, dem Namen einer gemeinsamen Operation mehrerer Verfassungsschutzämter.

Kapitel 11

Die Flucht von Anis Amri und sein Tod in Italien

Um 20:06 Uhr am 19. Dezember 2016, etwa fünf Minuten nach dem Anschlag auf dem Breitscheidplatz, unterquerte Anis Amri den wenige Hundert Meter entfernt liegenden Hardenbergplatz am Bahnhof Zoo. Eine Überwachungskamera der Berliner Verkehrsbetriebe hielt fest, wie er die Unterführung durchschritt. Er wusste um die Kamera und hielt demonstrativ den Zeigefinger in ihr Blickfeld. Amri begab sich aber nicht hinunter zur U-Bahn der Linie 9, die ihn in wenigen Minuten in den Stadtteil Gesundbrunnen gebracht hätte, wo seine Wohnung lag. Stattdessen nahm er den entgegengesetzten Weg und ging auf der östlichen Seite des Platzes, wo sich auch der Haupteingang zum Zoologischen Garten befindet, wieder nach oben. Man könnte auch sagen, er bewegte sich Richtung Tatort.

Die Ermittler des BKA haben keine Erklärung für diese seltsame Richtung. Ein Attentäter, der vom Tatort flieht und dann wieder in dessen Richtung geht? Jener Mann, den die zwei Immobilienberater von ihrem Büro im Waldorf-Astoria-Gebäude aus, aus dem Tat-LKW aussteigen sahen und dann verfolgten, war im Gegensatz zu Amri bis ans nördliche Ende des Hardenbergplatzes gegangen, ehe sie ihn aus den Augen verloren.

Amri aber blieb zunächst vor Ort. In seinem Handy wurde später die Navigationsangabe »Hardenbergplatz 8« entdeckt. Die Adresse entspricht ziemlich genau der Stelle, wo Amri aus der Unterführung kam. Seine Spur verliert sich dann für etwa eineinhalb Stunden. Um 21:32 Uhr sowie um 21:51 Uhr soll er zweimal von derselben Videokamera eines privaten Geschäftes in der Nähe seiner Wohnung in der Freienwalder Straße erfasst worden sein, erst ohne Rucksack, dann mit. Die Ermittler gehen deshalb davon aus, dass er in seiner Wohnung war und sich dann mit kleinem Gepäck auf die Flucht begab. Gesichert ist das nicht, denn seine Mitbewohner machten mehrere unterschiedliche Zeitangaben, die von vier Uhr nachmittags bis 21 Uhr reichen. Die meisten lagen vor dem Anschlag. Überliefert ist auch, dass der Tunesier an diesem Tag zu einem Bekannten im Stadtteil Neukölln ziehen wollte. Irgendwann und irgendwo muss er seine roten Schuhe, die er um 20 Uhr am Hardenbergplatz trug, in schwarze getauscht haben. Die roten wurden nie gefunden, sie waren auch nicht in seinem Gepäck, als er starb.

Die letzte Sichtung, die Amri mit »großer Wahrscheinlichkeit« zeige, so das BKA, wäre demnach um 21:51 Uhr gewesen. Danach fehlt von dem Flüchtenden 33 Stunden lang jedes Lebenszeichen. Er tauchte erst am Mittwoch, den 21. Dezember, um sieben Uhr morgens wieder auf, und zwar 500 Kilometer entfernt im nordrhein-westfälischen Emmerich.

Dort hatte er zuvor in einem Wohnheim für Geflüchtete gewohnt, weil er in Nordrhein-Westfalen als Asylsuchender registriert war. Amri hatte Emmerich aber vor Monaten verlassen und hielt sich meist in Berlin auf. Was genau er nun dort wollte, ob er jemanden traf, ob er in der Stadt übernachtete, aber auch, wie er dort hinkam, können die Ermittler nicht sagen. Sie schließen aus, dass er einen Fernbus nahm und dass er die Bahn benutzte. Bliebe zum Beispiel ein Auto, aber welches? Er selbst besaß keines. Wurde er chauffiert? Dann hätte er mindestens Unterstützer gehabt.

In Emmerich erkannte ihn ein Zeuge, der mir Amri einmal im selben Wohnheim wohnte, in einem Bus nach Kleve. Er setzte sich zu ihm, sie gaben sich die Hand und unterhielten sich. Der Zeuge machte dabei eine Beobachtung, die von Bedeutung ist: Amri soll ein Handy bei sich gehabt haben. In Kleve trennten sich ihre Wege wieder.

Amris Weg führte in die Niederlande und dort, so die weiteren Ermittlungen, über Kranenburg und Nimwegen nach Amsterdam, wo er sich nach dem Weg zur tunesischen Botschaft erkundigt haben soll. Was er dort genau wollte, ist nicht bekannt. Die Botschaft seines Heimatlandes befindet sich auch nicht in Amsterdam, sondern in Den Haag. Doch dorthin fuhr er nicht, stattdessen machte er sich am Nachmittag mit dem Zug auf den Weg nach Brüssel, wo sich am Abend seine Spur erneut verliert, ehe er um die Mittagszeit des 22. Dezember in Lyon wieder auftaucht.

Amri könnte in Brüssel übernachtet haben. Damals hielt sich der terrorismusverdächtige Clément B. in der Stadt auf, den Amri aus Berlin kannte und mit dem er im Dezember mehrfach telefonierte. Jedenfalls ist unklar, wo der Gesuchte drei Nächte verbrachte.

Am Nachmittag des 22. Dezember verließ Amri Lyon mit einem Regionalzug und fuhr über Chambéry und Turin nach Mailand. Ob er allein unterwegs war oder in Begleitung, ist nicht geklärt. Bei seinen persönlichen Sachen fanden sich später zwei Zugtickets nach Mailand. Eines von Lyon aus, das andere von Turin. Warum sollte Amri in Turin eine zweite Fahrkarte nach Mailand gekauft haben, wenn er bereits eine gültige besaß?

Um 0:49 Uhr am 23. Dezember kam Amri am Hauptbahnhof in Mailand an. Dort bestieg er einen Bus, der ihn in den etwa acht Kilometer entfernten Vorort Sesto San Giovanni brachte, Ankunft um 2:52 Uhr. Kurz darauf, gegen drei Uhr wurde er auf dem Bahnhofsvorplatz von zwei Polizisten kontrolliert. Es kam zum Schusswechsel, bei dem ein Beamter verletzt wurde und Amri starb. Eine Kugel traf ihn in den Rücken, die andere in den Oberarm. Er selbst benutzte die Pistole, mit der am 19. Dezember der polnische Fahrer Urban erschossen worden war.

Die Umstände des Todes sind nicht restlos geklärt. Die zwei italienischen Polizeibeamte, die an dem Zugriff beteiligt waren, sind durch neonazistische Aussagen aufgefallen, beispielsweise präsentierten sie sich auf Facebook mit Hitler-Bild und Mussolini-Gruß.

Eine Delegation des BKA machte sich sofort auf den Weg nach Mailand. Die deutschen Ermittler konnten aber den Leichnam Amris sowie sämtliche Asservate, darunter die Pistole, nicht selbst in Augenschein nehmen, stattdessen wurden ihnen lediglich Fotos gezeigt. Ein Mobiltelefon soll Amri nicht bei sich gehabt haben, dafür tausend Euro in bar. Die beiden italienischen Polizisten wurden von BKA-Vernehmern nie befragt.

Warum begab sich Amri nach Sesto San Giovanni? Für das BKA ein Zufall, nachvollziehbare Gründe gebe es nicht. Der Journalist Sandro Mattioli hat allerdings herausgefunden, dass dort eine Kontaktperson von Amri wohnte: Habib O., dessen Telefonnummer er besaß, der als Islamist bekannt war und dessen Wohnung die italienische Polizei nach dem Vorfall durchsuchte. Es gäbe aber keine Erkenntnisse, hieß es, dass Amri Habib O. aufsuchen wollte. Mattioli hat auch in Erfahrung gebracht, dass es in Sesto mindestens drei islamistische Zellen gegeben hat.

Die Logik von Amris Fluchtroute von Berlin über Emmerich, Amsterdam, Brüssel, Lyon nach Mailand will sich nicht so recht erschließen. Was war sein Ziel, wo wollte er hin? Wurde der inzwischen international Gesuchte möglicherweise nach Sesto San Giovanni gelotst, wo er erwartet wurde? Dafür wäre wiederum ein Mobiltelefon nötig gewesen.

In der Internetausgabe der italienischen Zeitung *Il Foglio* erschien am 23. Dezember 2016 – dem Tag, an dem Amri den Tod fand – ein Artikel mit der Überschrift: »La trappola dei servizi« (»Die Falle der Dienste«). Darin steht, eine unbekannt bleiben wollende Quelle habe berichtet, dass eine Gruppe aus verschiedenen Geheimdienstleuten (darunter italienische und tunesische Spezialisten) Amri in der Gegend von Bergamo erwartet hätte. Die Stadt liegt etwa vierzig Autominuten von Sesto San Giovanni entfernt. In der Nähe von Bergamo habe Amri auf ein Netz von Tunesiern vertrauen können, die wie er im Jahr 2011 in Lampedusa angekommen waren. Viele seien aber keine Islamisten, sondern Kleinkriminelle. Dieses Netz sei von den Diensten überwacht worden, weil man Amri dort erwartete. Diese Ecke Europas sei Amri nach Deutschland am meisten vertraut.

Am Tatort Sesto San Giovanni überschneiden sich aber noch zwei bemerkenswerte Handlungsstränge der Anschlagsgeschichte, nämlich der des angeblichen Attentäters Amri mit dem des polnischen Lastwagen der Marke Scania, der am 19. Dezember 2016 zur Tatwaffe wurde.

Der LKW und sein Fahrer Lukasz Urban hatten in La Loggia südlich von Turin ihre Ladung aufgenommen, die aus Stahlträgern bestand. Abnehmer der Stahlträger war die Firma Thyssen Krupp. Am Morgen des 16. Dezember 2016 brach Urban zu seinem Zielort Berlin auf. Um die Mittagszeit steuerte er den Mailänder Vorort Cinisello Balsamo an, um dort noch ein weiteres Paket aufzunehmen, ein 29 Kilogramm schwerer Karton, in dem sich Elektro- sowie Plastik- und Gummiteile befanden. In den Frachtbriefen ist von einem »Spezialauftrag« die Rede. Das Besondere: Dieser Ort ist nur etwa eineinhalb Kilometer Luftlinie von Sesto San Giovanni und der Stelle entfernt, wo Amri sieben Tage später den Tod fand.

Ein Täter kehrt an einen Ort zurück, wo das spätere Tatwerkzeug sich zuvor schon aufgehalten hatte? Verkettungen, die die Zufallstheorie der Ermittler doch arg strapazieren.

Urban kam am frühen Morgen des 19. Dezember 2016 in Berlin an und stellte sein Transportfahrzeug um 7:34 Uhr am Friedrich-Krause-Ufer ab. Das »Spezial«-Paket samt den genannten Teilen befand sich in Berlin neben den Stahlträgern noch im Laderaum des Tat-LKW. Dennoch drängt sich eine Denkhypothese auf: Diente das Paket vielleicht als Deckmantel für eine andere Fracht, die dann nach der Ankunft des LKW am frühen Morgen des 19. Dezember in Berlin von einem unbekannten Empfänger entgegengenommen wurde?

Kapitel 12

Hatte Amri ein Handy bei sich, als er starb?

Italien ist ein wesentlicher Schauplatz der Anschlagsgeschichte. Fast könnte man sagen, ihr Ausgangs- und ihr Endpunkt. Doch das Ende scheint sich immer weiter zu entfernen, je näher man ihm zu kommen glaubt. Nach jedem Schritt hin zur vermeintlichen Wahrheit zieht sich diese zwei Schritte zurück. Oder mit den Worten eines Augenzeugen und Ersthelfers vom Breitscheidplatz: »Bei einer Antwort bleiben zwei neue Fragen übrig.« Ein Phänomen, das wir schon bei vergangenen Terrorkomplexen beobachten konnten, zuletzt dem bis heute nicht zur Gänze aufgeklärten NSU-Skandal.

2011, nach Beginn der revolutionären Veränderungen in mehreren arabischen Staaten, begaben sich zahlreiche tunesische junge Männer auf die Fahrt übers Mittelmeer ins benachbarte Italien. Darunter auch Anis Amri und Bilel Ben Ammar, zwei der bekannten Hauptfiguren der späteren Geschichte. Von Italien führte der Weg weiter zum Beispiel nach Deutschland, wo Ben Ammar im Oktober 2014 ankam, Amri im Juli 2015. Zuvor saß Letzterer in Italien vier Jahre lang im Gefängnis. Dort lernte er auch Khaled Abdeldaim kennen, mit dem er sich 2016 mehrere Wochen ein Zimmer teilte. Abdeldaim kam 2013 nach Deutschland. Haben sich die Zuwanderer in der Haft in Italien möglicherweise radikalisiert und sind mit einer bestimmten Bestimmung entlassen worden? In Deutschland verbanden sich diese »zugereisten« Tunesier mit einheimischen deutschen gewaltbereiten Islamisten.

Die große Flüchtlingsbewegung jener Jahre bildete lediglich den Rahmen, in dem die Anschlagsgeschichte verortet wurde. Die übergroße Mehrheit der Flüchtlinge, die sich 2015 vor allem aus Syrien auf den Weg nach Europa machte, zum Teil zu Fuß, hatte damit nichts zu tun. Ihnen ging es ums Überleben. Die offenen Grenzen haben sie gerettet.

Zum »italienischen Moment« des Amri-Komplexes gehören die italienischen Opfer vom Breitscheidplatz, der Tat-LKW, der in Italien gestartet war, und der Tod des angeblichen Attentäters Amri in Sesto San Giovanni bei Mailand. In Italien wurde nach dem Anschlag beim polizeilichen Staatsschutz, der Abteilung für allgemeine Ermittlungen und Sonderoperationen (italienisch: »Divisione Investigazioni Generali Operazioni Speciali«, kurz DIGOS), eine eigene »Arbeitsgruppe Berlin« eingerichtet und mit den Terrorermittlungen betraut. Die italienischen Polizeiexperten reisten dafür auch extra in die deutsche Hauptstadt, um sich mit den Zuständigen bei der Generalstaatsanwaltschaft auszutauschen, die die Verfahren gegen die einschlägig bekannten Mitglieder der Fussilet-Moschee führte. In den italienischen DIGOS-Unterlagen finden sich Hinweise auf eine der zentralen Fragen: Hatte Amri ein Telefon bei sich, als er starb? Ein Mobiltelefon ist ein unschlagbares Beweismittel. Es registriert, mit wem der Nutzer wann kommuniziert hat, und zeichnet dessen Bewegung auf.

Die ermittlungsamtliche Auskunft von Bundeskriminalamt und Bundesanwaltschaft lautet: kein Handy bei Amri. Im Gegensatz dazu kann man in den italienischen Akten, die übersetzt und den deutschen Kollegen übermittelt wurden, lesen, dass beim toten Amri ein Mobiltelefon gefunden wurde, das er »bei sich getragen« habe. Wörtlich heißt es in einem Vermerk unter dem Datum vom 19. Januar 2017:

> *Außerdem sollte ergänzt werden, dass die Rufnummer +49-[XXX], in Gebrauch von Emra Abi [gemeint ist Emrah Civelek, Anm. des Autors], auch im Telefonbuch des aufgefundenen Telefons vermerkt war, das Anis Amri bei sich trug, als er auf der Flucht nach dem Attentat vom 19. Dezember 2016 infolge eines Schusswechsels mit Beamten der Polizei am 23. Dezember in Sesto San Giovanni starb.*

Den DIGOS-Spezialisten der »Arbeitsgruppe Berlin« war die Bedeutung von Civelek, dessen Rufnummer in Amris Telefon gespeichert war, aus den Anschlagsermittlungen bekannt. Dieser war einer der Aktivisten in der Berliner Fussilet-Moschee und spielte nach Einschätzung der italienischen Terrorfahnder eine »hervorgehobene Rolle in der Gruppe«. Sie formulierten gar die Annahme, Amri sei »bei der Flucht von Emrah Civelek unterstützt« worden.

Rätselhaft ist nun: Im Verzeichnis der Gegenstände, die Amri in Italien bei sich hatte, ist kein Mobiltelefon aufgeführt. Allerdings ist die Asservatenliste unvollständig und widersprüchlich. Es fehlen mehrere Gegenstände, die auf den Tatortfotos von Sesto San Giovanni zu sehen sind: Ein schwarzer Stoffbeutel und eine Packung mit weißen Kabelbindern beispielsweise. Andererseits ist ein Asservat aufgelistet (ein Pflaster), das auf den Tatortbildern nicht zu erkennen ist.

Auffällig ist vor allem, wie die Ermittlungsinstanzen in Deutschland mit der Handy-Frage umgehen. Als im Juni 2019 der Hauptsachbearbeiter des Tatkomplexes Breitscheidplatz bei der Bundesanwaltschaft in Karlsruhe, Oberstaatsanwalt Helmut Grauer, vor dem Untersuchungsausschuss des Bundestags auftrat, thematisierte die Abgeordnete Irene Mihalic (Grüne) auch das fragliche Mobiltelefon Amris. Wörtlich führte sie aus: »Aus den italienischen Unterlagen geht auch hervor, dass an dem Ort, an dem Anis Amri aufgegriffen worden ist und dann erschossen wurde von den Carabinieri, dass er dort in Besitz eines weiteren Mobiltelefons gewesen ist.« Darauf antwortete der Zeuge Grauer: »Ja, da kann ich Ihnen einiges dazu sagen. Das hat mich auch ziemlich viel beschäftigt. Es hieß immer wieder: Da soll ein Mobiltelefon gefunden worden sein.« Dann erklärte er, das BKA sei sehr zeitnah nach Amris Tod vor Ort und »zusammen mit den italienischen Polizeikollegen bei den Ermittlungen anwesend« gewesen. Die BKA-Beamten hätten aber immer zurückgemeldet, es sei kein Mobiltelefon gefunden worden. Inzwischen weiß man, dass die deutschen Ermittler in Italien weder die Leiche noch die Tatwaffe noch irgendwelche sonstigen Asservaten physisch in Augenschein nehmen, sondern lediglich Fotos davon betrachten konnten. Oberstaatsanwalt Grauer sagte in der Ausschusssitzung weiter aus, dass auch nach den Erkenntnissen der italienischen Behörden in den Asservaten und auf detaillierten Lichtbildaufnahmen kein Mobiltelefon zu finden sei:

Es war ja gerade das Interessante, dass Anis Amri auf der Flucht eben kein Mobiltelefon, sondern nur eine SIM-Karte hatte. So. Trotzdem tauchte immer wieder die Behauptung auf, da sei eines gewesen. Dem bin ich dann letztendlich noch mal nachgegangen, weil ich diese Spur aus dem

Weg schaffen wollte. Ich wollte wissen: Was ist da los? Gab es jetzt eins, dann will ich es aber auch haben und auswerten, oder gab es jetzt keines?

Er wählte tatsächlich – bewusst oder unbewusst – die Worte: »Weil ich diese Spur aus dem Weg schaffen wollte.« Dann erklärte er, dass das Bundeskriminalamt über seinen Verbindungsbeamten in Italien noch einmal nachgefragt habe, was da los sei:

Die ganze Sache löst sich relativ leicht auf. Ein Beamter, der an den Ermittlungen nicht beteiligt gewesen ist, einer Dienststelle, die nicht an den Ermittlungen wegen des Todes von Amri beteiligt gewesen sind, hat da schlicht etwas durcheinandergeworfen oder sehr unscharf formuliert. Der meinte in seinem Vermerk nicht das Handy, das bei Amri in Italien gefunden worden ist, der meinte ein Handy, das Amri am Tatort in Deutschland zurückgelassen hat.

Grauer endete mit der Mitteilung, auf Nachfrage in Italien sei dort aktuell bestätigt worden, dass in Mailand kein Mobiltelefon bei Amri gefunden worden sei.

Ein am Breitscheidplatz zurückgelassenes Handy, verwechselt mit einem in Mailand aufgefundenen Handy? Die Formulierung »bei sich getragen« drückt einen anderen Befund aus. Außerdem lagen die im und am LKW in Berlin gefundenen Handys in Italien zur Auswertung ja gar nicht vor. Wie hätten die italienischen Ermittler also wissen können, welche Rufnummern im Telefonbuch des Gerätes gespeichert waren?

Auch Grauers Formulierung von einem unbeteiligten Beamten einer unbeteiligten Dienststelle, der etwas »durcheinandergeworfen« habe, trifft die Sache nicht und erscheint mutwillig gewählt. Bei besagter Dienststelle handelte es sich um keine geringere als die »AG Berlin« mit ihren Terrorspezialisten von DIGOS in Brindisi.

Der entsprechende BKA-Vermerk zu der Nachfrage in Italien war so brandaktuell, dass er dem Ausschuss noch nicht vorlag. Er datiert vom 8. Mai 2019, also nur wenige Wochen vor der Ausschusssitzung, zugleich aber zweieinhalb Jahre nach Amris Tod. Erst da will das BKA geklärt haben wollen, ob der Tote ein Mobiltelefon bei sich hatte oder nicht. Vier Wochen nach der Sitzung ging der fragliche BKA-Vermerk dann beim Untersuchungsausschuss ein. Aus ihm geht hervor, dass das BKA Ende April 2019 seinen Verbindungsmann in Rom beauftragte, die Passage in dem zitierten DIGOS-Bericht aus Brindisi inhaltlich zu »verifizieren«. Dem Beamten wurde gleich noch die Bewertung mit auf den Weg gegeben, die Passage »widerspreche BKA-Erkenntnissen, wonach kein Mobiltelefon gefunden« worden sei. Um was für Erkenntnisse es sich genau handelte und wie sie gewonnen wurden, steht nicht in dem Vermerk.

Die gewünschte »Verifizierung« ergab: Dem BKA-Verbindungmann wurde von der übergeordneten zentralen Staatsschutzbehörde Italiens (»Direzione Centrale della Polizia di Prevenzione«, kurz DCPP) mitgeteilt, und zwar »mündlich«, der Bericht aus Brindisi sei »ungenau und missverständlich«. Das habe das Polizeipräsidium in Brindisi eingeräumt. Man habe in dem Bericht nicht ausdrücken wollen, dass Amri ein Mobiltelefon »bei sich getragen« habe. Außerdem habe DIGOS in Mailand »auf Nachfrage« ebenfalls bestätigt, dass am Ereignisort »kein Mobiltelefon« von Amri aufgefunden worden sei. Mit dem eigentlichen Verfasser des DIGOS-Berichtes in Brindisi selbst hat der BKA-Verbindungsbeamte nicht gesprochen. Er blieb auf der entsprechenden Ebene der Polizeihierarchie. Das DCPP ist so etwas wie das italienische BKA. Dort hatte man offensichtlich verstanden, dass die Darstellung und Bewertung in den Akten dem angeblichen Spurenbefund am Tatort Sesto San Giovanni anzupassen ist. Und da soll eben kein Amri-Handy gefunden worden sein. Der Widerspruch musste weg, schließlich hatten die deutschen Ermittlungsinstanzen einen parlamentarischen Untersuchungsausschuss am Hals.

Amri war nach der Tat und auf seinem Weg nach Italien mehrfach mit einem Handy gesehen und auf Video festgehalten worden. Am Ende der Videoaufnahme in der U-Bahn-Unterführung am Bahnhof Zoo wenige Minuten nach dem Anschlag sieht man, wie er einen Gegenstand aus der Anoraktasche nimmt, der ein Handy sein könnte. Der Zeuge, der ihn am 21. Dezember 2016 im Bus von Emmerich nach Kleve traf und sich mit ihm unterhielt, ist sich sicher, dass er ein Telefon bei sich hatte. Im niederländischen Nimwegen nahm Amri bei einer Werbeaktion im Bahnhof eine SIM-Karte entgegen, die später bei ihm gefunden wurde. Auf Überwachungsvideos in den Bahnhöfen von Nimwegen, Amsterdam und Brüssel ist zu sehen, dass er einen Gegenstand ans Ohr hält, als wenn er telefonieren würde, und auch, dass er auf ein Handy in der Hand zu schauen scheint. Und am 22. Dezember erhielt eine Bekannte in Berlin über Facebook noch eine Nachricht von Amri, die mit einem entsprechenden Telekommunikationsmittel versendet worden sein könnte.

Ein Mobiltelefon könnte viel über Amris Kommunikation verraten: Mit wem stand er in Verbindung? Was wusste er über die Tat und mögliche Täter? Hatte er Hilfe bei der Flucht? Wo wollte er hin? Wurde er gelotst? Warum begab er sich nicht auf direktem Weg nach Mailand, sondern über Emmerich, Amsterdam, Brüssel, Lyon und Turin?

Möglich ist, dass er sein Mobiltelefon kurz vor seinem Tod weggeworfen hat. Nur, warum? Möglich ist aber auch, dass die Polizei das Beweismittel verschwinden ließ.

Kapitel 13

Die zwei Amris

Die italienischen Terrorfahnder von DIGOS hatten schon vor dem Anschlag vom 19. Dezember 2016 mit der Klientel der Berliner Fussilet-Moschee zu tun. Dadurch gewannen sie eine Erkenntnis, die ihnen später bei der Einschätzung der terrorverdächtigen Personen aus Deutschland half. Dieses italienische Wissen ist für die Aufklärung unverzichtbar.

Die Geschichte beginnt zweieinhalb Wochen vor dem Anschlag. Am 2. Dezember 2016 machten sich sechs Personen, die sich aus dem Kreis des radikalen Fussilet-Vereins kannten, von Berlin aus auf den Weg in die Türkei. Sie reisten in zwei Gruppen und auf unterschiedlichen Routen: Die eine Gruppe bestand aus den vier Männern Emrah Civelek, Resul Korkmaz, Feysel H. und Jagar S. H., die im Taxi der beiden Erstgenannten über Kroatien und Serbien Richtung Türkei fuhren. Die andere Gruppe bildeten Nkanga Lutumba und Soufiane Amri, die mit Zügen, Fernbus und Schiff über Italien und Griechenland reisen wollten.

Beide Gruppen sollten, so die Vermutung der Ermittler, ein paar Tage später in der Türkei wieder zusammentreffen. Ihre weiteren Pläne sind unklar. Wollten sie in der Türkei einen Anschlag begehen? Oder etwa weiter ins Gebiet des IS, nach Syrien oder in den Irak reisen? Für Letzteres wurden Emrah Civelek, Resul Korkmaz und Soufiane Amri 2019 von einem Berliner Gericht zu Haftstrafen verurteilt. Der Tatvorwurf lautete: Unterstützung einer terroristischen Vereinigung im Ausland. Feysel H. wurde in einem psychiatrischen Krankenhaus untergebracht.

Feysel H., der deutscher Staatsbürger ist, war auf der Fahrt an der kroatisch-serbischen Grenze aufgehalten und zurückgeschickt worden. Er hatte Ausreiseverbot aus Deutschland. Civelek und Korkmaz kehrten selbständig aus der Türkei nach Berlin zurück. Einzig Jagar S. H. soll bis ins IS-Gebiet gekommen sein. Das wurde später den drei Angeklagten angelastet und führte zu ihrer Verurteilung.

Soufiane Amri und Nkanga Lutumba strandeten im italienischen Ancona. Ein Streik verhinderte ihre Weiterfahrt mittels Fähre. Die beiden waren mittlerweile von deutschen Behörden als »Gefährder« ausgeschrieben worden. Die italienische Polizei spürte sie in Ancona auf und nahm sie fest. Soufiane Amri wurde, weil er ebenfalls deutscher Staatsbürger ist, nach Mailand gebracht, dort in den Zug gesetzt und nach Berlin zurückgeschickt. Lutumba, der zwar ebenfalls in Berlin wohnte, aber kongolesischer Staatsbürger ist, kam in Abschiebehaft. Ab dem 5. Dezember 2016 saß er im großen Abschiebezentrum in Brindisi.

Dann erfolgte am 19. Dezember 2016 der Anschlag in Berlin, verbunden mit dem Namen »Amri«. In Italien widmeten sich nun der Staatsschutz und seine Abteilung DIGOS dem Fall mit besonderer Aufmerksamkeit. Die »Arbeitsgruppe Berlin« wurde eingerichtet. Unter den Todesopfern war auch die Italienerin Fabrizia Di Lorenzo, die in Berlin lebte. Weil Lutumba zum Umfeld des angeblichen Attentäters Anis Amri gezählt werden konnte, erging gegen ihn am 2. Januar 2017 in Italien sogar Haftbefehl. Er wurde als »internationaler Terrorist« eingestuft. Die DIGOS-Ermittler in Brindisi werteten nun sein Handy und seine Kommunikation aus und stießen auf Telefongespräche, die sie alarmierten. Sie bilden den Inhalt einer italienischen Ermittlungsakte, die vor allem Soufiane Amri, einen 1995 in Berlin geborenen Deutsch-Marokkaner, belastet, von den deutschen Strafverfolgungsbehörden aber geradezu demonstrativ missachtet wird.

Am 30. Dezember 2016 telefonierte Lutumba mit einer letztlich nicht identifizierten Person, die sich mutmaßlich in der Türkei aufhielt, aber Kenntnisse der Szene in Berlin hatte. In dem konspirativ gehaltenen Gespräch nennt sich die Person »Peter« bzw. »Peter Arbeit«.

Die Gespräche drehen sich um den Begriff oder Namen »Fuffy«. Die italienischen Staatsschützer sind überzeugt, dass dies der Spitzname für »Soufiane« ist. Mehrmals weisen sie in ihren Unterlagen darauf hin. Dennoch wollen die deutschen Ermittler einen Transkriptionsfehler erkennen und bestreiten diese Darstellung. Nicht von »Fuffy« sei die Rede gewesen, sondern von »Vorfall«. Das verschriftete Gesamtprotokoll belegt allerdings eindeutig die italienische Interpretation.

Nkanga Lutumba berichtet in dem Dialog mit seinem Gesprächspartner »Peter Arbeit« von seiner Reise mit »Fuffy« nach Italien und ihrer Überprüfung in Ancona. Dass er, Lutumba, in Haft kam, hänge mit dem Anschlag in Berlin und der Rolle von »Fuffy« zusammen. Er spricht an zahlreichen Stellen von »Fuffy«. Das liest sich in der verschriftlichten Aktenversion so:

Lutumba.: Fuffy hatte recht … [Spitzname von Soufiane, Anm. d. Übersetzerin] [sic!]

Peter: Wer?

Lutumba: Dein Bruder! …

Peter: Hey, Mann … du musst herkommen und alles kommt in Ordnung …

[…]

Lutumba: [kurzes Stück unverständlich, Anm. d. Übersetzerin] Nein … nein wegen Fuffy … Wäre diese Sache mit Fuffy nicht passiert, wäre ich schon draußen. Der Fuffy in Berlin … Der Fuffy …

Peter: Welcher Fuffy? Welcher Fuffy?

Lutumba: Der Fuffy aus Berlin … Sag keine Namen, sag keine Namen!!!

Peter: Uh … Ah … Diese Sache?

Lutumba: Der Fuffy mit dem LKW!!

Peter: Ah!! – Der!! [Er versteht, Anm. d. Übersetzerin]

Lutumba: Wäre diese Sache nicht passiert, wären sie nicht zu mir gekommen, verstehst du?… Sie hätten gedacht … Der ist Berliner … einer von denen. [Verwendet die Vergangenheitsform, nicht den Konditional, Anm. d. Übersetzerin]

Peter: Ah … ah …

[…]

Lutumba: Leider ist alles schiefgelaufen, und dazu kommt Fuffy und Amra … [sic!]

Peter: Nein … Amri Amri, sie sollten zusammenbleiben, da, wo sie beide waren … sie haben versucht, aber anders gemacht, verstehst du?

Lutumba: Wiederhole … wiederhole … was wolltest du sagen?

Peter: Sie haben einen Fehler gemacht! Das ging daneben!

[…]

Lutumba: Weil alles schiefgelaufen ist ... Das war nicht der richtige Ort ... So macht man die Dinge nicht ...
Peter: Die Straße war falsch ...
Lutumba: Dein Bruder ... dein Bruder hatte recht ... Es gab keinen Plan ... Es gab nichts ... Das wurde gemacht und Schluss!!

Die Kommunikation zwischen Nkanga Lutumba und »Peter Arbeit« ging am 31. Dezember 2016 weiter. Auch da war von »Fuffy« die Rede:

Lutumba: Ich bin hier ... aber hast du Kontakte mit Fuffy? ... [In der arabischen Sprache Spitzname für Soufiane, Anm. d. Übersetzerin]
Peter: Ja!
Lutumba: Ja! ... Aber warum ruft er mich nicht an ... Er hat gesagt, dass er mich anruft, aber er ruft nicht an ...
Peter: Vielleicht, weil deine Nummer manchmal nicht erreichbar ist ... manchmal geht sie, manchmal geht sie nicht ... wirklich ...
[...]
Peter: Ehre sei Gott ... [unverständlich, Anm. d. Übersetzerin] Dein Bruder Amin Amin wirklich ...
Lutumba: Weswegen?
Peter: Du weiß, oder?... Berlin!
Lutumba: Fuffy?
Peter: Nein! ... Der andere!
Lutumba: Fuf ... ah okay ... okay ... okay.
[...]
Lutumba: Aber ich weiß nicht, ob Fuffi gesagt hat, dass er mit mir zusammen war oder so was Ähnliches ... Das weiß ich nicht ...
Peter: Ich rate dir, mit ihm zu sprechen ...
Lutumba: Sag ihm, dass er mich anrufen soll ... der bekommt immer Panik, der muss nicht übertreiben, das letzte Mal hat er aufgelegt ...

Die Gespräche zwischen Lutumba und »Peter Arbeit« wurden in deutscher Sprache geführt. Die italienischen Ermittler haben sie ins Italienische übersetzen lassen und die italienische Fassung für die deutsche Rechtshilfeakte dann ins Deutsche rückübersetzt. Im Text finden sich Ausrufezeichen, Großschreibungen, Unterstreichungen und Fettungen. Offensichtlich haben die Ermittler Bewertungen vorgenommen.

Die Kommunikation ergibt eindeutig, dass »Fuffy« eine Person ist und dass dafür eigentlich nur Soufiane Amri in Betracht kommt. Dennoch behaupten Bundesanwaltschaft, Bundeskriminalamt, die Generalstaatsanwaltschaft von Berlin und das Landeskriminalamt Berlin, »Fuffy« sei die falsche Übersetzung des Wortes »Vorfall« gewesen. Das Berliner LKA erklärt sogar, es habe die Aufzeichnung des Gespräches »mehrmalig« angehört. Ob sich die Aufnahmen in Deutschland befinden, ist allerdings fraglich. Das BKA will sie nicht in seinem Besitz haben. Stattdessen reiste sein Verbindungsbeamter in Rom noch Ende Dezember 2016 nach Brindisi, wo er sich die abgehörten Telefonate zwischen Lutumba und jener nicht identifizierten Person anhören konnte.

Im Untersuchungsausschuss des Bundestags erklärte im Juli 2020 jener BKA-Verbindungsbeamte in Italien, Armin H., er habe zwei der Gespräche abgehört, zweimal habe er das Wort »Vorfall« verstanden, das Wort »Fuffy« aber nicht. Letzteres sage ihm nichts, »Vorfall« dagegen habe in den Kontext gepasst, sprich: zum Anschlag vom Breitscheidplatz. Zugleich machte er aber Einschränkungen: Die Gespräche seien schwer verständlich gewesen, weil sie über Mobilfunk geführt wurden, aber auch wegen des restringierten Codes der Sprechenden, ihrem Dialekt und weil sie in Andeutungen kommunizierten. Es sei schwierig gewesen, etwas »zweifelsfrei« zu verstehen. Dem Ausschuss wurde eine Audiodatei, mit der die fragliche Kommunikation überprüft werden könnte, nicht vorgelegt. Warum italienische Ermittlungsakten nach Deutschland übermittelt werden können, aber nicht die Kopie einer wichtigen Audiodatei, will sich nicht so recht erschließen.

Ein einfacher Test widerlegt die deutschen Behörden. Man muss im vorliegenden Gesprächsprotokoll zwischen Nkanga Lutumba und »Peter Arbeit« nur an allen Stellen das Wort »Fuffy« durch »Vorfall« ersetzen, um zu erkennen, wie absurd die Behauptung ist, es sei von einem »Vorfall« die Rede gewesen und nicht von jemandem mit Spitznamen »Fuffy«. Ein solcher Eindruck kann nur entstehen, wenn man aus dem Protokoll einzelne Sätze isoliert herausnimmt, beispielsweise: »Welcher Fuffy/Vorfall? – Der Fuffy/Vorfall in Berlin.«

Unbestritten ist, dass es in den Gesprächen um den Anschlag von Berlin ging. Deshalb informierten die italienischen Terrorfahnder seinerzeit unverzüglich ihre deutschen Kollegen. Lutumba und Soufiane

Amri wurden von Seiten der DIGOS so eingeschätzt, dass von beiden Terrorgefahr ausgehen könnte. Und dann ließ auch die Namensgleichheit von Anis und Soufiane, die obendrein über Facebook in Verbindung standen, zusätzliche Warnlampen angehen. Zwei Amris – Zufall oder Plan?

Anfang März 2017 übermittelte Italien die übersetzte »Fuffy«-Akte an den Generalbundesanwalt in Karlsruhe. Von dort ging sie an die Generalstaatsanwaltschaft in Berlin mit der Bitte um Sichtung und Auswertung hinsichtlich des Breitscheidplatz-Verfahrens. Das richtete sich zu diesem Zeitpunkt immer noch gegen den toten Anis Amri, den abgeschobenen Bilel Ben Ammar und gegen »Unbekannt«. Ergebnis der Auswertung: Nkanga Lutumba habe nicht »Fuffy« gesagt, sondern »Vorfall«. Es gebe keine Hinweise auf eine Tatbeteiligung von Soufiane Amri, Emrah Civelek, Resul Korkmaz, Feysel H. oder Jagar S. H.

Damit wurde eine bewusst falsche Auswertung offiziell veraktet und als »Ermittlungswahrheit« festgelegt. So schaffen sich Sicherheitsbehörden eigene Wahrheiten, die von da an von jedem Mitarbeiter übernommen und weitertransportiert werden. Und irgendwann wird auch die spezielle Genese dieser »Wahrheit« verschwunden sein. Übrig bleibt ein Konstrukt, ein kriminalistischer Frankenstein. Damit ist zugleich die Voraussetzung geschaffen, dass sich die Manipulation ungehindert fortpflanzen und normalisieren kann – zum Beispiel in den Medien.

Schon im Dezember 2018, kurz vor dem zweiten Jahrestag des Attentats, hatte der Sachverhalt um die italienische »Fuffy«-Akte ausgewählte Presseorgane in Deutschland erreicht – und zwar offensichtlich mit eingebauter Sollbruchstelle. Denn das angebliche Missverständnis, aus »Vorfall« sei versehentlich »Fuffy« gemacht worden, wurde gleich mitgeliefert. Verschiedene Zeitungen berichteten über die italienischen Ermittlungen und werteten sie im selben Moment ab. Damit war die Spur zerstört, »das Thema durch«, wie man zu sagen pflegt. Die Methode ist bekannt und sollte auch im Amri-Komplex wiederholt zur Anwendung kommen.

Das komplette Wortprotokoll lässt die Sache in einem anderen Licht erscheinen. Wenn Soufiane Amri, Aktivist aus der früheren Fussilet-Moschee, mit dem Anschlag zu tun gehabt hat, hätten wir eine vollkommen andere Ausgangslage. Das Bild ist aber noch unscharf und rätselhaft. Was ist damit gemeint, die beiden Amris sollten zusammenbleiben? War die Namengleichheit Zufall oder war eine bestimmte Absicht damit verbunden? Wie ist die Aussage zu verstehen, es sei etwas schiefgelaufen, es habe sich nicht um die richtige Straße und den richtigen Ort gehandelt? Welche Fehler wurden gemacht? War die Tat am 19. Dezember die vorschnelle Reaktion auf die gescheiterte Reise Richtung Türkei? War vielleicht ein Anschlag in der Dimension von Nizza mit dem Vielfachen an Toten geplant? Aus der Kommunikation lässt sich ableiten, dass es eine gemeinschaftliche Planung des Anschlags durch eine Gruppierung gegeben haben muss. Und dass den beiden Amris dabei möglichweise eine besondere Aufgabe zukam.

Auf dem Mobiltelefon von Lutumba sicherten die italienischen DIGOS-Fahnder Fotos, die eine Ausspähaktion für den späteren Tatort zeigen könnten. Vor einem Laden am Kurfürstendamm 225 in Berlin ist eine Gruppe salafistisch gekleideter Personen zu sehen, die etwas zu beobachten scheint, darunter Lutumba sowie Husan S. H., der Bruder von Jagar S. H. Die Fotos wurden im November 2016 gemacht. Der Tat-LKW kam über die Hardenbergstraße. Sollte der Ku'damm alternativ als Zufahrtsstrecke zum Breitscheidplatz gewählt worden sein?

In Italien war man in den Ermittlungen jedenfalls zu der Einschätzung gelangt, die »Planung des Anschlags« sei unter »Beteiligung von Soufiane Amri und Emrah Civelek« geschehen. In Deutschland wurden nach dem Anschlag gegen Soufiane Amri, Emrah Civelek, Resul Korkmaz und Feysel H. Strafverfahren eingeleitet. Aber nicht wegen der Mordtat auf dem Breitscheidplatz, sondern wegen ihrer Reise in die Türkei. Im Januar 2017 kamen die vier in U-Haft, im Februar 2018 begann vor dem Kammergericht Berlin der Prozess. Tatvorwurf war der Versuch, ins Kriegs- und Herrschaftsgebiet des IS zu gelangen, was als Vorbereitung einer schweren staatsgefährdenden Gewalttat und als Unterstützung einer terroristischen Vereinigung im Ausland gilt.

Das Verfahren gegen Feysel H. wurde im Mai 2018 abgetrennt und eingestellt. H. wurde für schuldunfähig erklärt und in die Psychiatrie eingewiesen. Im März 2019 verurteilte der Staatsschutzsenat des Kammergerichts die drei anderen zu Haftstrafen von drei Jahren und zehn Monaten (für Soufiane A.), drei Jahren und sechs Monaten (für Emrah Civelek) und drei Jahren (für Resul Korkmaz). Civelek und Korkmaz mussten die Strafe nicht vollständig absitzen, weil sie in die Türkei abgeschoben wurden. Soufiane Amri kam Ende November 2020 wieder auf freien Fuß.

Emrah Civelek wurde im März 2020 noch vom Untersuchungsausschuss im Bundestag vernommen, allerdings unter Ausschluss der Öffentlichkeit. Er stritt ab, Anis Amri oder Bilel Ben Ammar gekannt zu haben, was merkwürdig erscheint, denn er gehörte zur Führung des Moscheevereins Fussilet 33 und war der Ansprechpartner für die Polizei. Doch dann gibt es noch eine Besonderheit zu ihm, die sich ebenfalls in besagter italienischer Akte findet: Civelek war einst im Schengener Informationssystem (SIS) ausgeschrieben und in der nationalen deutschen SIS-Zentralstelle namens »Sirene« von deutschen Behörden im Mai 2015 mit dem Hinweis »vertrauliche Tätigkeit« eingetragen worden. Die »Sirene«-Stelle von Deutschland ist beim BKA in Wiesbaden angesiedelt. Vertrauliche Tätigkeit? In der Berliner Moschee hatten verschiedene Sicherheitsbehörden mindestens drei Vertrauenspersonen platziert. War Emrah Civelek eine davon? Oder gab es noch mehr von ihnen?

Kapitel 14
Die Tatpistole

Zwei Tatwaffen kamen beim Anschlag von Berlin zum Einsatz: ein vierzig Tonnen schwerer Sattelschlepper sowie eine Pistole.

Als Anis Amri in Italien bei einem Schusswechsel mit zwei Polizisten starb, verwendete er eine Pistole der Marke ERMA. Mit dieser Waffe soll auch der polnische Speditionsfahrer Lukasz Urban erschossen worden sein. Der ballistische Abgleich zwischen den Projektilen in Berlin und Italien war nicht möglich, weil sie sich zerlegt hatten. Eine Identität ergab sich aber bei den Hülsen. Außerdem wurde bei der kriminaltechnischen Untersuchung an der Waffe DNA-Material von Urban festgestellt. Daneben wurde auch DNA von Amri sowie von zwei weiteren Spurenverursachern gesichert. Einer ist Kamel A., mit dem Amri bis zum Tattag in Berlin zusammengewohnt hat. Die vierte Genspur ist bis heute nicht entschlüsselt.

Sollte es sich bei Amris Pistole nicht um die gehandelt haben, mit der Urban erschossen wurde, würde das die Zweifel an dessen Täterschaft nur noch mehr untermauern. Es wäre ein weiteres Puzzlestück in der noch zu findenden tatsächlichen Anschlagsgeschichte. Die Pistole ist jedenfalls zum Gegenstand zahlreicher Fragen im Anschlagskomplex geworden und damit zugleich zu einem Schlüssel für die Hintergründe, etwa den möglichen Täter- und Unterstützerkreis. Woher stammte die Waffe? Wer hatte sie beschafft? Wie kam Amri in ihren Besitz? Wo lagerte sie? Aber auch: Wo und wann wurde sie am Tattag eingesetzt?

Die Spuren ergeben kein einheitliches Bild. Im Bereich, wo der LKW am 19. Dezember abgestellt war, ehe er gegen 19:30 Uhr mit Ziel Breitscheidplatz startete, wurde eine Patronenhülse gefunden, die mit der Patronenhülse von Sesto San Giovanni zusammenpasst. Urban wurde mit einem Schuss in den Kopf getötet, aber wo? Am Friedrich-Krause-Ufer, dem Abstellplatz des LKW, oder erst auf dem Breitscheidplatz in der Fahrerkabine nach der Tat? Als der LKW zum Stehen gekommen war, wollen mehrere Zeugen einen Schuss vernommen haben. Ebenfalls mehrere Zeugen sahen den Unfallfahrer mit einer Waffe in der Hand aussteigen. Vor Ort wurde aber keine Hülse sichergestellt. Ein Beweis, dass der tödliche Schuss nicht dort erfolgte, ist das nicht, denn zwei Tage nach dem Anschlag wurde alles, was auf dem Breitscheidplatz lag, wahllos in Container geschaufelt und ohne weitere Untersuchung auf den Müll gefahren. In der Fahrerkabine soll drei Wochen lang ein Zettel unentdeckt geblieben sein, warum nicht auch eine Hülse?

Woher Amri die Pistole hatte, kann die Bundesanwaltschaft nicht beantworten. Sie schließt nicht aus, dass er sie in der Fussilet-Moschee geholt haben könnte, die er vor dem Anschlag noch aufgesucht hat. Zu dem Zeitpunkt hielten sich mehrere Personen in den Räumlichkeiten auf.

Die Pistole mit dem Kaliber 22 ist ein Fabrikat der Erfurter Maschinenfabrik (ERMA). Sie soll Anfang der Neunzigerjahre hergestellt worden sein. Ihr Vertriebsweg ist für die Ermittler nicht mehr vollständig rekonstruierbar. Ende der Neunziger verliert sich die Spur auf dem Balkan im jugoslawischen Bürgerkrieg. Wie die Waffe dann zwanzig Jahre später in Berlin in die Hand eines tunesischen Islamisten geriet, ist eine bislang ungeklärte Frage. Dass sich in der Habe des neonazistischen NSU-Kerntrios unter den zwanzig Schusswaffen ebenfalls eine ERMA-Pistole desselben Typs befand, deren Herkunft gleichsam nicht klar ist, ist deshalb eine interessante Analogie. Stammten die Pistolen vielleicht aus derselben Quelle? Werden nationalistische und islamistische Terroristen aus demselben Untergrund beliefert?

Einer Information des BND, wonach ein Informant einen Hinweis gehabt haben will, dass Amri die Waffe in der Schweiz von einem Dschihadisten gekauft haben soll, ging das BKA nicht nach. Seine Einschätzung: angeblich zu vage.

Die DNA-Spuren von Urban, Amri sowie Kamel A. an der Pistole wurden am 24. Januar 2017 identifiziert, so steht es in der Spurentabelle des BKA. Im Untersuchungsausschuss des Bundestags sagte dagegen ein BKA-Zeuge aus, das positive Ergebnis zu Kamel A. habe Ende 2017 vorgelegen. Erst Anfang 2018 wurde Kamel A. mit dem Befund konfrontiert. Dabei galt er bereits in den ersten Tagen als Tatverdächtiger. Amri hatte bei ihm logiert, was dieser gegenüber der Polizei versuchte zu verschweigen.

Kamel A. ist ein etwa fünfzigjähriger Tunesier, der seit knapp dreißig Jahren in Deutschland lebt. Amri wohnte bei ihm mehrere Wochen lang bis zum Tattag am 19. Dezember 2016. In der Wohnung in Berlin-Wedding hielten sich außerdem der Tunesier Khaled Abdeldaim und der libysche Ex-Polizeioffizier Salah A. auf.

Kamel A. ist in der nominellen Islamistenszene kein Unbekannter. Er wurde spätestens im November 2015 von Polizeimaßnahmen erfasst. Als jemand, der immer wieder von Berlin nach Tunesien fuhr, betätigte er sich als Kurier diverser Lieferungen. Im November 2015 brachte er im Auftrag des Vaters von Bilel Ben Ammar einen Koffer nach Berlin. In derselben Zeit ermittelten die Generalstaatsanwaltschaft von Berlin und das Landeskriminalamt gegen Ben Ammar. Weil sie die Information erhalten hatten, es werde Sprengstoff an ihn nach Berlin geliefert, wurden Ende November umfangreiche Razzien durchgeführt – in einer Moschee, in Wohnungen und Fahrzeugen. Ben Ammar wurde festgenommen, ebenso Kamel A., der Kurier. Die Lieferung entpuppte sich dann aber nicht als Sprengstoff, sondern als Lebensmittel und Drogerieartikel (Datteln, Olivenöl, Rosenwasser). Die Festgenommenen wurden wieder freigelassen.

Die gescheiterte Aktion beschäftigte mehrfach die parlamentarischen Untersuchungsausschüsse sowohl im Abgeordnetenhaus von Berlin als auch im Bundestag. Eine schlüssige Erklärung für den Fehlschlag haben sie nicht gefunden. War der Staatsschutz nur falsch informiert worden, oder verbarg sich etwas anderes dahinter? Die Information über die angebliche Sprengstofflieferung war vom BKA gekommen. Anzunehmen ist, dass die Ursprungsquelle eine V-Person war. Wurde die Polizei in die Irre geführt, als eine Art Test, ob man überwacht werde? Oder handelte es sich umgekehrt um ein amtliches Ablenkungsmanöver, eine Inszenierung, die scheitern sollte, um bestimmte Personen in der Szene zu schützen? Jedenfalls wurde in der Folge das Verfahren gegen Ben Ammar eingestellt. Auch Kamel A. blieb unbehelligt.

Durch die Polizeiaktion war zugleich die gesamte Szene alarmiert. Kurz danach durchgeführte Maßnahmen gegen eine andere mutmaßliche Terrorgruppe von drei Tunesiern um den Ex-Polizeioffizier Sabou Saidani, die vom BKA beobachtet wurde, schlugen ebenfalls fehl. In der Gruppe fungierte Ben Ammar als »Nachrichtenmittler«, im Umfeld hatte allein das BKA zwei V-Personen platziert, auch das Landesamt für Verfassungsschutz Berlin war mit mindestens einer Quelle vertreten.

In diesem Umfeld bewegte sich also auch Kamel A., dessen DNA an der Tatpistole im Breitscheidplatz-Komplex gefunden wurde. Anfang November 2016 zog Amri zu ihm, wo er sich mit Khaled Abdeldaim ein Zimmer teilte. Beide kannten sich aus Italien, von wo aus sie später nach Deutschland kamen. Der ehemalige libysche Polizeioffizier Salah A. war schon ein Jahr zuvor, im Dezember 2015, bei Kamel A. eingezogen.

Nach dem Anschlag auf den Weihnachtsmarkt legte Kamel A. ein äußerst merkwürdiges Verhalten an den Tag. Zwei Tage danach, am 21. Dezember 2016, meldete er sich von sich aus bei der Polizei, um Angaben über Amri zu machen, dessen Foto in den Medien kursierte. Er verschwieg, dass Amri bis zum Tattag bei ihm gewohnt hat, und wollte ihn lediglich in der Moschee gesehen haben. Zugleich zeichnete er ein Bild von Amri als Einzelgänger, der »immer alleine« gewesen sei und mit »niemandem Kontakt« gehabt habe – ein Bild, das auffällig mit jenem übereinstimmt, das die zentralen Ermittlungsstellen bis heute über den angeblichen Alleintäter verbreiten.

In der Nacht nahm die Polizei Salah A. fest und erfuhr durch ihn, dass Amri ebenfalls in der Wohnung wohnte. Am 22. Dezember vernahm das LKA Berlin Kamel A. erneut. Er räumte ein, dass Amri sein Untermieter war, habe das aber verschwiegen, weil er Angst gehabt habe, als Helfer eines Terroristen dazustehen. Dass Khaled Abdeldaim und Salah A. ebenfalls bei ihm wohnten, verschwieg er aber weiterhin – so lange, bis ihn die Ermittler mit der Aussage von Salah A. Stunden zuvor konfrontierten. Nun sagte Kamel A. aus, Amri habe nach der Tat etwa um 21 Uhr seine Sachen und seinen Rucksack geholt. Auf Nachfrage antwortete er, er sei nicht verletzt gewesen, habe keine Blutspuren oder Glassplitter an sich gehabt.

Wenige Tage nach dem Anschlag übernahm das BKA die Ermittlungen und befragte Kamel A. zwei Tage später, am 24. Dezember, ein drittes Mal. Der gab nun eine wieder andere Version zu Protokoll.

Amri sei nach dem Anschlag nicht um 21 Uhr gekommen, um seine Sachen zu holen, sondern schon zwischen 18 und 19 Uhr, also vor dem Anschlag. Er habe seinen Rucksack dabeigehabt und nach Neukölln zu einem »Bruder« gewollt. Die Zeitangabe »zwischen 18 und 19 Uhr« hatte allerdings den kleinen Haken, dass sie nicht zur offiziellen Hergangsversion passte. Danach soll sich Amri in diesem Zeitraum in der Nähe des LKW-Parkplatzes am Friedrich-Krause-Ufer sowie in der Fussilet-Moschee aufgehalten haben. Etwa um 18:30 Uhr habe Amri die Moscheeräume in der Perleberger Straße betreten und nach 19 Uhr wieder verlassen. Um 19:30 Uhr soll er den LKW gekapert haben.

Irgendwie schienen die Ermittler mit dem Zeugen noch nicht zufrieden zu sein, denn am 16. Februar 2017 kam es zu einer vierten Vernehmung durch das BKA. Nun verlegte der Befragte den Zeitpunkt, an dem Amri ein letztes Mal bei ihm aufgetaucht sein soll, erneut zurück. Das sei etwa um 16 Uhr gewesen, so Kamel A. Es sei noch hell gewesen. Doch auch dieser Zeitpunkt wirft Fragen auf. Denn laut offizieller Version soll Amri zwischen 15:30 und 16:30 Uhr mit zwei Bekannten in einem Imbiss im Wedding gewesen sein. Viele Täterspuren führen nicht zu Amri, sondern weg von ihm.

Im Januar 2018 kam es dann noch zu einer fünften Vernehmung mit Kamel A. Dabei wurde ihm der Fund seiner DNA am Magazin der ERMA-Pistole offenbart. Die Vernehmer wollten wissen, wie er sich das erkläre. Kamel A. antwortete, er habe die Waffe noch nie gesehen, er habe auch keine Waffe in seiner Wohnung gesehen, er habe alles erzählt, was er über Amri wisse.

Und das war alles. Die Vernehmung wurde an der Stelle beendet, die Kommissare fragten nicht mehr weiter. Als Beschuldigter wurde A. nicht geführt. Auch im Untersuchungsausschuss des Bundestags war die DNA-Spur Thema. Der zuständige BKA-Kommissar, der nur mit den Initialen M. G. vorgestellt wurde, spielte sie herunter. Schließlich hätten Kamel A. und Amri ja in derselben Wohnung gelebt, da könne schon mal Genmaterial übertragen werden. Hinter der achselzuckenden Haltung verbarg sich allerdings eine andere Kenntnis, die vor dem Ausschuss und der Öffentlichkeit versteckt gehalten wurde.

Kamel A. muss doch von der Waffe gewusst haben, was wiederum auch das BKA seit langem wusste. Ein geschlagenes Jahr zuvor, am 18. Januar 2017, wurde auch der Mitbewohner Khaled Abdeldaim nach der Pistole gefragt. Auch er verneinte. Daraufhin hielten ihm die BKA-Vernehmer vor, der Vermieter der Wohnung, eben Kamel A., habe von der Waffe gewusst. Abdeldaim blieb dabei, er habe nichts davon gewusst. Wann hat Kamel A. gegenüber dem BKA eingeräumt, von der Waffe Kenntnis gehabt zu haben? In den vorliegenden fünf Zeugenvernehmungen findet sich dazu nichts. Gab es eine weitere Vernehmung mit ihm, die dann vor dem 18. Januar 2017 durchgeführt worden sein müsste? Wo ist sie, und warum würde sie zurückgehalten werden? Oder haben die Vernehmer gegenüber Khaled Abdeldaim einen falschen Vorhalt gemacht, geblufft, um ihn aus der Reserve zu locken? Das wäre allerdings nicht nur verboten, die Aussage hätte dann vor Gericht auch keine Gültigkeit mehr.

Weil die Ungereimtheiten in der Ermittlungsarbeit des BKA kein Ende nahmen, weil die Schlüsse, die die Kriminalisten zogen, immer spekulativer erschienen und die Täterfestschreibung immer mutwilliger, griff der Untersuchungsausschuss des Bundestags zu einem ungewöhnlichen Schritt: Man beschloss, ein eigenes Gutachten bei unabhängigen Experten in Auftrag zu geben, die die Spurenlage des Ermittlungskomplexes überprüfen sollten. Das war Anfang Juli 2020. Unmittelbar danach wurde das BKA wieder aktiv. Ende Juli 2020 nahm es in der Wohnung von Kamel A. erneut umfangreiche Spurensicherungen vor. Und auch an Amris Kleidung, die in Italien asserviert ist, wurden im selben Monat erneut DNA-Proben genommen. Sogar Blutspuren wurden neu untersucht, beispielsweise die der »unbekannten Person 8«. Im August 2020 ergab sich auf einmal, dass die »UP 8« einer der Toten des Anschlages ist.

Unbeantwortet ist weiterhin, wem die vierte Genspur an der Tatpistole gehört.

Das Spurengutachten des Untersuchungsausschusses

Das Gutachten hatte für den Ausschuss auch eine politische Funktion. Es war ein Ersatz für die sich aufdrängende Positionierung der Bundestagsabgeordneten. Wenn man an der offiziellen Tat- und Täter-Theorie der zuständigen Instanzen zweifelt, muss man sich irgendwann dazu bekennen. »Anis Amri ist nicht der LKW-Attentäter vom Breitscheidplatz.« Eine solche Aussage aus dem Bundestag hätte möglicherweise Schockwellen ausgelöst und unberechenbare Konsequenzen gehabt. Davor scheuten die Abgeordneten letztlich zurück. Manche vielleicht, weil sie die Regierung stellten, andere vielleicht, weil sie mit einer Regierungsübernahme rechneten. »Uneinigkeit« war die Formel, die rote Linie nicht überschreiten zu müssen. Diese Rolle schob man den externen Sachverständigen zu. Sie sollten den Spurenbefund des BKA fundamental kritisieren – oder eben nicht. Der Ausschuss hatte jedenfalls seine Verantwortung abgegeben.

Im September 2020 wurde der Auftrag zur Überprüfung der Spurenlage erteilt. Er ging an den Kieler DNA-Forensiker Cornelius Courts, den Kieler Spezialisten für Fingerabdrücke Ulrich Gerstel und den Berliner Kriminalistik-Professor Christian Matzdorf. Nicht jeder von ihnen ist allerdings so ganz unabhängig. Gerstel arbeitet für das LKA Schleswig-Holstein und kommt vom BKA, Matzdorf stand dreißig Jahre lang im Dienst der Berliner Polizei, zuletzt im Range eines Polizeidirektors, und war Pressesprecher sowohl für die Polizei als auch für den Innensenator, und seine Kollegin an der Hochschule für Wirtschaft und Recht in Berlin, Sandra Schmidt, die ebenfalls in die Begutachtung einbezogen war, ist zugleich Polizeiausbilderin.

Den neuen Spezialisten lagen nur die bereits erhobenen Daten vor, es gab keine neue Spurensicherung, auch keine neue kriminaltechnische Untersuchung. Das ist teilweise auch unmöglich, da einiges Spurenmaterial bei der ersten Analyse verbraucht wurde. Hinzu kommt, dass die Sachverständigen gar nicht überprüfen konnten, ob das zur Verfügung gestellte Material vollständig war. Dass sie nicht wirklich Neues herausgefunden haben, ist so gesehen keine Überraschung. Ebenso, dass sie auf einer solchen Datengrundlage die bisherige Bewertung des Tatgeschehens durch BKA und Bundesanwaltschaft

»nicht ausschließen« können. Das skurrile Fazit: Es könnte so gewesen sein, aber auch anders.

Anfang März 2021 lagen die drei Gutachtenteile vor, Ende März 2021 wurden sie in einer letzten öffentlichen Sitzung des Untersuchungsausschusses präsentiert. Ein Fragezeichen stand vor allem hinter der ERMA-Pistole, die Amri in Italien bei sich hatte. Es könne nicht sicher nachgewiesen werden, dass mit ihr auch der polnische Speditionsfahrer Lukasz Urban erschossen worden war. Eine Identität der Waffe ergab sich durch den Vergleich der Geschosshülsen, aber nicht anhand des tödlichen Projektils. Das hatte schon das BKA festgestellt, allerdings nicht so klar kommuniziert, weil von Urban DNA am Magazin der Waffe sichergestellt wurde, es also einen Kontakt gegeben haben musste. Der Sachverständige Courts wies bei der Anhörung darauf hin, dass man Blutspritzer oder Gewebeteile eines Opfers möglicherweise auch im Inneren eines Pistolenlaufes finden könne. Das Phänomen nennt sich »Backspatter«, Rückschleuderspuren. Diese Untersuchung wurde in Italien nicht angestellt, sie soll aber nun in Deutschland nachgeholt werden. Der bei der Ausschussanhörung ebenfalls anwesende zuständige Bundesanwalt Horst Salzmann erklärte, die Bundeanwaltschaft wolle Amris Pistole, seine Kleidung und seine Habe, die in Italien in der Asservatenkammer lagern, nach Deutschland überführen und erneut auf Spuren untersuchen. Man wolle ausschließen, dass jemand anderes als Amri der Täter war. Salzmann fügte an: auch, um Legendenbildungen vorzubeugen, unter denen die Opfer und Hinterbliebenen leiden würden. Dabei stehen die Opfer und Hinterbliebenen, die seit Jahren die Untersuchungsausschüsse verfolgen, eher auf der Seite der Zweifler an der offiziellen Amri-Alleintäter-These.

Die geplante Aktion erinnert an das fundamentale Versäumnis der deutschen Ermittler, die Tatpistole, Amris Kleidung und Gegenstände, aber selbst seinen Leichnam in Italien nicht einmal angeschaut, geschweige denn kriminaltechnisch oder gerichtsmedizinisch untersucht zu haben. Man gab sich lediglich mit Fotos zufrieden.

Die abzuwartende Untersuchung in Deutschland ändert nichts an der grundlegenden Zweifelsspirale des Falles: Sollte bewiesen werden, dass Lukasz Urban mit Amris Pistole erschossen wurde, heißt das nicht zwingend, dass Amri geschossen hat. Und sollte Amri geschossen haben, nach Meinung der Ermittler am Standplatz des LKW vor dem Anschlag, dann hieße das nicht, dass er auch den LKW gefahren hat. Ob also der Schütze der Fahrer und der Waffenbesitzer der Schütze war, ist mit einem Spurenbefund noch lange nicht beantwortet.

Die Ursache für das Defizit liegt in der Methode: Die Ermittlungsinstanzen haben die Spurenlage bisher nur daraufhin untersucht, was für eine Täterschaft Amris sprechen könnte, und nicht danach, was für einen anderen Täter sprechen könnte. Beispielsweise wurde die DNA der »Unbekannten Person 2« im LKW nicht mit allen relevanten Kontaktpersonen Amris abgeglichen. Zum Teil geht das gar nicht mehr, weil einige dieser Personen abgeschoben wurden. Stattdessen gibt man sich bei der Bundesanwaltschaft zufrieden: »Es gibt Dinge, die wir nicht werden aufklären können. Wir müssen vielleicht damit leben, dass die ›UP 2‹ unbekannt bleibt«, so Bundesanwalt Salzmann.

Sichergestellte Faserspuren aus der LKW-Fahrerkabine liegen bis heute unbearbeitet bei der Kriminaltechnik. Mit der Kleidung von Amri wurden sie bisher nicht abgeglichen. Und die Fingerabdrücke Amris, die außen an der Fahrertüre des LKW und daneben gefunden wurden – von Fingern der linken und Fingern der rechten Hand –, sind angeblich entstanden, als sich Amri beim Aussteigen mit der linken Hand abgestützt und dann mit der rechten Hand die Fahrertür zugedrückt habe. Der Sachverständige Ulrich Gerstel teilte diesen Schluss.

Stimmt das Szenario, erklären die Abdrücke aber nicht, wo und wann Amri den LKW verlassen und die Tür zugemacht hat. Auf dem Breitscheidplatz oder woanders? Zeugen, die am Tatort den Fahrer beim Aussteigen beobachtet haben, sagten aus, dass die Tür offen stand, als er wegging. Mehrere Zeugen erwähnten, dass der Fahrer beim Aussteigen eine Waffe in der rechten Hand hielt. Das macht ein Türzudrücken mit der flachen Hand schwierig. Die Waffe spricht zugleich für die Annahme, dass der Speditionsfahrer erst auf dem Breitscheidplatz erschossen wurde. Das würde zu einem völlig anderen, gleichwohl unbekannten Geschehensablauf führen als der offiziell behauptete. Und dann gibt es noch die zwei Zeugen, die vor der LKW-Attacke beobachtet haben, dass das Fahrzeug noch einmal anhielt und dass drei Männer im Führerhaus saßen, von denen einer ausstieg.

Auf der Spurenebene scheint der Fall festgefahren: Man kann nicht nachweisen, dass Anis Amri den Tat-LKW fuhr. Man kann aber auch nicht ausschließen, dass er ihn fuhr. Man kann andererseits nicht nachweisen, dass er ihn nicht fuhr – und kann genauso wenig ausschließen, dass er ihn nicht fuhr. Eine Spurenlage, die streng genommen nur eine Konsequenz zulässt: Die Täterschaft ist offen, man muss weitersuchen.

Kapitel 15

Die Tat-Dementis des Anis Amri

Anis Amri soll nicht nur den polnischen Speditionsfahrer Lukasz Urban erschossen und anschließend mit dessen Lastwagen in den Weihnachtsmarkt gerast sein, sondern er soll sich auch im Namen des IS zu dem Massenmord bekannt haben. Sein Portemonnaie und seine beiden Handys habe er als Zeichen der Tatbekennung absichtlich am Tatort hinterlassen. Und auch das Zeigen des islamistischen Grußes in eine Überwachungskamera, wenige Minuten nach der Tat, sei eine Demonstration für seine Täterschaft. So stellen es die zentralen staatlichen Ermittlungsinstanzen bis heute ungerührt dar und so verbreiten es die meisten Medien unhinterfragt.

Doch Narrativ und Wahrheit treiben längst auseinander. Dazu gehört schon die kleine Ungereimtheit, dass eines der beiden Handys außen in einem Loch der vorderen Karosserie steckte, wo es durch den Aufprall des Fahrzeuges nicht hingekommen sein kann. Es muss jemand aktiv dort platziert haben. Dieser Jemand war aber nicht der Fahrer, denn wie Zeugen berichtet haben, stieg dieser ja nach der Fahrt aus und entfernte sich rasch vom LKW. Am überraschendsten ist aber, dass der angeblich bekennende Terrorist mehrfach dementiert haben soll, der Täter zu sein. Das widerspricht dem öffentlichen Bild von ihm, findet sich aber ungeschminkt in den Ermittlungsunterlagen.

Der Sachverhalt konkret: Mohamed A., der Bruder von Khaled Abdeldaim, mit dem sich Amri bis zum Anschlagstag ein Zimmer teilte, erhielt auf seinem Handy eine Nachricht von Anis Amri, versehen mit einem Passbild von ihm und einem Text mit folgendem Wortlaut:

> *Leute, ich kann mich nicht öffentlich zeigen, ich habe mit dieser Sache nichts zu tun. Ich würde so was nie im Leben machen. Alles gelogen!! Bitte*

teilt ALLE diesen Beitrag und glaubt nicht diesen Medien. Helft mir!!! Gott beschütze euch alle meine Brüder und Schwester.

Mit der Textnachricht soll außerdem ein Bild von einer nicht benannten Stadt und der »Polizei im Hintergrund« verknüpft worden sein. Die Ermittler des BKA sind darauf gestoßen, weil ihnen ein anderer Zeuge aus der Szene seine Whats-App-Kommunikation mit Mohamed A. offengelegt hat. Der hatte die Nachricht von Amri am 31. Dezember 2016 an ihn weitergeleitet.

Um welche Stadt und was für eine Polizei es sich handelt, aber auch wann und von wo die Nachricht abgesetzt wurde, ist unklar. Dem BKA muss die Brisanz dieses Sachverhalts bewusst gewesen sein, denn es fasste ihn in einer eigenen Anmerkung zusammen. Wie die Ermittler mit der Spur umgegangen sind, bleibt fraglich. Mohamed A., die erste Quelle, wurde gar nicht danach befragt. Dessen Bruder Khaled durfte ungeprüft erklären, unmittelbar nach dem Anschlag seine beiden Handys entsorgt zu haben. Eines will er verkauft, das andere weggeworfen haben. Ob er die Nachricht erhielt, soll also nicht mehr feststellbar sein. Dasselbe gilt für Bilel Ben Ammar. Er will nach dem Anschlag alle Whats-App-Nachrichten von Amri gelöscht haben, erklärte er gegenüber den Vernehmern im Januar 2017. Zu diesem Zeitpunkt stand der amtliche Plan längst fest, Ben Ammar nach Tunesien abzuschieben, obwohl er als Beschuldigter geführt wurde. Am 1. Februar 2017 wurde die Abschiebung vollzogen.

Fast drei Jahre später wurde ein zweites Dementi Amris bekannt. Dieses zweite Beispiel belegt zugleich, dass bis ins Jahr 2020 hinein Ermittlungen zu der heiklen Frage liefen. Demnach soll im November 2019 ein »Informant« Folgendes mitgeteilt haben: Amri habe unmittelbar nach dem Anschlagsgeschehen Semsettin E., den er aus der Fussilet-Moschee kannte, in einem »persönlichen Gespräch« gesagt, er sei nicht am Anschlag beteiligt gewesen und werde zu Unrecht beschuldigt. Den im Tat-LKW aufgefundenen Ausweis habe er, Amri, bereits einige Monate vorher bei der Polizei in Berlin abgegeben.

Ende April 2020 wurde Semsettin E. zur polizeilichen Zeugenvernehmung einbestellt. Warum die erst so spät erfolgte, ist unklar. Allerdings ließ der Vorgeladene durch seinen Anwalt mitteilen, er mache von seinem Auskunftsverweigerungsrecht Gebrauch und erschien nicht zur Vernehmung. Schon das ist ungewöhnlich. Noch ungewöhnlicher aber ist, dass die Bundesanwaltschaft als federführende Behörde das akzeptierte. Der zuständige Oberstaatsanwalt meldete dem BKA Anfang Mai 2020 zurück, er sehe von »Zwangsmaßnahmen zur Umsetzung der Zeugenvernehmung« ab.

Im Gegensatz zu Beschuldigten haben Zeugen kein entsprechend umfassendes Auskunftsverweigerungsrecht. Sie müssen grundsätzlich zur Vernehmung erscheinen und ihre Verweigerung bei jeder Frage neu erklären und begründen. Warum hat die Bundesanwaltschaft darauf verzichtet? Sollte der Informant vom November 2019 geschützt werden? Über welche Informationen verfügte er genau? Darauf gibt es keine Antwort, denn die gesamte Akte ist gesperrt, wie Opferanwälte und Mitglieder des Bundestagsuntersuchungsausschusses erfuhren. Der Generalbundesanwalt hat sie als »geheim« eingestuft. Wenn sie nicht einmal dem Bundestag herausgegeben wird, muss sich eine gefährliche Wahrheit in der Akte verbergen.

Der Deutsch-Türke Semsettin E. gehörte zum radikalen Kern der Fussilet-Moschee, die nach dem Anschlag behördlich geschlossen wurde. Bereits bei einem anderen Ermittlungsverfahren im Zusammenhang mit der Moschee war er nicht zur Vernehmung erschienen. Bekannt ist, dass im Bundesamt für Verfassungsschutz eine Akte über Semsettin E. geführt wird, so wie beispielsweise auch zu Amri, Ben Ammar, Khaled Abdeldaim, Kamel A. oder Emrah Civelek. Dass sich Amri und Semsettin E. kannten, ist bei der überschaubaren Größe der Fussilet-Gruppe anzunehmen. Die Angabe vom »persönlichen Gespräch« zwischen beiden bereitete den Ermittlern aber Kopfzerbrechen, wie aus den Akten hervorgeht. Wenn sie sich getroffen haben, hieße das, Amri hat nach dem Anschlag nicht direkt die Stadt verlassen, sondern verkehrte noch mit verschiedenen Leuten. Wozu? Da sich Amri in dem Gespräch aber auch auf die Ausweispapiere bezogen haben soll, die erst einen Tag später im LKW gefunden wurden, als er möglicherweise bereits auf der Flucht war, läge andererseits auch ein Telefonat nahe. Das wiederum würde bedeuten, dass der Flüchtige ein Mobiltelefon besessen haben müsste, was das BKA jedoch kategorisch bestreitet.

»Mit der Sache nichts zu tun.« – Also am Anschlag nicht beteiligt? Ganz so unschuldig ist Anis Amri sicherlich nicht. Er war zu einem bestimmten Zeitpunkt zumindest am Tat-LKW, wo er außen seine Fingerabdrücke hinterließ. Und er führte die Pistole mit sich, mit der aller Wahrscheinlichkeit nach der polnische Fahrer erschossen wurde. So gesehen kann er als Tatbeteiligter gelten. Aber war er auch der Haupttäter, der am Steuer des LKW saß? In der Fahrerkabine wurden an unbeweglichen Teilen keine zählbaren Spuren von Amri gefunden, stattdessen Spuren von anderen Personen, die bisher nicht identifiziert sind. Die »Unbekannte Person 2« hinterließ gleich an vier Stellen ihre DNA. Sie könnte also auf dem Fahrersitz gesessen haben. Wenn Amri nicht der Fahrer war, gab es mindestens einen weiteren Täter. Stand etwa eine größere Gruppierung hinter dem Anschlag und Amri realisierte durch die öffentliche Fahndung, dass nur er allein für den Mehrfachmord verantwortlich gemacht werden sollte? Wollte er dem mit seinen Dementis entgegenwirken?

Am Vorabend der Tat, am Sonntag, 18. Dezember 2016, trafen Amri und Ben Ammar in einem Restaurant zusammen. Ben Ammar galt mitunter deshalb als Tatverdächtiger. In den Ermittlungsakten finden sich Hinweise, dass mindestens drei weitere Personen aus dem gemeinsamen Umfeld den Ort aufsuchten, darunter Amris Mitbewohner Khaled Abdeldaim sowie Belhassen K., der zusammen mit Amris Wohnungsgeber Kamel A. mehrmals im Jahr Kurierfahrten zwischen Berlin und Tunesien unternahm.

Welchen Hintergrund hat das Attentat tatsächlich? Zählten zum potentiellen Täterkreis ausschließlich gewaltbereite Islamisten oder auch Kriminelle aus organisierten Strukturen? Kurze Zeit nach dem Anschlag erfuhren die Sicherheitsbehörden durch einen Informanten, dass möglichweiser ein arabisch-stämmiger Familienclan in Berlin mit nominellen Islamisten aus verschiedenen Moscheekreisen in Verbindung gestanden und Amri bei der Flucht aus Berlin geholfen haben soll. Der Sachverhalt blieb mehr als drei Jahre lang geheim, ehe er 2020 unter dem Stichwort »Opalgrün« bekannt wurde. An der gemeinsamen Operation mit diesem Namen waren mindestens drei Verfassungsschutzbehörden beteiligt. Es soll dabei um Aufklärung und Abwehr eines möglichen Terroranschlags gegangen sein. Die Sache ist erst in Grundzügen aufgedeckt; die Frage, warum es dennoch zu einem Anschlag kam, bislang unbeantwortet.

Kapitel 16
Der oder die Täter?

Zu Beginn seiner Arbeit erstellte der Untersuchungsausschuss des Bundestags zusammen mit dem Bundesinnenministerium eine Liste von Personen, mit denen Anis Amri in Deutschland Kontakt gehabt hatte. Insgesamt 123 Namen kamen zusammen. Die Vorgehensweise erinnert an jene im NSU-Komplex, als die Ermittlungsorgane eine ähnliche Liste zusammenstellten. Dort ergab die Aufzählung anfänglich 129 Leute, wuchs allerdings rasch an und nahm einen Umfang von an die 500 Personen an. Eine ähnliche Entwicklung nimmt die Nomenklatur im Fall Breitscheidplatz.

Selbst wenn man Amris Täterschaft mit einem großen Fragezeichen versieht, so erfüllt er höchstwahrscheinlich doch mindestens die Funktion eines »Mediums«, das zu potentiellen Tätern, Mittätern, Unterstützern, Helfern oder Mitwissern führen kann. Die Geschichte vom Alleintäter Amri, der zwar mit IS-Kadern in einem arabischen Land in Kontakt gestanden und von dort aus telefonisch geleitet worden sein soll, der aber in Deutschland und Berlin keine Komplizen gehabt habe, ist nach allem, was wir wissen, nur schwer haltbar. Die Rede von der Tat, die »von Anbeginn als Tat einer Person ausgelegt« gewesen sei, so die Bundesanwaltschaft, erscheint mutwillig und muss inzwischen selber zu Nachfragen führen.

Warum wird diese Festlegung von 2017 vom gesamten Sicherheitsapparat wie der politischen Exekutive scheinbar unbeeindruckt aufrechterhalten? Und warum werden mehrere Personen, die Mitwisser, Unterstützer oder möglicherweise sogar Mittäter sein könnten, geradezu programmatisch ignoriert? Die Anschlagsvorgeschichte beginnt nicht erst mit der Einreise Amris in Deutschland im Sommer 2015, sondern schon ein Jahr zuvor, als Bilel Ben Ammar ankam. Im

Folgenden eine kleine Übersicht einer Reihe von Personen, die in der Geschichte eine Rolle spielen.

Bilel Ben Ammar

Tunesier, Jahrgang 1990, kam im Oktober 2014 zusammen mit einer Gruppe von Landsleuten um Sabou Saidani nach Deutschland. Soll in Libyen Mitglied der islamistischen Terrororganisation Ansar al-Sharia gewesen sein. Als Anis Amri im Juli 2015 nach Deutschland einreiste, war er in seiner Begleitung. Bewegte sich in Berlin im Umfeld der »Seituna Moschee«. Wurde von der Polizei als »Nachrichtenmittler« in der Gruppe um Saidani benutzt. Ein Terror-Ermittlungsverfahren gegen ihn verlief im Sand. War als islamistischer »Gefährder« eingestuft und Thema im Gemeinsamen Terrorismus-Abwehrzentrum (GTAZ) von Bund und Ländern. Traf sich am Vorabend des Anschlags mit Amri sowie noch anderen Personen. War am 19. Dezember 2016 mutmaßlich in der Nähe des Tatorts. Die Fotografie einer Person am Breitscheidplatz (mit blauen Gummihandschuhen, wie sie Ersthelfer tragen) könnte ihn zeigen. Auf seinem Handy wurden Bilder entdeckt, die nach dem Anschlag vor Ort aufgenommen worden waren. Außerdem waren Bilder abgespeichert, die bereits im Februar 2016 vom Breitscheidplatz gemacht worden waren, und die Zufahrtswege und Straßenpoller zeigen, somit also als Ausspähbilder interpretiert werden können. Galt nach dem Anschlag zehn Tage lang als untergetaucht. Am 29. Dezember 2016 wurde er in das Mordermittlungsverfahren mitaufgenommen und neben Amri als zweiter Beschuldigter geführt. Am 3. Januar 2017 Festnahme, am 1. Februar 2017 Abschiebung nach Tunesien. Unbestätigt ist die von einem deutschen Wochenmagazin verbreitete Information, Ben Ammar habe für einen marokkanischen Geheimdienst gearbeitet.

Kamel A.

Tunesier, Jahrgang 1969, seit Anfang der Neunzigerjahre in Deutschland. Von Beruf Kraftfahrer. Führte immer wieder zwischen Berlin und Tunis Transporte durch. Im November 2015 brachte er im Auftrag des Vaters von Ben Ammar einen Koffer von Tunesien nach Berlin. Die Polizei vermutete Sprengstoff, was sich als falsch herausstellte. Verfahren gegen Ben Ammar und Kamel A. wurden wieder eingestellt. Bis zum Anschlagstag wohnten Amri sowie Khaled Abdeldaim bei ihm. An der Tatpistole, die Amri mit sich führte, als er in Italien erschossen wurde, fand sich DNA von Kamel A. Wie sie dort hinkam und ob A. von der Waffe wusste, wird in den Ermittlungsakten widersprüchlich dargestellt. Im Gegensatz zu mehreren anderen Tunesiern wurde Kamel A. nach dem Anschlag nicht abgeschoben.

Khaled Abdeldaim

Tunesier, Jahrgang 1985, lernte Amri 2011 in einem italienischen Gefängnis kennen, kam 2012 nach Deutschland. Wohnte bis zum Anschlagstag mit Amri zusammen in einem Zimmer in der Wohnung von Kamel A. Soll sich nach Einschätzung der Ermittler eine halbe Stunde nach dem Anschlag in Nähe des Tatorts auf dem Bahnsteig der U-Bahn Linie 2 am Bahnhof Zoologischer Garten aufgehalten haben. Eine Videokamera soll ihn dort um 20:34 Uhr erfasst haben. Schrieb am 20. Dezember die Nachricht »Friede sei mit dir!« an Amri, als der noch gar nicht als Täter gehandelt wurde. War mehr als zwei Wochen untergetaucht, wurde am 3. Januar 2017 bei seinem Bruder Mohamed in Berlin gefasst und am 22. Februar 2017 nach Tunesien abgeschoben.

Soufiane Amri

Deutsch-Marokkaner, Jahrgang 1995, in Berlin geboren. Aktivist im Fussilet-Verein, beteiligt am salafistischen »Lies!«-Projekt, der kostenlosen Verteilung von Koranbüchern. Direkte Kontakte zu Abu Walaa, Denis Cuspert und Pierre Vogel. Im November 2016 Durchsuchung der Fussilet-Moschee sowie der Wohnungen mehrerer Mitglieder, unter anderem von Soufiane Amri. Anfang Dezember 2016 Teil einer Reisegruppe mit Ziel Türkei und möglicherweise dem IS-Gebiet. Festnahme in Italien und Überführung nach Berlin. Später Entdeckung von Telefongesprächen, die ihn mit dem Anschlag und Anis Amri in Verbindung bringen. Italienische Terrorfahnder rechneten Soufiane Amri einem radikalen Netzwerk dschihadistisch-salafistischer Prägung zu, das sich mit dem IS identifizierte. In Deutschland Prozess und im März 2019 Verurteilung zu drei Jahren und zehn Monaten Haft. Nach Verbüßung der Strafe seit November 2020 wieder auf freiem Fuß.

Emrah Civelek

Türke, Jahrgang 1985, kam als Kind nach Deutschland. Taxifahrer, Aktivist im Fussilet-Verein, gehörte zur Führung und war dort Ansprechpartner der Polizei. Vom BKA ins Schengener Informationssystem mit dem Hinweis »vertrauliche Tätigkeit« eingetragen. Teil der Reisegruppe, die Anfang Dezember 2016 Richtung Türkei aufbrach. Deshalb im März 2019 Verurteilung zu drei Jahren und sechs Monaten Haft durch das Kammergericht Berlin. Vorzeitige Abschiebung in die Türkei. Spielte nach Auffassung der italienischen Terrorspezialisten in der Fussilet-Gruppierung eine hervorgehobene Rolle, sei an der Planung des Anschlags beteiligt gewesen und habe die Flucht von Anis Amri unterstützt.

Resul Korkmaz

Türke, Jahrgang 1971. Taxifahrer und Geschäftspartner von Civelek, Mitglied der Fussilet-Moschee, Teilnehmer der Reisegruppe in Richtung Türkei. Im März 2019 Verurteilung zu drei Jahren Haft. Im Oktober 2019 vorzeitige Abschiebung in die Türkei.

Feysel H.

Deutsch-Türke, Jahrgang 1992, in Berlin geboren. Mitglied des Fussilet-Vereins. In der Moschee anwesend, als Anis Amri am Tatabend die Räumlichkeiten aufsuchte. Soll kurz nach der Tat am Breitscheidplatz gewesen sein. Ein geheimer Informant des LKA Berlin will nach dem Anschlag von Feysel H. gehört haben, dass ihm Amri von seinen Plänen erzählt habe. Anfang Dezember 2016 ebenfalls Mitglied der Reisegruppe Richtung Türkei. Sein Verfahren wurde im Mai 2018 abgetrennt und eingestellt, er wurde für schuldunfähig erklärt und in die Psychiatrie eingewiesen.

Nkanga Lutumba

Kongolese, Jahrgang 1990. In Berlin Mitglied des Fussilet-Vereins, wohnte in derselben Straße und arbeitete gleich für zwei Sicherheitsfirmen, die Dienstleistungen anbieten, welche sich zum Teil mit den Aufgaben der Polizei decken, beispielsweise Streifendienst. Sein Mitbewohner Husan S. H. arbeitete ebenfalls für eine der Sicherheitsfirmen. Neben seiner Wohnung in der Perleberger Straße unterhielt Lutumba noch eine Wohnung in Berlin-Tiergarten, die er vermietete. War Anfang Dezember 2016 ebenfalls Teil der Reisegruppe und wollte zusammen mit Soufiane Amri über Italien in die Türkei gelangen. Beide wurden in Italien festgenommen, Lutumba kam in Haft. Nach Einschätzung der italienischen Terrorspezialisten war er die zentrale Figur einer radikalen Berliner Zelle, die Selbstmordanschläge plante und ihren Dreh- und Angelpunkt in der Fussilet-Moschee hatte.

Semsettin E.

Deutsch-Türke, Jahrgang 1992, in Berlin geboren. Gehörte in der Fussilet-Gruppierung zum radikalen Kern. Laut einem Informanten soll Anis Amri ihm gegenüber erklärt haben, an der Anschlagstat nicht beteiligt gewesen zu sein. Im Dezember 2019 erhob die Generalstaatsanwaltschaft Berlin Anklage gegen Semsettin E. und Jagar S. H. wegen Unterstützung einer terroristischen Vereinigung im Ausland (gemeint ist der IS). Das Kammergericht ließ die Anklage zur Hauptverhandlung zwar zu, sie wird allerdings seit über einem Jahr wegen Corona nicht eröffnet.

Jagar S. H.

Deutsch-Syrer, Jahrgang 1991, in Berlin geboren. Teil der Reisegruppe, die sich Anfang Dezember 2016 Richtung Türkei (und möglicherweise IS) aufmachte. Soll es als Einziger ins Kriegsgebiet geschafft haben. Rückkehr nach Berlin. Zusammen mit Semsettin E. angeklagt, Eröffnung des Prozesses steht seit über einem Jahr aus.

Husan S. H.

Syrer, Jahrgang 1988. Älterer Bruder von Jagar S. H. und Mitbewohner von Nkanga Lutumba.

»Peter Arbeit«

Manchmal auch »Hans Arbeit«. Mutmaßliche Decknamen, die von verschiedenen Mitgliedern der Fussilet-Gruppe benutzt wurden. Konkrete Namen sind nicht identifiziert.

Magomed-Ali Chamagov

Russe, Jahrgang 1988, stammt aus Dagestan, kam 2011 nach Deutschland, schloss sich in Berlin dem Fussilet-Verein an. Teil einer Dreiergruppe mit Anis Amri und Clément B., die einen Sprengstoffanschlag auf ein Berliner Einkaufszentrum geplant haben soll. Konnte nicht verifiziert werden, Sprengstoff wurde nicht gefunden. B. floh nach Frankreich, Chamagov wurde in Berlin im Januar 2020 wegen Vorbereitung eines islamistisch motivierten Sprengstoffanschlags zu fünf Jahren und vier Monaten Haft verurteilt. Es wurde zudem bekannt, dass er parallel an einem sogenannten Deradikalisierungsprogramm für Islamisten teilnimmt. An dem Programm, das unter der Schirmherrschaft des Staates steht, sind auch Nachrichtendienste beteiligt.

Clément B.

Franzose, Teil der Dreiergruppe mit Anis Amri und Magomed-Ali Chamagov, die in Berlin einen Anschlag auf das Einkaufszentrum »Gesundbrunnen-Center« geplant haben soll. Kontakte zur internationalen Islamistenszene in Frankreich und Belgien. Floh im Oktober 2016 aus Deutschland, im Dezember 2016 zahlreiche Telefonkontakte mit Amri, 2017 Festnahme in Frankreich.

Walid S.

Jahrgang 1998, in Berlin geboren. Kannte Amri aus der Fussilet-Moschee. Am Nachmittag des Tattags zusammen mit Bilal M. und Anis A.

unterwegs. Wurde nach der Tat nachts am Breitscheidplatz zusammen mit zwei weiteren Personen durch die Polizei gestellt.

Ahmad und Bilal M.

Brüder, Deutsch-Libanesen, Ahmad geboren 1996 in Berlin. Kannten Anis Amri aus der Seituna- und der Fusssilet-Moschee. Bilal, der am Tattag mit Walid S. und Amri zusammen war, begab sich im Januar 2017 in die Türkei. Die Mutter stammt aus der Familie Abou-Chaker.

Toufik N.

Marokkaner, Jahrgang 1967. Kam 1992 zum Studium nach Deutschland. Anis Amri wohnte im Sommer 2016 einige Zeit in seiner Berliner Wohnung. Bis Mitte Dezember 2016 regelmäßige und zahlreiche Telefonkontakte zwischen beiden.

Maximilian R.

Deutsch-Amerikaner, Jahrgang 1993. Wurde immer wieder in Begleitung von Anis Amri gesehen. Von den Zeugenvernehmungen nach dem Anschlag wurde er aus unerfindlichen Gründen ausgenommen.

Habib Selim

Syrer, Jahrgang 1991. Kam im Juli 2015 zusammen mit Anis Amri und Ben Ammar nach Deutschland. Hielt sich in Berlin auf, hatte Verbindungen zu Salafisten in Dortmund. Im Mai 2016 abgeschoben.

Sabou Saidani

Tunesier, Jahrgang 1987. Ehemaliger Polizist und Angehöriger einer Anti-Terroreinheit in Tunesien. Reiste im Oktober 2014 mit einer Gruppe Tunesier nach Deutschland ein, unter ihnen Bilel Ben Ammar. Hatte Kontakt zu dem deutschen Salafisten Denis Cuspert (alias »Deso Dogg«), der sich 2012 ins IS-Kriegsgebiet begab. Unter anderem deshalb wurde Saidani in Deutschland vom BKA im Gefahrenabwehrvorgang namens »Lacrima« überwacht. In Berlin Ermittlungsverfahren gegen ihn und die zwei Mitverdächtigen Sabri Ben Hadef und Ahmed Jalleb (Ermittlungsvorgang »Eisbär«). Alle drei stammen aus demselben Ort wie Amri. Anfang 2016 Abschiebung aus Deutschland.

Meher D. alias »Moadh Tounsi« alias »Moumou 1«

IS-Kader, mit dem Amri telekommunikativ in Kontakt gestanden haben soll und der ihn am 19. Dezember 2016 beim Tatgeschehen psychisch unterstützt haben soll.

Abdelmontasser H.

Tunesier, Jahrgang 1984. Stammt aus derselben Stadt wie Amri. Drogendealer, aber als islamistischer Gefährder auch Thema im Gemeinsamen Terrorismus-Abwehrzentrum. Amri wohnte einige Zeit mit ihm und Mohamed Ali D. zusammen. Alle drei handelten mit Drogen. Im Juli 2016 tätliche Auseinandersetzung mit anderen Drogendealern, die zu einer schweren Körperverletzung durch ein Messer führte. Wiederholte Haftstrafen, zur Tatzeit des Anschlags in Haft. Im März 2019 unter Ausschluss der Öffentlichkeit noch als Zeuge vor dem Untersuchungsausschuss des Bundestags befragt, danach Abschiebung.

Mohamed Ali D.

Tunesier, Jahrgang 1989. Ebenfalls aus derselben Stadt wie Amri und Abdelmontasser H. Wegen der tätlichen Auseinandersetzung mit schwerer Körperverletzung später ebenfalls verurteilt. Im März 2018 Zeugenvernehmung durch den Untersuchungsausschuss des Berliner Abgeordnetenhauses in der JVA Moabit. Mittlerweile abgeschoben.

Hadez A.

Neben Abdelmontasser H., Mohamed Ali D. und Anis Amri mutmaßlich der vierte Angreifer bei der Auseinandersetzung zwischen Drogendealern im Juli 2016.

Ahmad Abdulaziz Abdullah Abdullah, genannt »Abu Walaa«

Iraker, Jahrgang 1984. Seit 2001 in Deutschland. Kopf des Deutschsprachigen Islamkreises (DIK) und Agitator in der DIK-Moschee in Hildesheim. Wurde auch als »Statthalter des IS in Deutschland« bezeichnet. Hatte Kontakt zur Fussilet-Moschee in Berlin. Im DIK wurden mehrere Spitzel von Sicherheitsbehörden eingesetzt, am bekanntesten die »VP 01« mit dem Alias »Murat Cem«. Anis Amri hatte ebenfalls Kontakt zum DIK und wurde dort vom LKA Nordrhein-Westfalen als »Nachrichtenmittler« behandelt und abgehört. Im November 2016 Verhaftung von Abu Walaa und den vier Mitbeschuldigten Boban Simeonovic, Hasan Celenk, Mahmoud Omeirat und Ahmed Fifen Youssouf. Ab September 2017 Prozess vor dem Oberlandesgericht Celle. Im Februar 2021 wegen Unterstützung und Mitgliedschaft in der Terrororganisation IS zu zehneinhalb Jahren Haft verurteilt.

Boban Simeonovic

Deutsch-Serbe, Jahrgang 1980, in Dortmund geboren. Mitglied im DIK, Kontakt zu Anis Amri. Im Prozess von Celle zu acht Jahren Haft verurteilt.

Hasan Celenk

Türke, Jahrgang 1966. DIK-Mitglied. In Celle zu sechseinhalb Jahren Haft verurteilt.

Mahmoud Omeirat

Libanese, Jahrgang 1988. DIK-Mitglied. Wurde in Celle zu einer Freiheitsstrafe von vier Jahren und zwei Wochen verurteilt, die mit der U-Haft abgegolten waren.

Ahmed Fifen Youssouf

Kameruner, Jahrgang 1990. DIK-Mitglied. Nachdem er vor dem Oberlandesgericht Celle ein Geständnis ablegte, wurde er im April 2020 zu drei Jahren und drei Monaten Haft verurteilt, die durch die U-Haft verbüßt waren.

VP 01 »Murat Cem«

Eigentlich Muhamet D., Informant des LKA Nordrhein-Westfalen, eingesetzt im Kreis um Abu Walaa, auch Kontakt zu Anis Amri. Neben der VP 01 existierte eine zweistellige Zahl von staatlichen Quellen in den Kreisen, in denen auch Amri verkehrte. Sie arbeiteten für unterschiedliche Sicherheitsbehörden: Landeskriminalämter und Bundeskriminalamt, Landesverfassungsschutzämter und Bundesamt für Verfassungsschutz. Der Großteil ist nicht identifiziert.

Kapitel 17

Die Abschiebung von Bilel Ben Ammar

Die Theorie vom Einzeltäter verlangt, Mittäter auszuschließen.

Am Vorabend der Tat trafen sich Anis Amri und Bilel Ben Ammar in einem Restaurant. Der Wirt sagte später aus, ihr Verhalten sei ihm konspirativ vorgekommen. Er will den Eindruck gewonnen haben, es sei um einen »Anschlag« gegangen. Bei dem Treffen schauten noch andere Leute aus ihrem Umfeld vorbei, beispielsweise Amris Mitbewohner Khaled Abdeldaim, ein Geschäftspartner des Wohnungsgebers Kamel A., ein Drogenaufkäufer von Amri. In der Logik der exklusiven Amri-Alleintäter-Theorie, wie sie die Bundesanwaltschaft pflegt, hat das Treffen nichts mit der Tat am nächsten Tag zu tun, weil Amri zu diesem Zeitpunkt noch gar nicht gewusst haben konnte, dass er 24 Stunden später den geeigneten Lastwagen vorfinden werde. Erst am 19. Dezember 2016 abends habe sich die Gelegenheit ergeben und der Plan sei kurzfristig umgesetzt worden.

Die bisher sichtbar gewordene Komplexität und Vielschichtigkeit des Anschlags, aber auch die Erfahrungen aus anderen Terroranschlägen, widersprechen dieser Sicht. Eine Aktion, wie die am Breitscheidplatz, zumal eine »gelungene«, bedarf langer Planung und Vorbereitung. Die Terrorspezialisten der Bundesanwaltschaft sind nicht naiv und wissen das. Wie der LKW der polnischen Spedition da hineinpasst, ist eine Frage der konkreten Ermittlungsarbeit. Vielleicht wussten die Berliner Islamisten ja, dass der LKW auf dem Weg nach Berlin ist und am nächsten Morgen eintreffen soll.

Die Karlsruher Strafverfolgungsbehörde ging ihrer Ermittlungsarbeit zunächst korrekt nach. Am 29. Dezember 2016 weitete sie die Mordermittlungen auf Ben Ammar aus. Er wurde an zweiter Stelle der Tatverdächtigen geführt, hinter Amri, gegen den die Ermittlungen auch nach seinem Tod weiterliefen.

Was die Bundesanwaltschaft zu diesem Zeitpunkt nicht wusste: Das BKA plante bereits die Abschiebung Ben Ammars. Aus BKA-internen E-Mails geht bereits am 27. Dezember 2016 hervor, dass Ben Ammar als »Gefährder« eingestuft werden sollte, um ihn abschieben zu können. Und das, obwohl er seit dem 19. Dezember verschwunden war. Was dann geschah, kam einer generalstabsmäßigen Operation mehrerer staatlicher Stellen gleich, an deren Ende tatsächlich die Außerlandesbringung des Mordverdächtigen stand. Man könnte auch sagen: Es war ein interner Staatsstreich gegen den Rechtsstaat. Der entscheidende Player dabei war das BKA, das eigentlich Hilfsorgan der Bundesanwaltschaft sein soll.

Zunächst ging alles noch seinen rechtsstaatlichen Gang. Zehn Tage nach dem Anschlag tauchte Ben Ammar wieder auf. Wo er gewesen ist, will bis heute niemand sagen können. Am 3. Januar 2017 wurde er festgenommen und sein Zimmer in einer Flüchtlingsunterkunft polizeilich durchsucht. In den Räumen des LKA fand in der Nacht direkt die erste Vernehmung statt, die bis um halb vier morgens dauerte. Die Frage, wo er in den zehn Tagen war, wurde ihm nicht gestellt. Im Untersuchungsausschuss des Bundestags sorgte das wiederholt für Verwunderung. »Wurde die Frage nicht gestellt aus Angst vor der Antwort?«, so mutmaßte Ausschussmitglied Konstantin von Notz. »Gab es eine hausinterne Anweisung, nicht zu klären, wo Ben Ammar nach dem Anschlag war?«, so der Ausschussvorsitzende Klaus-Dieter Gröhler. Die Antwort des Zeugen, dem die Fragen galten, dem Leiter der Ermittlungsgruppe »City« beim BKA, war seltsam ambivalent: »Wenn, dann ist die mir nicht bekannt.«

Die Abteilung Staatsschutz der Generalstaatsanwaltschaft von Berlin führte seit langem eine Akte zu Ben Ammar sowie anderen islamistischen Staatsschutzfällen, darunter Soufiane Amri, Emrah Civelek oder Feysel H. Sie beantragte beim Amtsgericht Tiergarten einen Haftbefehl und bekam diesen am 4. Januar auch. Neben diversen kleineren Delikten wie Sozialleistungsbetrug, aber auch einem Waffendiebstahl, spielte dabei vor allem der Anschlag vom Breitscheidplatz eine Rolle. Das Gericht teilte die Bedenken der Fluchtgefahr und verhängte Untersuchungshaft. Die entsprechende juristische Formel seitens der Anklagebehörde lautete von da an: Es lägen »zureichende tatsächliche Anhaltspunkte vor, dass Ben Ammar in die Anschlagspläne eingeweiht und zumindest hilfeleistend beteiligt« war. Auch die Bundesanwaltschaft übernahm diese Bewertung. Und noch am 16. Februar 2017, als der Betreffende bereits außer Landes war, hielt sie ein Ermittlungsrichter am Bundesgerichtshof, der über einen anderen Haftbefehl zu entscheiden hatte, in einer Nebenbemerkung aufrecht: »Nach derzeitigem Ermittlungsstand besteht der Verdacht, dass der Beschuldigte Ben Ammar und weitere Personen an der Planung der Tat beteiligt waren.«

Parallel zu Ben Ammars Verhaftung wurde unterdessen die Operation der Abschiebung vorangetrieben. Beispielsweise erklärte das BKA am 30. Dezember 2016 bei einer Besprechung mit dem Bundesamt für Migration und Flüchtlinge (BAMF), der Nachweis, dass Ben Ammar »Mittäter oder Mitwisser« sei, könne nicht geführt werden. Zu diesem Zeitpunkt war er noch nicht einmal vernommen worden. Wie kam das BKA zu seinem Urteil? Im Untersuchungsausschuss kommentierte das der Abgeordnete Benjamin Strasser so: »Mein Eindruck ist, dass gegen Ben Ammar nie ermittelt werden sollte.«

Mit der Ablehnung seines Asylantrags wurde am 5. Januar 2017 der nächste Stein aus dem Weg geräumt. Wenn schon kein Tatbeteiligter, dann durfte Ben Ammar auch kein Asylberechtigter sein.

Am 10. Januar kam es zu einem entscheidenden politischen Treffen zwischen Bundesinnenminister Thomas de Maizière, Bundesjustizminister Heiko Maas, den jeweiligen Staatssekretärinnen Emily Haber (Bundesinnenministerium) und Christiane Wirtz (Bundesjustizministerium) sowie den Leitungsstäben. In dieser sogenannten »Kleeblatt-Runde« wurde eine neue politische Linie im Umgang mit islamistischen Gefährdern vereinbart. Rückführung sollte Vorrang vor Strafverfolgung bekommen. Der erste Fall, auf den das neue Verfahren angewandt wurde, war ausgerechnet Ben Ammar.

Weil es rechtsstaatskonform zugehen sollte, wirkte die Bundesebene, sprich das Bundesinnenministerium, auf das Land Sachsen ein, wo der Tunesier als Asylsuchender registriert war, der Abschiebung zuzustimmen und Abschiebhaft zu beantragen. Das Bundesjustizministerium wurde gegenüber dem Generalbundesanwalt initiativ.

Am 13. Januar war der Schwenk vollzogen und die formal-rechtliche Grundlage geschaffen, um einen Mordverdächtigen abzuschieben.

Die Abläufe, inklusive der hierarchischen Befehlsketten, hat der Untersuchungsausschuss des Bundestags penibel aufgedeckt.

Zunächst hatte sich an jenem 13. Januar 2017 noch der Vize-Generalbundesanwalt und Leiter der Abteilung Terrorismus, Thomas Beck, ans Bundesjustizministerium gewandt und den unveränderten Sachstand in der Causa Ben Ammar referiert, sprich die »zureichenden Anhaltspunkte« für ein Mitwissen oder eine Hilfe bei der Tat. Doch dann erging noch am selben Tag aus Berlin die Weisung an die dem Ministerium unterstellte Behörde in Karlsruhe, der Abschiebung Ben Ammars zuzustimmen. Der Anruf kam von Ministerialrat Michael Greßmann, der ab März 2018 als Vertreter des Bundesjustizministeriums im Untersuchungsausschuss des Bundestags zum Breitscheidplatz-Anschlag sitzen sollte, obwohl er streng genommen ein Zeuge ist.

In Karlsruhe kam es zur Besprechung zwischen Thomas Beck, Bundesanwalt Horst Salzmann, der für das Breitscheidplatz-Verfahren verantwortlich ist, und Generalbundesanwalt Peter Frank. Die Behördenspitze willigte der Abschiebung ein und meldete dies der Staatssekretärin Christiane Wirtz zurück. Anschließend brachte die Bundesanwaltschaft die Generalstaatsanwaltschaft in Berlin, die stellvertretend für sie das Ben-Ammar-Verfahren führte, auf die neue Linie. Auch dort gab die Amtsspitze in Gestalt ihres damaligen Chefs Ralf Rother und des Vize-Chefs, bis heute Dirk Feuerberg, die Anweisung nach unten an die zuständige Oberstaatsanwältin weiter. Überall war die Aktion Chefsache. Auch im BKA, das sowieso die treibende Kraft des Abschiebemanövers darstellte, war Präsident Holger Münch persönlich daran beteiligt.

Das Bundesland Sachsen meldete ebenfalls Vollzug, der Abschiebehaftantrag für Ben Ammar sei gestellt. Das teilte am 16. Januar im Bundesinnenministerium der Abteilungsleiter für öffentliche Sicherheit seiner Staatssekretärin Emily Haber per E-Mail mit. Mit dieser »frohen Kunde«, so heißt es weiter, könne »Ihre Entscheidung« umgesetzt werden, Ben Ammar abzuschieben.

Durch den politisch verfügten Abschiebebeschluss der Bundesregierung wurden die gerade begonnenen Mordermittlungen gegenüber Ben Ammar sabotiert. Als der am 19. Januar 2017 zum zweiten Mal vernommen wurde, stand fest, dass er abgeschoben werden würde. Dabei waren BKA-Mitarbeiter bei ihrer praktischen Ermittlungsarbeit zwischenzeitlich durchaus fündig geworden. Auf dem Handy von Ben Ammar entdeckten sie Fotos, die kurz nach dem Anschlag auf dem Breitscheidplatz gemacht worden sein mussten. Und Videoaufnahmen der Berliner Verkehrsbetriebe am U-Bahnhof Wittenbergplatz in der Nähe des Breitscheidplatzes zeigten eine Person, die möglicherweise Ben Ammar war. Eine andere BKA-Sachbearbeiterin, die mit der Auswertung aller Handy-Bilder Ben Ammars beauftragt war, entdeckte Fotos vom Breitscheidplatz, die bereits im Februar 2016 gemacht wurden. Sie zeigen aber nicht etwa Sehenswürdigkeiten wie die Gedächtniskirche, sondern Straße, Boden, Poller und auch die Stelle, wo der LKW auf den Platz schoss. Bilder, die man, so die Einschätzung der Kriminalbeamtin, als eine »Tatort-Ausspähung« deuten könne. Mit ihrem Bericht über die verdächtigen Fotos war sie am 3. Februar 2017 fertig. Doch die Abschiebung am 1. Februar hatte keinerlei Aufschub geduldet. So schnell wie Ben Ammar war bei der Generalstaatsanwaltschaft von Berlin bis dahin kein »Gefährder« abgeschoben worden.

Während auf der kriminalistischen Ebene pflichtbewusste BKA-Mitarbeiter noch am 20. Januar 2017 in einem Vermerk festhielten, die »bisherigen Erkenntnisse können eine Tatbeteiligung und/oder ein Mitwissen von Bilel Ben Ammar weder bestätigen noch ausschließen«, war auf der politischen Ebene alles geregelt. Zunächst fungierte BKA-Vizepräsident Peter Henzler als politischer Unterhändler gegenüber Tunesien, ehe am 25. Januar Staatssekretärin Haber dann mit dem tunesischen Botschafter über die Rücknahme von Ben Ammar handelseinig wurde. Dessen Abschiebung folgten weitere wie die von Khaled Abdeldaim, Mohamed Ali D. oder Abdelmontasser H., allesamt Kontaktpersonen von Amri. Auf einer entsprechenden »Abschiebeliste« standen fünf bis sechs Namen, über die die Bundesregierung im Februar 2017 mit Tunesien verhandelte. Das führte bis auf die höchste politische Ebene ins Bundeskanzleramt und bis zu Angela Merkel. Die ist durch eine E-Mail bekannt geworden, in der eine Mitarbeiterin des Bundesamtes für Migration und Flüchtlinge vom BKA Auskunft zu Abdelmontasser H. erbat, weil »die Bundeskanzlerin heute Gespräche mit Vertretern Tunesiens führen« wolle, bei denen es unter anderem um dessen »Ausreisepflicht« gehen sollte.

Dabei gab es neben der Strafverfolgung streng genommen noch ein zweites Abschiebehindernis, nämlich den tunesischen Staat selbst:

Wiederholt hatten deutsche Verwaltungsgerichte Abschiebungen nach Tunesien abgelehnt, weil den Abgeschobenen in ihrem Heimatland Folter und Todesstrafe drohten.

Die Abschiebung des Tatverdächtigen Bilel Ben Ammar sechs Wochen nach dem Anschlag wurde zu einer Angelegenheit der »nationalen Sicherheit« gemacht. Dabei spielten auch Medien ihre Rolle. Ende Januar 2017 berichtete die *Süddeutsche Zeitung* über die unmittelbar bevorstehende Aktion und begrüßte sie. »Die neue Härte. Was bei Anis Amri nicht möglich war, geht bei seinem Freund und möglichen Mitwisser Bilel A. ganz schnell«, so die Artikelüberschrift in dem Blatt. Die Verfasser Hans Leyendecker und Georg Mascolo schrieben, Ben Ammar könnte der erste Islamist sein, der für die Zeit nach Amri steht, in der Behörden nicht zaudern und lange abwägen. Der Text erscheint rückwirkend wie die publizistische Vorbereitung der so wichtigen Abschiebung. Im Eifer war den beiden Journalisten offenbar gar nicht aufgefallen, dass sie Ben Ammar zum »möglichen Mitwisser« erklärten, womit dessen Abschiebung folglich auch unter dem Stichwort »Strafvereitelung« betrachtet werden könnte.

Im Untersuchungsausschuss des Bundestags wurde die zuständige Oberstaatsanwältin Eva-Maria Tombrink auch mit der juristischen Formel vom »hinreichenden Tatverdacht« konfrontiert, die doch zur Strafverfolgung verpflichte. Sie widersprach, das sei die allerunterste Verdachtsstufe, einen Haftbefehl gebe es erst bei »dringendem Tatverdacht«. Im Februar 2021 erhob der Generalbundesanwalt Anklage wegen Mordes gegen einen syrischen Staatsangehörigen, der in Dresden auf zwei Männer eingestochen hatte, einer der beiden starb. Dabei wurde die Formel verwendet, er sei der Tat »hinreichend verdächtig«. Offensichtlich wird von der Formel unterschiedlich Gebrauch gemacht.

Das Verfahren gegen Ben Ammar wurde übrigens erst im Oktober 2017 eingestellt.

Die festbetonierte Einzeltätertheorie muss jegliche Mittäter ausschließen. Damit wird zugleich eine zweite Konsequenz vermieden: keine Mittäter, kein Prozess. Die Wiederholung des NSU-Dramas von München, mit Dutzenden von Nebenklägern, die Fragen haben und Beweisanträge stellen, mit der Offenlegung von Akten, wie sie zwangsläufig mit einem Prozess einhergeht, mit unangenehmen Zeugen, mit einer schier grenzenlosen Öffentlichkeit – eine solche Veranstaltung bleiben der Bundesanwaltschaft, dem BKA oder auch dem Bundesamt für Verfassungsschutz in diesem Terrorfall erspart. Vielleicht ist das auch eine der Antworten auf Frage, warum die Bundesregierung den Amri-Freund Ben Ammar unbedingt loswerden wollte.

Kapitel 18

Schlüsselereignis 6. Juli 2015: Die Einreise

Am 6. Juli 2015 reiste Anis Amri, aus Italien kommend, nach Deutschland ein. Und damit beginnen bereits die Merkwürdigkeiten. Er soll begleitet gewesen sein von seinem Landsmann Bilel Ben Ammar und dem syrischen Staatsangehörigen Habib Selim. Bei der Polizei in Freiburg ließ er sich unter einem falschen Namen – »Amir« – registrieren. In der Folgezeit benutzte er mehrere Identitäten, verwendete diese aber nicht, um missbräuchlich mehrfach Sozialleistungen zu kassieren. Das wurde nur in einem Fall festgestellt und betraf ganze 300 Euro. Es sieht vielmehr so aus, als wollte Amri von Anfang an Spuren verwischen. Warum? Und mit welchen Absichten kam er aus Italien, wo er vier Jahre im Gefängnis saß?

Zunächst wurde Amri nach Ellwangen geschickt und ausländerrechtlich Baden-Württemberg zugewiesen. Dieses Bundesland war eigentlich für ihn zuständig. Er zog aber weiter und meldete sich in Nordrhein-Westfalen ebenfalls als Asylsuchender. Dort wurde er auch amtlich erfasst. Er wurde in einer Flüchtlingsunterkunft im niederrheinischen Emmerich an der niederländischen Grenze untergebracht, wo er sich mit mehreren Personen ein Zimmer teilte. Das eigentliche Ziel des Tunesiers schien aber Berlin gewesen zu sein. Bereits Ende Juli 2015 tauchte er in der Stadt auf und meldete sich erneut unter einem anderen Aliasnamen – diesmal als »Hassan« – an. Er wiederholte seine Anmeldung in Berlin im September 2015, wieder unter anderem Namen, bis er der Stadt zugewiesen wurde. War das sein Ziel? Rückblickend erscheint der Zugewanderte jedenfalls systematisch und auch professionell vorgegangen zu sein.

Als Fremder bekam Amri verblüffend schnell Kontakt zu mehreren einschlägigen Kreisen in Deutschland. In Duisburg, Dortmund und

Hildesheim zu Aktivisten der DIK-Moschee um den IS-Agitator Abu Walaa. In Berlin zur Fussilet-Moschee, einem Zentrum islamistisch-salafistischer Aktivitäten, die internationale Kontakte einschlossen. Außerdem aber auch zu organisierten Drogenhändlern inklusive machtvollen Clans: kriminelle Gruppen, die sich eher abschotten und nicht jeden Neuling unbesehen aufnehmen und mitmachen lassen. Überall konnte der junge Tunesier auch Wohnungen nutzen und übernachten.

Ab dem Herbst 2015 geriet Amri verstärkt und konstant in den Fokus der Sicherheitsbehörden, zum Beispiel der Ermittlungskommission »Ventum« des LKA Nordrhein-Westfalen, die gegen Abu Walaa und den Deutschsprachigen Islamkreis ermittelte. Rasmus M., der Leiter der Kommission, sagte vor dem Untersuchungsausschuss des Abgeordnetenhauses in Berlin Folgendes aus: »Wir haben vermutet, dass Amri kein ›Lone Wolf‹ war, sondern Leute um sich scharte.« Und zwar in einer derart zielstrebigen Weise, dass die Ermittler anfangs den Verdacht hegten, es handele sich bei ihm um »eine Quelle«. Dass da jemand kommt und schon überall Kontakte hat, sei ihnen »spanisch« vorgekommen. Rasmus M. muss es wissen, seine Ermittlungskommission führte im Abu-Walaa-Kreis die »VP 01« sowie mindestens drei weitere V-Personen. Die LKA-Ermittler hätten daraufhin bei allen Dienststellen Informationen eingezogen, doch alle hätten abschlägig beschieden: »Das ist keine Quelle.«

Einer von Amris Mitbewohnern in der Emmericher Flüchtlingsunterkunft war Mohamed J., der aus Syrien nach Deutschland geflohen war. Dieser berichtete später, Amri, der dort unter seinem richtigen Namen bekannt gewesen sei, habe sich auffällig verhalten, habe mit bewaffneten Dschihadisten in Syrien Videochats geführt und auf seiner Tasche einen Sticker mit IS-Flagge getragen. Außerdem habe Amri erzählt, er sei in Italien im Gefängnis von Salafisten »aufgeklärt« und auf den »richtigen Weg« geführt worden. Kam der Tunesier mit einem Auftrag nach Deutschland? Wenn ja, für wen? War sein demonstratives Bekenntnis zum IS authentisch – oder provokativ? War sein Image als IS-Anhänger möglicherweise eine inszenierte Legende? Mohamed J. meldete das auffällige Verhalten seines Zimmergenossen jedenfalls bei der Heimleitung. Die Polizei nahm aber erst nach dem Anschlag mit ihm Kontakt auf.

Nach dem Anschlag verliert sich Amris Spur in Berlin etwa um 22 Uhr. Zwei Nächte und einen Tag später tauchte er um sieben Uhr morgens in Emmerich wieder auf. Wie war er dort hingekommen? Seit wann war er dort und warum? Hatte er in der Stadt übernachtet und, wenn ja, bei wem? Unbeantwortete Fragen.

Dass Amri, als er im Juli 2015 nach Deutschland kam, in Begleitung von Bilel Ben Ammar und Habib Selim gewesen war, geht aus einem sogenannten Behördenzeugnis des Bundesamtes für Verfassungsschutz an andere Sicherheitsbehörden hervor. Im Kern ging es in dem Schreiben um die Planungen von Anschlägen und die eines Raubes durch Amri. Das Dokument trägt das Datum vom 26. Januar 2016 und ist vom damaligen BfV-Präsidenten Hans-Georg Maaßen unterschrieben. Im selben Monat wurde im Inlandsgeheimdienst eine Akte über Anis Amri angelegt. Die genaue Funktion dieses Behördenzeugnisses ist bis heute nicht klar geworden. Zunächst hieß es, damit sollte die Herkunft einer Information, die von einer V-Person des LKA Düsseldorf stammte und die für das LKA Berlin bestimmt war, verschleiert werden. Das hätte man aber einfacher haben können, zumal die Chiffrierung von Informationen zum Tagesgeschäft der Sicherheitsbehörden zählt. Dann sollte die Generalstaatsanwaltschaft Berlin der Adressat gewesen sein, um gegen Amri ein Strafverfahren einleiten zu können. Allerdings standen die übermittelten Informationen unter der Überschrift: »Dem Bundesamt für Verfassungsschutz liegen unbestätigte Hinweise auf folgende Sachverhalte vor …« Mit unbestätigten Hinweisen lässt sich aber schwerlich ein rechtsstaatsgemäßes Verfahren begründen. Entsprechend reagierte die oberste Staatsanwaltschaft in Berlin: »Keine zureichenden Anhaltspunkte für die Einleitung eines Strafverfahrens gegen Amri.« War vielleicht genau das bezweckt? Mit dem Behördenzeugnis hätte das BfV im Sicherheitsapparat kundgetan, dass von Amri die Finger gelassen werden solle. Der angebliche Schutz einer fremden Information wäre dann selber eine Legende gewesen, um zu verschleiern, dass der wahre Absender das BfV selbst war.

Warum war Ben Ammar bei Amris Einreise dabei? Er war schon 2014 nach Deutschland gekommen. Hat er Amri geholt? Wenn ja, wozu? Ben Ammar war praktisch vom ersten bis zum letzten Tag an Amris Seite und sollte in den eineinhalb Jahren bis zum Anschlag immer wieder eine Rolle spielen. Am Vorabend saßen sie zusammen, am Tattag telefonierten sie noch. Die Rollen, die die beiden in der islamistischen Szene spielten, ähnelten sich verblüffend. Sie erschienen wie Zwillinge.

Die offizielle Geschichte des Anschlags vom Breitscheidplatz erscheint wie eine Monographie, der von Anis Amri. Die Parallelgeschichte, in der Bilel Ben Ammar, Habib Selim, Sabou Saidani oder Abu Walaa, in der die Fussilet- und die DIK-Moschee, V-Personen und die Sicherheitsbehörden selbst eine Rolle spielen, steht noch aus. Wer aber nur auf eine Person schaut, entdeckt auch nur Spuren von ihr.

Kapitel 19

Die Fussilet-Moschee in Berlin: Terroristentreffpunkt vor den Augen der Polizei

Die Perleberger Straße in Berlin-Moabit. Hier gibt es eine große Polizeiwache, die zu den Polizeidirektionen Berlins gehört. Sie erstreckt sich über ein Areal mit Fuhrpark und Sportplatz, gelegen zwischen zwei Straßen (der Perleberger und der Kruppstraße), etwa 150 Meter breit und 350 Meter lang. Im Jahr 2016 war das die Polizeidirektion 3, nach der Umstrukturierung ist heute die Landespolizeidirektion dort angesiedelt, sowie der Polizeiabschnitt 27. Gegenüber dem Eingang der Polizeiwache mit der Hausnummer Perleberger Straße 61a liegt etwas versetzt die Hausnummer 14. Es ist die Adresse der früheren Fussilet-Moschee. Die Entfernung beträgt vielleicht zwanzig Meter. Ein Treffpunkt gewaltbereiter Islamisten, wo auch Amri regelmäßig verkehrte, in unmittelbarer Nachbarschaft mit der Berliner Polizei. Ein schier unglaublicher Ort.

Die irritierende Nähe gilt auch für die umgekehrte Perspektive. Radikale Islamisten wählen sich ausgerechnet einen Ort aus, wo jede Bewegung und jeder Besucher registriert werden kann. Potentielle Terrorgeneigte wie auf dem Servierteller. Verhält sich jemand, der konspirativ vorgehen will, so? Oder hatte das Objekt noch eine andere Funktion? Handelte es sich etwa um einen »Honigtopf«, mit dem bestimmte Personen angelockt und die Szene kontrolliert werden sollte?

An die Szenerie in der Perleberger Straße knüpfen sich also gleich zwei große Fragezeichen: Das eine betrifft die potentiellen Täter, das andere die nominellen Sicherheitsgaranten. Warum diese enge Nachbarschaft?

Nicht nur die Moschee war in der Straße angesiedelt, nur wenige Hausnummern weiter, in der Perleberger Straße 65, hatten Nkanga Lutumba und Husan S. H., zwei Fussilet-Mitglieder, ihre Wohnung.

Beide wurden zum radikalen Kern gezählt. In den Räumlichkeiten der Moschee verkehrten zahlreiche Nationalitäten, afrikanische, arabische, Türken, Tschetschenen, Russen, aber auch Deutsche und Leute, die in Berlin geboren und aufgewachsen sind. Einige der Namen, die in dem Komplex immer wieder auftauchen, sind Feysel H., Maximilian R., Soufiane Amri, Emrah Civelek, Resul Korkmaz, Rostam A., Walid S., Ahmed und Bilal M., Semsettin E., Jagar S. H., Wael C., Magomed-Ali Chamagov oder auch Bilel Ben Ammar. Insgesamt war der Kreis der Moscheegänger überschaubar, ein paar Dutzend Personen, jeder kannte jeden. Das Fussilet-Personal ist ein Teil der 123 Personen, die das Bundesinnenministerium zusammen mit dem Bundestagsuntersuchungsausschuss aufgelistet hat, weil sie zum Umfeld von Amri gezählt werden. Aus der Perspektive des »Mediums Amri« also Namen, die zu möglichen Mittätern oder Mitwissern des Anschlags führen könnten.

Die Berliner Moschee besaß eine deutschlandweite Ausstrahlung, auch der Kopf des Deutschsprachigen Islamkreises (DIK) in Hildesheim, Abu Walaa, zählte zu den Besuchern. Außerdem gingen internationale Kontakte von ihr aus, nach Belgien, Frankreich, in die Türkei. Wann genau Anis Amri zum ersten Mal dort erschien und wieso, lässt sich nicht sagen. Es muss ziemlich schnell nach seinem ersten Auftauchen in Berlin im Sommer oder Herbst 2015 gewesen sein. Er besuchte die Räumlichkeiten regelmäßig, fungierte manchmal als Vorbeter und übernachtete immer wieder dort, wie manche andere auch. Am Tatabend des 19. Dezember 2016 soll er etwa zwischen 18:30 Uhr und 19:00 Uhr die Moschee aufgesucht haben. Zu diesem Zeitpunkt hielten sich mindestens zwei weitere Personen dort auf.

Das galt auch für die Tatnacht. Fünf Stunden nach dem Ereignis vom Breitscheidplatz, kurz nach ein Uhr, kreuzte ein erstes Polizeikommando mit Waffen im Anschlag auf, fuhr aber ein paar Minuten später weiter. Einer der Beamten erklärte vor dem Untersuchungsausschuss des Bundestags, sie hätten auf dem Hinterhof geschaut, ob Licht in den Moscheeräumen brenne. Da alles dunkel war, seien sie weitergefahren. Die Polizeiaktion belegt, dass das LKA, das zu diesem Zeitpunkt die Ermittlungen leitete, den oder die Täter bereits im islamistisch-dschihadistischen Milieu vermutete. Gegen 23 Uhr wurde die sogenannte »Maßnahme 300« ausgelöst, mit der Verbleibkontrollen bei Moscheen und Wohnungen veranlasst wurden. Die Staatsschützer stellten eine Liste von vierzig Personen zusammen, die als mögliche Tatbeteiligte eingestuft und aufgesucht werden sollten. Mehr als Verbleibkontrollen wurden zunächst aber nicht durchgeführt, es gab keine Festnahmen. Die Namensliste ist geheim. Was man lediglich erfährt, ist, dass Anis Amri nicht unter diesen vierzig gewesen sein soll. Etwa die Hälfte der Verdachtspersonen war abgearbeitet, als am Nachmittag des 20. Dezember 2016 der Name Amri als mutmaßlicher Attentäter bekannt wurde. Daraufhin wurden die Personenüberprüfungen beendet und nur noch nach dem Flüchtigen gefahndet.

In den Räumen der Fussilet-Moschee brannte in der Nacht zum 20. Dezember kein Licht, als das Mobile Einsatzkommando auftauchte, tatsächlich hielten sich aber Personen dort auf. Das ergibt sich aus den Überwachungsaufnahmen der Polizei, die Ausschussmitglieder und ihre Mitarbeiter vollständig gesichtet haben. Ab circa fünf Uhr am frühen Morgen kamen immer mehr Polizeibeamte zu der Adresse, insgesamt sechs oder sieben, die aber nicht in das Haus hineingingen, sondern auf der Straße davor blieben. Nur ein Beamter muss sich längere Zeit im Inneren aufgehalten haben. Man sieht Personen, die aufgrund ihres äußeren Erscheinungsbildes zur Moscheeklientel passten, zu dem Gebäude gehen. Um circa halb acht tritt eine Person auf die Straße und wird von zwei Beamten angesprochen. Sie reden eine halbe Stunde miteinander und gehen dann zusammen weg. Nach erneut dreißig Minuten kehren die drei zusammen zurück und verabschieden sich mit Handschlag. Den offensichtlich freundlichen Charakter dieser Szenen bestätigten einige der Beamten, die 2020 als Zeugen vor den Untersuchungsausschuss geladen waren. Man erfuhr nur ihre Initialen, zusätzlich waren sie mit Perücke und aufgeklebtem Bart verkleidet. Sie gehören zu den Mobilen Einsatzkräften der Polizei, die regelmäßig einschlägig bekannte Moscheen überprüfen.

Der Mann, mit dem die Beamten etwa eine Stunde lang gesprochen haben und der sich in jener Nacht in der Moschee aufhielt, wurde in der Ausschusssitzung als Rostam A. identifiziert. Er ist den MEK-Beamten seit längerem als aktiver Salafist bekannt, der unter anderem an der Lies!-Verteilaktion beteiligt war. Es stellte sich heraus, dass sie sich sogar duzen. Damit war sofort die Frage aufgeworfen, ob die Beamten zu Amri oder Ben Ammar ein ähnlich gutes Verhältnis gehabt haben, was diese aber kategorisch verneinten. Rostam A. wollen sie damals nach seiner Meinung zum Anschlag gefragt haben, worauf dieser aber nicht eingegangen sei. Er habe nur Belangloses erzählt, beispielsweise über seine Pornosucht. Ob der Beamte ihm das geglaubt hat, verriet er dem Ausschuss nicht. In den Akten des BKA fehlt das Vernehmungsprotokoll mit Rostam A., es wurde an anderer Stelle abgelegt. Er selbst wurde nicht als Zeuge in einen Untersuchungsausschuss geladen.

Das besondere Verhältnis zwischen beiden Seiten erinnert eher an eines von Polizeibeamten mit Informanten oder Quellen. Ihre Nähe korrespondiert in eigenartiger Weise mit der Nähe zwischen dem Polizeirevier und der Fussilet-Moschee in der Perleberger Straße.

Die Überwachungskamera, die in der Tatnacht die erstaunlichen Beziehungen zwischen Salafisten und Polizisten festhielt, hatte das Landeskriminalamt am 19. Februar 2016 installiert. Das war einen Tag nach einem Ereignis, das bis heute nicht restlos aufgeklärt ist. Am 17. Februar 2016 hatte das LKA von Nordrhein-Westfalen Anis Amri als »Gefährder« eingestuft. Das hieß, dass der Staatsschutz ein besonderes Auge auf ihn warf. Am 18. Februar machte sich der »Gefährder« mit einem Fernbus von Dortmund auf den Weg nach Berlin. Das Düsseldorfer LKA informierte die Kollegen in der Hauptstadt und bat zugleich, den Ankommenden weiter verdeckt zu observieren, aber auf keinen Fall zu kontrollieren. Doch genau das geschah. Amri wurde kurzzeitig festgenommen, zur LKA-Dienststelle gebracht, einer erkennungsdienstlichen Behandlung unterzogen und sein gestohlenes Handy eingezogen. Wer das entschieden hat und warum, ist bis heute ein Rätsel. Anschließend ließ man Amri wieder gehen, beschattete ihn aber mit einem Team. Was kurz zuvor bei seiner Ankunft am Zentralen Omnibusbahnhof nicht möglich gewesen sein soll, war es nun auf einmal doch. Allerdings soll er, obwohl stadtfremd, die einheimischen Observationsprofis abgeschüttelt haben. So zumindest erzählen sie es.

Amri begab sich anschließend zielstrebig zur Fussilet-Moschee, und damit wieder in die Nähe der Polizei. Er nahm dort ein neues Telefon auf und warnte zahleiche Kontaktleute – unter anderem in Nordrhein-Westfalen –, er sei kontrolliert worden, sie sollten ihre Handys wegwerfen. Das wiederum wissen die Fahnder, weil auch dieses Mobiltelefon überwacht wurde. Obwohl ihn das Observationsteam auf dem Weg zur Fussilet-Moschee verloren haben will, war das LKA anscheinend trotzdem im Bilde. Am nächsten Tag, dem 19. Februar, installierte es eine eigene Überwachungskamera an der Polizeiwache mit Blick auf den Eingang der Fussilet-Moschee auf der gegenüberliegenden Straßenseite.

Das Objekt wurde aber nicht nur von außen, sondern auch von innen überwacht. Gesichert ist, dass mehrere Sicherheitsbehörden mindestens drei Quellen dort im Einsatz hatten: das LKA, das Landesamt für Verfassungsschutz und das Bundesamt für Verfassungsschutz. Darüber hinaus gibt es Hinweise auf eine vierte Quelle einer Verfassungsschutz-Behörde eines anderen Bundeslandes. Dem LKA war es durch seinen Spitzel möglich, eine Liste sämtlicher Fussilet-Besucher zu erstellen. Darauf findet sich auch der Name Anis Amri. Allerdings wusste nicht jede Behörde von den Informanten der anderen. Von der BfV-Quelle erfuhr das LKA erst zwei Monate nach dem Anschlag im Februar 2017. In der Öffentlichkeit ist die Existenz dieser Quelle erst im Mai 2018 durchgesickert, nachdem im Bundestag ein Untersuchungsausschuss eingerichtet worden war.

Das BfV hatte seine Quelle seit Ende 2015 dort am Laufen, sie ist bis heute nicht identifiziert. Der Untersuchungsausschuss konnte weder die V-Person selber noch ihren Führungsbeamten im BfV als Zeugen vernehmen. Das Bundesinnenministerium weigerte sich, deren Namen herauszugeben, sodass sie nicht geladen werden konnten. Die Organklage von FDP, Linkspartei und Grünen 2018, zumindest den VP-Führer befragen zu können, lehnte das Bundesverfassungsgericht Anfang 2021 ab. Dem stehe das Staatswohl entgegen, so die Erklärung, womit die Argumentation der Bundesregierung übernommen wurde. Ein Urteil nach dem Motto: Im Zweifel für die Exekutive, denn das Gericht war gar nicht in der Lage, den Sachverhalt zu durchschauen.

An der verschont bleibenden Quelle, die sich bereits in der Moschee bewegte, als Amri dort auftauchte, sowie an den anderen V-Leuten scheiden sich aber nicht erst seit der Anschlagsaufarbeitung die Geister. Sie spielten schon vorher eine Rolle, und zwar mehrfach. Seit 2015 führte der Generalbundesanwalt ein Strafverfahren gegen die Fussilet-Vorstandsmitglieder Ismet D. und Emin F. wegen Vorbereitung staatsgefährdender Gewalttaten im Ausland. Es ging dabei um Unterstützung des Islamischen Staates im Irak und Syrien. Später traf es auch den Imam. Zur gleichen Zeit eröffnete die Senatsinnenverwaltung von Berlin ein Verbotsverfahren gegen die Einrichtung.

Hier Strafverfahren, dort Verbotsverfahren – beides ist nicht kompatibel, vor allem wenn V-Personen im Spiel sind. Während V-Leute der Anklagebehörde in einem Ermittlungsverfahren dienlich sein können, sind sie in einem Verbotsverfahren eher hinderlich. Das ist die Lektion aus dem NPD-Verbotsverfahren, das an den V-Personen in der Partei scheiterte. Das Bundesverfassungsgericht sah sich nicht in der Lage, exakt festzustellen, ob die angeprangerten »verfassungsfeindlichen« Positionen von authentischen Vorstandspersonen der NPD vertreten wurden oder das manipulative Ergebnis des Einflusses von staatlichen Geheimdienstmitarbeitern sind.

Übersetzt für die Fussilet-Moschee in Berlin hieß das: Das Verbotsverfahren sollte warten, bis das Strafverfahren erledigt war. In diesem Sinne intervenierte das Landesamt für Verfassungsschutz beim Innensenator Frank Henkel (CDU). Das Verbotsverfahren wurde auf Eis gelegt. Warum es aber auch intern nicht weiter betrieben wurde, ist nicht nachvollziehbar. Der zuständige Sachbearbeiter meldete sich krank und blieb arbeitsunfähig bis zu seinem Ausscheiden in den Ruhestand Ende Oktober 2016. Eine Vertretung oder einen Nachfolger gab es nie.

Sind also ausgerechnet V-Personen zum Hindernis geworden für die Schließung dieser »Brutstätte des Terrorismus in Berlin«, wie es ein Abgeordneter der Grünen formulierte? Es gibt Stimmen, die meinen, der Anschlag vom Dezember 2016 hätte in der Form nicht stattfinden können, wenn die Moschee in der Perleberger Straße geschlossen worden wäre.

Das geschah nach dem Anschlag dann ganz schnell. Bereits am 2. Januar 2017 wurde das Verbotsverfahren gegen den Trägerverein wieder aufgenommen, am 8. Februar 2017 zeichnete der neue Innensenator Andreas Geisel (SPD) die Verbotsverfügung ab, am 28. Februar wurde das Verbot im Zusammenhang mit Durchsuchungen und Beschlagnahmungen exekutiv vollzogen, Ende März 2017 war es rechtskräftig.

Geld konnte in der Ex-Moschee nicht mehr sichergestellt werden, ein Bankkonto soll auch nicht gefunden worden sein. Dennoch gaben sich die Verantwortlichen zufrieden, denn die Datenauswertung im Fussilet-Fall wurde nicht weiter betrieben, die Beweismittel wurden nicht weiter untersucht. Was die diversen Quellen in der Moschee wussten und wie sie sich möglicherweise verhielten, blieb zu großen Teilen im Dunkeln. Die BfV-Quelle bleibt tabu. Die LKA-Quelle soll nach dem Anschlag von dem Fussilet-Mitglied Feysel H. gehört haben, dass ihm Amri von Attentatsplänen erzählte. Vom spezifischen nachrichtendienstlichen Wissen des LfV Berlin ist bis heute lediglich eine Fotografie bekannt, die Amri in Begleitung einer salafistisch gekleideten Person zeigt, aufgenommen am 24. April 2016 von einer V-Person. Dieses Foto belegt, dass Amri nicht nur ein Polizeifall, sondern auch ein Geheimdienstfall gewesen ist. Doch um dieses Dokument ist jüngst, im März 2021, eine Auseinandersetzung entbrannt, in deren Zentrum der frühere Berliner LfV-Chef Bernd Palenda sowie Innenstaatssekretär Torsten Akmann stehen. Heute weiß man, dass das Foto Mitte Februar 2017 im LfV gefunden worden sein soll. Das Berliner Parlament, das Abgeordnetenhaus, und sein spezieller Verfassungsschutz-Ausschuss wurden über den Fund nie informiert. Das kritisierten jedenfalls die Mitglieder von Linkspartei und Grünen im Berliner Untersuchungsausschuss zum Breitscheidplatz. Der Zeuge Palenda gab dort zu Protokoll: Staatssekretär Akmann habe das verhindert. Der Zeuge Akmann widersprach: Das stimme nicht. In dem Konflikt steht Aussage gegen Aussage, was bedeutet: Mindestens einer von beiden sagt die Unwahrheit.

Die juristische Aufarbeitung der Hinterlassenschaften aus der Fussilet-Moschee führte bisher zu zwei Prozessen vor dem Kammergericht Berlin, ein dritter steht an.

Er betrifft die Fussilet-Mitglieder Semsettin E. und Jagar S.H. und birgt durch den Angeklagten E. eine besondere Brisanz. Ihm soll Amri nach dem Anschlag gesagt haben, er sei an der Tat nicht beteiligt gewesen. Bereits im Dezember 2019 hat die Generalstaatsanwaltschaft Anklage gegen die beiden wegen IS-Unterstützung erhoben. Die Hauptverhandlung vor dem Kammergericht steht aus.

Welche Rolle spielte die Fussilet-Moschee genau? Anlaufstelle? Stützpunkt? Depot? Was man sagen kann: Sie stellte einen Baustein in der Infrastruktur um den Anschlag dar. Eine deutsche Struktur Berliner Islamisten, die internationalen dschihadistischen Profis zur Verfügung stand und von ihnen genutzt werden konnte.

Wie kam es, dass sich Amri nach seiner Ankunft in Deutschland innerhalb kürzester Zeit in mehreren dieser Strukturen so selbstverständlich bewegte? In Gruppen, in denen obendrein überall Quellen der Sicherheitsbehörden platziert waren? Und welche Rolle spielten dabei Bilel Ben Ammar oder Sabou Saidani, die schon ein Jahr vor Amri in diesen Strukturen verkehrten?

Kapitel 20

Die »Eisbär«-Gruppe: Ein Terrorist in einer konspirativen Wohnung des BKA

Die Vorgeschichte des Berliner Terroranschlags führt zu einem Deutschen, dem 1975 in Berlin geborenen Denis Cuspert, der als Rapper mit dem Künstlernamen »Deso Dogg« bekannt wurde. Cuspert konvertierte zum Islam und wurde Islamist. Unter anderem hatte er Kontakt zu dem salafistischen deutschen Prediger Pierre Vogel, dessen Name dezent, aber immer wieder, im weiteren Erzählkreis der Anschlagsgeschichte auftaucht.

Cuspert floh 2012 vor einem Haftbefehl nach Ägypten und ging 2013 nach Syrien. In den arabischen Ländern Nordafrikas und des Nahen Ostens waren die Revolutionen ausgebrochen, gefolgt von Bürgerkriegen, die zum Teil bis heute anhalten. Cuspert kämpfte auf Seiten des Islamischen Staates und wurde 2015 von der UNO auf die internationale Terrorliste gesetzt. Immer wieder wurde sein Tod vermeldet, die letzte Meldung datiert vom Januar 2018 in Syrien. Die Bundesanwaltschaft wählt die Formulierung, Cuspert sei »hochwahrscheinlich verstorben«.

Cusperts Witwe Omeima A. wurde 2020 nach ihrer Rückkehr nach Deutschland unter anderem wegen IS-Mitgliedschaft zu dreieinhalb Jahren Haft verurteilt, im März 2021 wurde das Urteil durch den Bundesgerichtshof bestätigt und rechtskräftig.

Im Oktober 2014 reiste eine siebenköpfige Gruppe von Tunesiern nach Deutschland ein. Unter ihnen Bilel Ben Ammar und Sabou Saidani. Deutsche Sicherheitsorgane stellten bei der Telefonüberwachung einen Kontakt zwischen Saidani und Cuspert fest. Das Bundeskriminalkamt eröffnete deshalb einen sogenannten »Gefahrenabwehr-Vorgang«. Gefahrenabwehr ist nicht zu verwechseln mit Strafverfolgung. In die Maßnahmen eines rechtsstaatlichen Strafverfahrens sind Staatsanwaltschaften und Gerichte einbezogen, Telefonüberwachung, Hausdurchsuchungen oder Festnahmen müssen begründet werden. Gefahrenabwehr dagegen beginnt im vorstrafrechtlichen Bereich und bedeutet vor allem Beobachtung eines »Gefährders«, durchgeführt in Eigenregie von den Staatsschutzabteilungen der Polizei. Der Katalog der polizeilichen Maßnahmen wird aber ständig erweitert und nähert sich den Möglichkeiten in einem Strafverfahren. Die Polizei kann Telefone überwachen, kann Personen zu »Nachrichtenmittlern« erklären, die ebenfalls abgehört werden, obwohl sie nicht verdächtig sind, kann Spitzel einsetzen und kann eine Art Präventivhaft verhängen. Gefahrenabwehr wird tendenziell zu einer Art geheimer Strafverfolgung.

Der Gefahrenabwehrvorgang gegen Cuspert, Saidani und eine Reihe anderer Kontaktpersonen erhielt den Namen »Lacrima« (Italienisch/Lateinisch: Träne). Dabei wurde beispielsweise am 8. Juli 2015 ein Anruf von Saidani bei Cuspert festgestellt. Das war zwei Tage nach der Einreise Amris in Deutschland. Im Herbst 2015 führte der Gefahrenabwehrvorgang »Lacrima« zu einem regulären Ermittlungsverfahren des BKA und der Bundesanwaltschaft gegen Saidani und die anderen beiden Tunesier, Sabri Ben Hadef und Ahmed Jalleb. Alle drei kamen aus demselben Ort in Tunesien wie Anis Amri. Das Verfahren bekam den Namen »Eisbär«, weil es vor allem in Berlin lief. Die »Eisbär«-Gruppe stand im Verdacht, eine schwere staatsgefährdende Gewalttat vorzubereiten, sprich: einen Anschlag. Die Gruppe versuchte aber auch, in Deutschland Personen zu rekrutieren und ins Kriegsgebiet des IS in Syrien und Irak zu schleusen. An diesen Aktionen war auch eine V-Person des LfV Berlin beteiligt: Emanuel K.P. Er ist eine der wenigen staatlichen Quellen im islamistischen Milieu, die unter ihrem Klarnamen bekannt sind.

Emanuel K.P. betreute persönlich einen jungen Mann, für den er den Weg ins IS-Herrschaftsgebiet organisieren wollte. Damit war eine Sicherheitsbehörde durch eine V-Person unmittelbar in die Schleusung von Kämpfern in Richtung IS involviert. Parallel ermittelte das LKA Berlin gegen die Schleuser, auch Emanuel K.P. galt als Tatverdächtiger. Dass er eine staatliche Quelle war, wusste die zuständige Kriminalbeamtin beim LKA nicht. Das erfuhr sie erst viel später durch die Staatsanwaltschaft. Das Verfahren war bei der Generalstaatsanwaltschaft von Berlin als oberster Ermittlungsinstanz angesiedelt und auch dort ganz oben, bei Oberstaatsanwalt und Behörden-Vize Dirk Feuerberg.

In dem Verfahren kam es zu einer Razzia der etwas anderen Art. Bei der Durchsuchung der Wohnung von Emanuel K. P. im September 2015 wurde ausgerechnet sein Laptop von den beschlagnahmten Gegenständen ausgenommen. Die Entscheidung wurde aber nicht von der LKA-Fallführerin getroffen, sondern von ihrer Chefin im LKA. Sie arbeitet inzwischen beim Bundesamt für Verfassungsschutz. Der Laptop wurde erst Wochen später bei einem zweiten Besuch der Polizei sichergestellt. Viel Zeit, um auf dem Gerät Spuren zu verwischen. Emanuel K. P. wurde im Herbst 2015 als V-Person abgeschaltet.

Hinter dem rechtsstaatlich fragwürdigen Verhalten verstecken sich wenig bekannte Richtlinien für die Zusammenarbeit von Polizei, Staatsanwaltschaften und Geheimdiensten (Verfassungsschutz, BND und MAD) in Strafverfahren. Nach diesen Richtlinien, welche die Sicherheitsbehörden im Jahr 1973 untereinander ausgemacht haben, kann der Verfassungsschutz gegenüber der Staatsanwaltschaft geltend machen, dass V-Leute von Ermittlungsmaßnahmen verschont bleiben. Die Staatsanwaltschaft wirkt dann entsprechend auf die Ermittler der Polizei ein. Das Szenario im Fall der V-Person Emanuel K. P. passt genau dazu.

Im Untersuchungsausschuss des Abgeordnetenhauses von Berlin fragte Niklas Schrader (Linkspartei) die Vize-Chefin des LfV Berlin, Katharina Fest, nach diesen Zusammenarbeitsrichtlinien. Fest bestätigte allgemein, dass sie nach wie vor Relevanz haben. Welche konkret, blieb unbeantwortet. Zum Fall Emanuel K. P. sagte sie in öffentlicher Sitzung nichts.

Der war nicht die einzige V-Person in der Gruppierung. Das BKA hatte ebenfalls zwei V-Personen im Umfeld der »Eisbär«-Gruppe um Saidani installiert. Außerdem behandelte es zwei Personen als »Nachrichtenmittler«, die zwar nicht als Mitbeschuldigte geführt wurden, deren Telefon aber abgehört wurde: Bilel Ben Ammar und Saidanis Ehefrau.

Die zentrale Figur der »Eisbär«-Gruppe war Sabou Saidani selbst, als Anti-Terror-Polizist ein Ex-Mitglied des tunesischen Sicherheitsapparats. Dieser Umstand ist einigermaßen mysteriös. Die deutschen

Sicherheitskräfte wollen das gewusst und bei den tunesischen Behörden versucht haben, die Information zu verifizieren – angeblich erfolglos. Ein tunesischer Militärpolizist, der sich als mutmaßlicher Terrorist in Berlin tummelt? Schon das ist irritierend. Doch dann erhielt der Mann vom BKA eine Art besondere »Vorzugsbehandlung«? Nicht nur V-Personen kamen zum Einsatz, zusätzlich wurde Saidani observiert und sein Telefon abgehört. Damit aber immer noch nicht genug. Das BKA brachte Saidani in einer eigenen »konspirativen Wohnung« unter, die sowohl verwanzt als auch rund um die Uhr überwacht war.

Was in dieser kontrollierten Wohnung alles passiert ist, wer dort ein und aus ging, was gesprochen wurde, wissen bisher nur die Staatsschützer des BKA. Damit sind zugleich brisante Fragen aufgeworfen: War Saidani nur Zielperson oder etwa selbst Quelle? Wurde er nur bearbeitet oder gab es eine Kooperation? War die konspirative BKA-Wohnung eine Falle oder ein Schutz? War Saidani ein nomineller Terrorist oder ein deutsch-tunesischer Terroristenaufklärer? Laut Bundesanwaltschaft sollen den deutschen Sicherheitsstellen zur »Eisbär«-Gruppe außerdem Informationen von ausländischen Nachrichtendiensten übermittelt worden sein. Einzelheiten erfuhr man nicht.

Im Rahmen der »Eisbär«-Terrorermittlungen kam es am 8. Dezember 2015 zum Zugriff, Wohnungen wurden durchsucht, die Beschuldigten festgenommen. Das Ergebnis war negativ: Keine Erkenntnisse, die Vorwürfe hätten sich nicht bestätigt, der Tatverdacht nicht erhärtet. Bei den Vernehmungen soll einer der drei, Sabri Ben Hadef, zu seinen Vernehmern den Satz gesagt haben: »Stellen Sie mich ein, geben Sie mir Geld, und ich arbeite für Sie. Dann kann ich Ihnen die Informationen geben.« War das eine ernsthafte Selbstanbietung zur Kooperation? Wusste der Beschuldigte, dass die Behörden mit V-Leuten arbeiteten, und sah darin eine Chance, einem Verfahren zu entgehen? War das etwa originärer Bestandteil der »Beziehung« zwischen Islamisten und Strafverfolgern?

Das Ermittlungsverfahren »Eisbär« wurde im Juni 2016 eingestellt. Der Hauptverdächtige Saidani wurde, obwohl weiterhin ein Haftbefehl gegen ihn existierte, bereits im Februar 2016 abgeschoben. Eine frühe Parallele zum Fall Ben Ammar. Dieser war seinerseits aus dem »Eisbär«-Verfahren wieder herausgenommen worden, doch gleichzeitig wurde gegen ihn im November 2015 ein Parallelverfahren eingeleitet unter dem Vorwurf der Planung einer schweren staatsgefährdenden Gewalttat, sprich: wegen Terrorverdachts. Hier Verschonung, dort Verfolgung. Ein seltsames Splitting, das exakt in der gleichen Weise bezüglich Amri und der DIK- Gruppe praktiziert wurde.

Geführt wurde das Verfahren gegen Ben Ammar im Gegensatz zum »Eisbär«-Verfahren aber nicht von der Bundesanwaltschaft und dem BKA, sondern von der Generalstaatsanwaltschaft Berlin und dem LKA. Die zuständige Oberstaatsanwältin Eva-Maria Tombrink sagte als Zeugin im Bundestag, Ben Ammar sei »IS-nah und durchaus gefährlich« gewesen. Laut Oberstaatsanwalt Simon Henrichs von der Bundesanwaltschaft dagegen hätten die Erkenntnisse gegen den Beschuldigten für ein Verfahren nicht ausgereicht. Dass der Verdächtige obendrein Mitglied der Terrororganisation Ansar al-Sharia war, wussten die deutschen Sicherheitsbehörden spätestens ab Mitte Januar 2017, also noch vor seiner Abschiebung am 1. Februar.

Und dann gab es im Fall Ben Ammar noch die seltsame Lieferaktion von Ende November 2015. Das LKA hatte Hinweise auf einen ankommenden »Transport« mit Sprengstoff. Durchsuchungen erwiesen sich als Fehlschlag, der Terrorverdacht bestätigte sich nicht. Der Kurier der vermeintlich brisanten Lieferung war, wie bereits erörtert, Kamel A., bei dem Anis Amri im Dezember 2016 wohnte und dessen DNA an der Tatpistole sichergestellt wurde. Die Lieferung, die sich als Lebensmittel herausstellte, hatte er im Auftrag von Ben Ammars Vater nach Berlin gebracht.

Die gescheiterte Aktion hat wiederholt die Untersuchungsausschüsse im Abgeordnetenhaus von Berlin und im Deutschen Bundestag beschäftigt. Eine schlüssige Erklärung fanden sie bisher nicht. Sollten damit zugleich alle bisherigen Erkenntnisse zu Ben Ammar falsch gewesen sein? War der Staatsschutz nur falsch informiert, oder verbarg sich etwas anderes dahinter?

Die Information über die angebliche Sprengstofflieferung kam vom BKA. Anzunehmen ist, dass die Ursprungsquelle eine V-Person war. Ein LKA-Verantwortlicher sagte vor dem Untersuchungsausschuss den hintersinnigen Satz, die Aktion sei ja gar nicht gescheitert, schließlich habe man durch sie Klarheit bekommen. Man hätte gerne gewusst, wie er das meinte. Ein Nachfragen seitens der Parlamentarier gab es aber nicht. Das Verfahren gegen Ben Ammar wurde nach der nämlichen Polizeiaktion, ob gescheitert oder gelungen, jedenfalls eingestellt. Auch Kamel A. blieb unbehelligt. Doch trotz des Fehlschlags wenige Tage zuvor wurde Ben Ammar am 6. Dezember 2015, zwei Tage vor dem geplanten Zugriff auf die »Eisbär«-Gruppe, erneut vom LKA Berlin aufgesucht, als sich Amri gerade bei ihm aufhielt. Es kam zu einer kurzzeitigen Festnahme und Befragung. Mit der Aktion platzte das LKA mitten in die gerade begonnenen Abhörmaßnahmen gegen Ben Ammar und seine Funktion als »Nachrichtenmittler« in der »Eisbär«-Gruppe. Letztere war damit zerstört und wertlos geworden. Der Besuch hatte zugleich die Wirkung einer Warnung. Ben Ammar, Amri und das Umfeld mit Saidani wussten nun, dass die Polizei sie verfolgte. Die für den 8. Dezember 2015 vorgesehenen Durchsuchungen bei Saidani und seinen Komplizen wurden dadurch torpediert. Dass sie erfolglos blieben, kann insofern nicht überraschen. Doch auch hier stellt sich wieder die Frage: Handelte es sich um eine stümperhafte Panne der Polizei, oder war eine bestimmte Absicht mit diesem Vorgehen verbunden? Sollte die Erfolglosigkeit das Ergebnis sein?

Von einer allgemeinen polizeitaktischen Perspektive aus betrachtet, ergibt sich folgendes widersprüchliche Bild: Weil die Sicherheitsorgane ernste Hinweise auf Anschlagspläne gehabt haben wollen, wurden verschiedene Personen über einen langen Zeitraum hinweg beobachtet, bearbeitet, mit Maßnahmen überzogen und strafverfolgt. Dabei kam nahezu das komplette Instrumentarium zum Einsatz: Telefonüberwachung, Wohnraumüberwachung, Observationen, Einsatz des Ortungssystems IMSI-Catcher, Einsatz von menschlichen Quellen und V-Personen, Einsatz von konspirativen Wohnungen, Wohnungsdurchsuchungen und Razzien, Einleitung von Strafverfahren, Abschiebungen – das ganze Besteck.

Der große Widerspruch ist nun der: Obwohl reale Gefahren gesehen wurden und obwohl alle Mittel eingesetzt wurden, sollen sich sämtliche Verdachtsmomente auf mögliche Gewalttaten zerschlagen und nicht erhärtet haben. Verfahren wurden wieder eingestellt, Verdächtige blieben auf freiem Fuß, Überwachungsmaßnahmen wurden beendet. Nichts. Doch dann tritt das Ereignis, mit dem man anfangs gerechnet, es dann aber wieder verworfen hatte, tatsächlich ein. Es kommt zum größten einzelnen Terroranschlag in der Geschichte der Bundesrepublik seit dem Oktoberfestattentat 1980. Und dann folgt die nächste Kehrwende und die Verantwortlichen im Sicherheitsapparat ändern erneut ihr Verhalten. Sie lassen mit Bilel Ben Ammar, den man schon vor Jahren als Terrorverdächtigen auf dem Schirm hatte und der nun als Mittäter in Betracht kommt, entkommen. Er wird aus dem laufenden Ermittlungsverfahren heraus, trotz Haftbefehl und vorbereiteter Anklage bei einem anderen Delikt nach Tunesien abgeschoben. Diese Widersprüche können Ermittler, Strafverfolger, aber auch politisch Verantwortliche bis heute nicht erklären. Trotzdem halten sie so energisch wie substanzlos an ihrer Tat- und Täterversion vom Einzelgänger Anis Amri fest.

Welche Rolle nimmt Sabou Saidani, der nominelle Dschihadist, zugleich ehemaliger tunesischer Anti-Terror-Polizist, den das BKA konspirativ in einer von ihm betreuten Wohnung unterbrachte, im Gesamtgeschehen ein? Trotz Haftbefehls und obwohl er als Hauptverdächtiger galt, wurde auch Saidani abgeschoben. Geschah das aufgrund diplomatischer Kooperationen mit Tunesien, sollten vielleicht staatliche Verwicklungen vermieden werden?

Zum Gefahrenabwehrvorgang »Lacrima« und dem Ermittlungsverfahren »Eisbär«, betrieben durch Polizei und Strafverfolger, gibt es einen spiegelbildlichen Vorgang auf Seiten des Bundesamtes für Verfassungsschutz. Er umfasst dieselben Personen, Denis Cuspert, Sabou Saidani, Bilel Ben Ammar, und trägt – mutmaßlich – den Vorgangsnamen »Siena«. Darauf sind mehrere Mitglieder des Untersuchungsausschusses im Bundestag im Verlauf ihrer Arbeit gestoßen. Eine Bestätigung seitens des Verfassungsschutzes gab es nie, bis kurz vor Ende der Parlamentsperiode: Mitte Mai 2021 legte das BfV auf einmal Akten vor, die genau diesen Vorgang betreffen sollen. Konkrete Inhalte wurden bisher nicht bekannt.

Der Fall Saidani ist nicht aufgeklärt. Ebenso wie der Fall Abu Walaa und das Netzwerk um die DIK-Moschee in Hildesheim. Auch dort bewegte sich Anis Amri innerhalb kürzester Zeit und mit verblüffender Selbstverständlichkeit. Und Ben Ammar, so der Chef der EK »Ventum«, die gegen Abu Walaa und Co. ermittelte, soll die »Schnittstelle« zwischen den beiden Verfahren gewesen sein.

Kapitel 21

Der IS in Deutschland? Abu Walaa und der Deutschsprachige Islamkreis

Am 24. Februar 2021 ging in Celle ein Prozess zu Ende, der auch mit dem Anschlag vom Berliner Breitscheidplatz zu tun hatte. Der Staatsschutzsenat des dortigen Oberlandesgerichts verkündete an diesem Tag seine Urteile gegen vier Männer, die wegen Unterstützung der terroristischen Vereinigung »Islamischer Staat« angeklagt waren. Ahmad Abdulaziz Abdullah Abdullah, besser bekannt als »Abu Walaa«, bekam zehneinhalb Jahre Gefängnis, Boban Simeonovic acht Jahre, Hasan Celenk sechseinhalb Jahre und Mahmoud Omeirat vier Jahre und zwei Wochen, die am Tag des Urteils mit der U-Haft abgegolten waren. Ahmed Fifen Youssouf, der ursprünglich fünfte Angeklagte, hatte ein Geständnis abgelegt und wurde im April 2020 zu drei Jahren und drei Monaten Haft verurteilt, die durch die Untersuchungshaft verbüßt waren. Begonnen hatte die Hauptverhandlung in Celle im September 2017. Im November 2016 waren die fünf Angeklagten verhaftet worden. Sie bildeten den aktiven Kern des Deutschsprachigen Islamkreises in Hildesheim und der gleichnamigen Moschee in der niedersächsischen Stadt.

Als die Urteile in Celle fielen, war der IS bereits aus den meisten Gebieten im Irak und in Syrien vertrieben worden. In seiner Hochphase wurden über das DIK-Netzwerk Freiwillige für den Kriegseinsatz im IS-Gebiet angeworben und in den Nahen Osten geschleust. Darunter auch deutsche Konvertiten wie die Brüder Marc und Kevin K. Wie viele Schleusungsaktionen ins Kriegsgebiet insgesamt tatsächlich durchgeführt wurden, ist aber nicht ganz klar. Man geht von einer Anzahl zwischen zehn und zwanzig Personen aus. Gemessen daran, dass mehrere Hundert Personen aus Deutschland zum IS gereist sein sollen, scheint der Hildesheimer Anteil fast marginal. Neben der Rekrutierung von Kämpfern soll es aber auch Schnittstellen zur Organisierten Kriminalität gegeben haben: Waffenhandel, Passfälschungen, Einbruchdiebstähle.

Kopf der Gruppierung war der 37-jährige, aus dem Irak stammende Prediger und Agitator Abu Walaa. Er soll entschieden haben, wer ins Kriegsgebiet reiste und welche Aktionen stattfinden sollten. In den Medien wurde er als »Statthalter des IS in Deutschland« bezeichnet. Boban Simeonovic, Deutscher mit serbischen Wurzeln, unterhielt in Dortmund eine sogenannte »Madrasa« (Religionsschule) in seiner Wohnung. Hasan Celenk führte eine ähnliche Schule in Duisburg. Ahmed Fifen Youssouf soll die rechte Hand von Abu Walaa gewesen sein, Mahmoud Omeirat der Mann fürs Grobe.

Die DIK-Moschee in Hildesheim war neben der Fussilet-Moschee in Berlin eine der zentralen Anlaufstellen gewaltbereiter Islamisten. Das DIK-Netzwerk wurde vom Landeskriminalamt Nordrhein-Westfalen in der Ermittlungskommission »Ventum« bearbeitet. Da es ein Staatsschutzverfahren war, lag die Federführung bei der Bundesanwaltschaft. Neben diesen beiden Stellen waren weitere bundesdeutsche Sicherheitsbehörden mit dem Hotspot befasst: die Landeskriminalämter in Niedersachsen und Berlin, das Bundesamt für Verfassungsschutz sowie die Landesverfassungsschutzämter in NRW, Niedersachsen und Berlin und last but not least auch das BKA.

Der im Sommer 2015 in Deutschland angekommene Tunesier Anis Amri bewegte sich bereits kurze Zeit später auch in diesen Strukturen. Er tauchte in Hildesheim auf, in Duisburg, in Dortmund. Er war Teilnehmer des sogenannten »Weihnachtsseminars« am 24. Dezember 2015 in der Hildesheimer Moschee. Zwischen ihm und Abu Walaa soll es mehrere Vier-Augen-Gespräche gegeben haben. Von Kriminalbeamten der EK »Ventum« wird Amri heute als einer der Radikalsten in der Gruppierung beschrieben, von dem eine »hohe abstrakte Gefahr« ausgegangen sei. Der Leiter der Kommission, Rasmus M., sagte vor dem Untersuchungsausschuss des Bundestags: »So etwas wie Amri hatten wir noch nicht.« Dieser habe geradezu zielstrebig Leute um sich geschart und sei alles andere als ein »Lone Wolf« gewesen. Ein LKA-Kollege äußerte sich ähnlich: »Amri hatte schon eine besondere Rolle, besonders in der Schlagzahl.« Dennoch zählte Amri merkwürdigerweise nie zu den Beschuldigten. Das lag vor allem an der Bundesanwaltschaft, die einen Anfangsverdacht gegenüber Amri verneinte. Die Ermittler benutzten ihn stattdessen als sogenannten »Nachrichtenmittler«, dessen Telefon abgehört wurde, eine Art technische Quelle. Das ist eine Parallele zu Bilel Ben Ammar, der in der »Eisbär«-Gruppe um Sabou Saidani ebenfalls lediglich als »Nachrichtenmittler« und nicht als Beschuldigter behandelt wurde.

Im Abu-Walaa-DIK-Komplex wimmelte es nur so von staatlichen Spitzeln verschiedener Sicherheitsbehörden. Insgesamt konnte man mindestens zehn entsprechende Personen registrieren. Gleich vier V-Personen arbeiteten verdeckt für das LKA von Nordrhein-Westfalen und die EK »Ventum«. Hinzu kam ein hauptamtlicher verdeckter Ermittler (VE). Eine weitere V-Person wurde vom LKA Berlin geführt.

Die erste V-Person, die das LKA Nordrhein-Westfalen im DIK-Umfeld einsetzte, erhielt die Abkürzung »VP 01«. Der Mann mit dem Decknamen »Murat Cem« arbeitete bereits seit Jahren inoffiziell für die Polizei, allerdings nicht im Bereich Islamismus, sondern der Organisierten Kriminalität. Für die neue Aufgabe wurde er zusammen mit seinen insgesamt drei VP-Führern abgeordnet. In der Sicherheitsnomenklatur sind sie als VPF 1, VPF 2 und VPF 3 abgekürzt.

Die VP 01 berichtete ihren VP-Führern etwa dreimal wöchentlich über ihren Einsatz. Sie soll Amri als »brandgefährlich« beschrieben haben, der fest entschlossen sei, einen Anschlag zu begehen. Das Verhältnis der beiden war eng. »Murat« chauffierte Amri unter anderem nach Berlin, begleitete ihn zum Sozialamt in Oberhausen und kaufte mit ihm ein Handy.

Eine der V-Personen soll bereits einmal für das hessische LKA gearbeitet haben, eine andere zusätzlich für belgische Behörden. Der verdeckte Ermittler sollte ein Ladengeschäft anmieten, über das Ausschleusungen organisiert werden sollten, eine der V-Personen sollte ihn absichern.

Das Bundesamt für Verfassungsschutz (BfV) war mit drei V-Personen im Hildesheimer Kreis vertreten. Durch sie war Amri ebenfalls miterfasst, zumal das Kölner Amt eine eigene Akte zu dem Tunesier führte. Welche Erkenntnisse die Spitzel über ihn lieferten, ist bisher geheim. Hans-Georg Maaßen, bis 2018 Präsident des BfV, räumte vor dem Untersuchungsausschuss des Bundestags ein, dass »Hildesheim« für sein Amt ein wichtiger Fall gewesen sei. Er konnte aber nicht erklären, warum beispielsweise der DIK-Aktivist Boban Simeonovic, mit dem Amri intensiven Kontakt hatte, ein Beobachtungsfall für das BfV war, Amri aber nicht. Amri hatte einen Schlüssel zur Wohnung von Simeonovic in Dortmund und übernachtete bei ihm.

Ein weiterer Akteur, der sich im Kreis der DIK-Moschee bewegte, stand ebenfalls in konspirativen Diensten, verfolgte aber eine etwas andere Agenda: Der Deutsche Alexander B. arbeitete für den jordanischen Geheimdienst.

Der wichtigste Informant in der Abu-Walaa-Gruppe war die VP 01 »Murat«. Er gab sich selber radikal und erklärte sich zu Anschlägen bereit – genau wie Amri. Das Auftreten war mit den Führungsbeamten der EK Ventum abgesprochen. War die VP 01 also ein staatlicher Einflussagent, der zu Reaktionen provozieren sollte, um auf diese Weise echte Anschlagswillige zu identifizieren? Doch wenn man die Hintergründe nicht kennt, wodurch hätte sich dann der gewaltbereite Amri vom gewaltbereiten »Murat« unterschieden?

Über die Rolle aller anderen Spitzel und ihr Wissen, beispielsweise auch zu Amri, konnte man bisher seltsamerweise nichts erfahren. Dass sie alle keine Erkenntnisse gehabt haben sollen, ist schwer vorstellbar. Die eklatante Unwissenheit gilt auch umgekehrt: Welche Informationen durch die Abschöpfung des »Nachrichtenmittlers« Amri in dem Kreis gewonnen wurden, wissen ebenfalls allein die Behörden. Im Prozess in Celle spielten sie offensichtlich keine besondere Rolle.

Im Sommer 2016 traten die Ermittler gegenüber der Abu-Walaa-Gruppierung in die sogenannte »offene Phase« der Strafverfolgung. Im Juli 2016 kam es zu Durchsuchungen und ersten Festnahmen und am 8. November 2016 schließlich zur Verhaftung von Abu Walaa, Simeonovic, Celenk, Omeirat sowie Youssouf. Eine Woche später, am 15. November, fanden in ganz Deutschland Razzien in über 200 Objekten, Moscheen und Wohnungen statt. In Berlin gab es Durchsuchungen in der Fussilet-Moschee und bei deren Aktivisten, darunter auch Soufiane Amri. Dieser hatte direkten Kontakt zu Abu Walaa, zu Denis Cuspert und zu Pierre Vogel. Die Aktivisten blieben aber auf freiem Fuß, die Fussilet-Moschee blieb offen. Auch die DIK-Moschee in Hildesheim wurde erst nach dem Anschlag im März 2017 behördlich geschlossen und der Moscheeverein verboten.

Anis Amri war nicht von den Polizeimaßnahmen betroffen. Im Gegenteil: Bereits Anfang Juni 2016 war er aus der Bearbeitung durch die EK »Ventum« herausgenommen worden. Auf seine Funktion als belauschter »Nachrichtenmittler« im Abu-Walaa-Kreis wurde wieder verzichtet. Warum? Weil sie verzichtbar war? Weil der Zugriff auf Abu Walaa und Co. vorbereitet wurde? Amri soll, so die offizielle Erklärung, innerhalb des nordrhein-westfälischen LKA in eine andere Ermittlungskommission verlagert worden sein, die den Namen »Eiba« trug. In der EK »Eiba« wurden zwei islamistische Brüder bearbeitet. Der Kommissionsname war ein Kofferwort aus ihrem Wohnsitz (Eifel) und der ersten Silbe ihres Familiennamens (»Ba«). Was wollte das LKA mit Amri in dieser Kommission? Dazu gibt es widersprüchliche Angaben. Amri habe in der EK »Eiba« keine Rolle gespielt und sei dort nur »geparkt« worden, heißt es einmal. Ein anderes Mal wird erklärt, Amri und seine Gefährlichkeit seien dort durchaus im Fokus gestanden. Was mit dem »Gefährder« in der Folge tatsächlich geschah, ob er weiter bearbeitet wurde oder nicht, ist unklar. Die Brüder aus dem EV »Eiba« wurden Anfang 2017, nach dem Anschlag, festgenommen und im Januar 2019 vom Oberlandesgericht Düsseldorf zu Haftstrafen verurteilt. Auch in dieser Dschihadistengruppe gab es einen Spitzel, ein V-Mann, der unter dem Aliasnamen »Heino« für den Verfassungsschutz von Nordrhein-Westfalen arbeitete. Die Akten zum Fall »Eiba« hat kein Untersuchungsausschuss angefordert.

Nach der Herausnahme von Amri aus dem Abu Walaa-Kreis wurde auch die VP 01 »Murat Cem« abgezogen und im Sommer 2016 abgeschaltet. Seit August 2016 befindet sie sich im Zeugenschutz. Sie sollte in der Szene nicht mit den vorbereiteten Polizeimaßnahmen in Verbindung gebracht werden können. Das geschah dann aber doch, weil die Maßnahmen auf Quellen-Informationen gestützt werden mussten. Und im Staatsschutzprozess in Celle, der im September 2017 begann, war »Murat« der wichtigste Zeuge der Anklage. Das Gericht konnte ihn aber nicht persönlich vernehmen. Das Innenministerium in Düsseldorf hält seine Identität und Wohnadresse geheim. Die Richter mussten sich mit den Führungsbeamten der VP zufriedengeben.

Im Frühjahr 2020 war die Hauptverhandlung am Austrudeln, die letzten Zeugen schienen vernommen, die Plädoyers standen bevor, als ein unvorhergesehenes Ereignis den Fahrplan des Gerichts noch einmal veränderte. »Murat Cem« veröffentlichte zusammen mit drei Spiegel-Journalisten ein Buch über sein Leben, mit dem Titel: *Undercover. Ein V-Mann packt aus*. Das Buch lieferte eine Vielzahl von Details über die inzwischen 44-jährige Ex-V-Person, sodass einer der Verteidiger im Prozess sie als enttarnt sah. Es soll sich um Muhamet D. aus Wülfrath handeln. Der Anwalt beantragte daraufhin, ihn als Zeugen zu laden. Das Gericht gab dem Antrag statt. Doch was dann folgte, lässt sich nur als »kafkaesk« beschreiben. Ein halbes Dutzend Mal versuchte das Gericht, den Zeugen zu kontaktieren. Schreiben kamen zurück oder wurden nicht beantwortet. Muhamet D. wurde schließlich für den 16. September 2020, 9:15 Uhr, vor das OLG in Celle geladen, aber er erschien nicht. Kurz vor Sitzungsbeginn hatte das Innenministerium Nordrhein-Westfalen per Fax an das Gericht noch einmal seine Sperrerklärung bezüglich der Vernehmung des Zeugen erneuert. Die Justiz musste sich der Exekutive beugen. Das Gericht kann auch keine Zwangsmittel gegen den ferngebliebenen Zeugen verhängen, weil es nicht weiß, wo er sich aufhält. Der Fall zeigt zugleich, wie fragwürdig der Einsatz von V-Leuten ist. Denn selbst wenn sie dazu beitragen, Beschuldigte zu überführen und anzuklagen, heißt das noch nicht, dass sie auch als Zeugen vor Gericht auftreten können. Ihr Beitrag bleibt dadurch oftmals wertlos.

Im September 2020 trat vor dem Untersuchungsausschuss des Bundestags ein Vertreter des BfV auf und machte eine überraschende Aussage, die nicht so richtig zum bekannten Bild der DIK-Moschee und ihrer Führungsfigur passt. Der Zeuge mit dem Aliasnamen »Christoph Hammerstein«, der im Referat 6D2 für die Beobachtung radikal-islamistischer Bestrebungen tätig ist, spielte die Bedeutung Abu Walaas herunter. Dieser habe in der Hildesheimer Gruppierung zwar das Sagen gehabt, man könne ihn aber nicht ohne Weiteres als den »Statthalter des IS in Deutschland« bezeichnen. Das sei ein Begriff aus der Presse und nicht der Sicherheitsbehörden. Abu Walaa sei dadurch »überhöht« worden, das BfV besitze keine verlässlichen Informationen über ihn und seine mögliche Rolle im IS oder über Schnittstellen zwischen der DIK-Moschee und dem IS. Und auch was die Finanzierung der Gruppierung angehe, habe man nie größere Finanzierungswege beispielsweise aus dem Ausland aufklären können. Eine solche Fremdfinanzierung sei auch gar nicht notwendig gewesen, weil sich die DIK-

Moschee gut durch Spenden habe finanzieren können. So also die Bewertung des Verfassungsschutzes. Ist der Deutschsprachige Islamkreis überbewertet? Abu Walaa ein Papiertiger? Oder eine Schachfigur? Aber in was für einem Spiel?

Kapitel 22

»Von ganz oben«: Die VP 01 und der Konflikt mit dem BKA

Deutscher Bundestag, 14. November 2019: Was sich an diesem Tag im Untersuchungsausschuss ereignet, ist ein Donnerschlag, der die Perspektive auf den Amri-Komplex verändert. Seither muss man davon ausgehen, dass er nach »ganz oben« im Sicherheitsapparat führt. Zugleich ist in der Folge die Lüge ganz offiziell in den Fall eingezogen und hat vor allem die Glaubwürdigkeit des BKA nachhaltig erschüttert. Nichts ist, wie es scheint.

Der Saal 4900 des Paul-Löbe-Hauses, wo der Ausschuss regelmäßig tagte, war wie oft gut besucht, als Rasmus M., der Leiter der EK »Ventum«, am Nachmittag als Zeuge erschien. Es ging um die VP 01 »Murat Cem«. Der Polizeibeamte im Range eines Kriminalhauptkommissars trug knapp eine Stunde lang die Geschichte dieser V-Person und der bis dahin nicht bekannten Auseinandersetzung um sie vor. Alles gipfelte in der Aussage, BKA und Bundesinnenministerium hätten massiv Druck auf das LKA ausgeübt, die VP 01 aus dem islamistischen Bereich abzuziehen.

Ab November 2015 hatte »Murat«, den die EK »Ventum« im Kreis um Abu Walaa einsetzte, auch über Anis Amri und dessen geäußerte Anschlagsabsichten berichtet. Das BKA formulierte allerdings Zweifel an der Glaubhaftigkeit der Anschlagsplanung des Tunesiers, so wie sie der Polizeiinformant mitgeteilt hatte, und stellte in Frage, dass Amri seine Pläne diesem überhaupt anvertraut habe. Das LKA hielt seine Quelle dagegen unverändert für »absolut glaubwürdig«, sie sei über zehn Jahre lang in »herausragender Funktion und Qualität« für die Polizei tätig gewesen. Auch die Bundesanwaltschaft, die den Einsatz der VP 01 abgesegnet hatte, teilte diese Einschätzung. Die V-Person berichtete häufig über ihren Einsatz, was manchen Beobachter nicht an eine einfache private Informantentätigkeit denken lässt, sondern eher an eine hauptamtliche Beschäftigung wie die eines »verdeckten Ermittlers«, nur eben nicht verbeamtet. Bekannt ist, dass »Murat« im Einsatz auch Straftaten begangen hat, wie den Ankauf von Drogen. Die Kritik des BKA an ihm bezog sich darauf aber nicht.

Umgekehrt kam es wiederholt vor, dass Amri »Murat« verdächtigte, ein Spitzel der Polizei zu sein. Das LKA wollte daraufhin seine V-Person von dem Verdächtigen abziehen. Die jedoch bestand darauf, an Amris Seite bleiben und ihn weiter aushorchen zu dürfen, weil der Tunesier gefährlich zu sein schien. Das Düsseldorfer LKA musste die Glaubwürdigkeit seiner V-Person immer öfter gegenüber dem BKA, aber auch den Landeskriminalämtern von Berlin und Niedersachsen verteidigen. Es erschien wie ein indirektes Zusammenspiel von Amri und BKA gegen die VP 01.

Die Differenzen um den Spitzel begannen bereits Ende 2015 und spitzten sich 2016 zu. Am 17. Februar 2016 stufte das LKA Amri als »Gefährder« ein. Er war im kurzen Monat Februar nicht weniger als fünfmal Thema im Gemeinsamen Terrorismus-Abwehrzentrum (GTAZ), wo sich etwa vierzig Sicherheitsbehörden, Kriminal- und Verfassungsschutzämter, mit gewaltbereiten Islamisten befassen. Die Bundesanwaltschaft befürchtete, dass die so grundlegende wie endlose Kritik des BKA an der VP 01 das gesamte Abu-Walaa-Verfahren, das hohe Priorität genoss, gefährden könnte. Die Informationen, welche die V-Person lieferte, wären möglicherweise nicht mehr gerichtsfest gewesen und die Ermittlungsrichter am Bundesgerichtshof hätten Überwachungsanträge der BAW womöglich ablehnen können. Deshalb kam es am 23. Februar 2016 zur Krisensitzung in Karlsruhe. Die oberste Strafverfolgungsbehörde der Bundesrepublik war dabei selbst mit vier Leuten vertreten, hinzu kamen zwei Vertreter des Bundeskriminalamtes aus der Abteilung Staatsschutz, zwei Vertreter des LKA Niedersachsen, zwei Vertreter des LKA NRW, darunter EK »Ventum«-Leiter Rasmus M., sowie zwei VP-Führer der VP 01 »Murat« – insgesamt zwölf Personen. Bei der Besprechung ging es um die Einschätzungen Amris durch die VP 01 sowie um deren Glaubwürdigkeit. Die Sitzung verlief konfrontativ und hitzig. Rasmus M.s Schilderung vor dem Ausschuss wurde in den Wochen danach durch mehrere Zeugen bestätigt.

Von Seiten des BKA wurde bei dem Treffen in Karlsruhe die Ansicht vertreten, die VP 01 mache zu viel Arbeit. Erst als die beiden VP-Führer erklärten, zum Auftrag »Murats« habe es gehört, sich als Anschlagswilligen zu präsentieren und zu Anschlägen aufzurufen, lenkte das BKA ein und erkannte die Rolle der V-Person und deren möglichen Erkenntnisgewinn an, allerdings eher widerwillig als überzeugt, wie ein BKA-interner E-Mail-Verkehr von Philipp K., einem der beiden BKA-Vertreter, in der Versammlung am Tag danach zeigt. Das LKA in Nordrhein-Westfalen wird darin in ziemlich derbem Tonfall unter anderem der »Frechheit« und »Unprofessionalität« bezichtigt, die Besprechung beim Generalbundesanwalt wird als »Trostlosigkeit« bezeichnet, die gezeigt habe, dass der Konflikt »nichts mehr mit divergierenden Bewertungen zu tun hat, sondern an Lügen grenzt«. An anderer Stelle heißt es: »Was erwartet der [gemeint ist Rasmus M., Anm. des Autors] denn? Wir haben uns beim GBA [Generalbundesanwalt, Anm. des Autors] gerade nicht auf eine Neubewertung geeinigt, sondern nur auf ein Schlupfloch für die Quelle. Und nur das werden sie bekommen.« Schreibt jemand so, wenn alles nur ein Missverständnis gewesen sein soll? Oder belegt das nicht vielmehr, dass die Kritik des BKA etwas Grundsätzliches hatte?

Am Ende der Krisensitzung, so Rasmus M., soll ihn jener BKA-Wortführer Philipp K. beiseitegenommen und unter vier Augen erklärt haben, warum er so aufgetreten sei. Die Abqualifizierung der Quelle VP 01 sei auf Anweisung von »ganz oben« erfolgt. Die VP 01 solle »kaputt geschrieben« und »aus dem Spiel genommen werden.« Auf Nachfrage des LKA-Manns, was mit »ganz oben« gemeint sei, habe der BKA-Kollege geantwortet: »Von Kurenbach und dem Innenminister«. Letzterer hieß damals Thomas de Maizière. Sven Kurenbach wiederum ist im BKA ein ranghoher Kriminaldirektor im Bereich Staatsschutz. Er ist mit dem Breitscheidplatz-Verfahren betraut und seit November 2019 Leiter der neuen BKA-Abteilung »Islamistisch motivierter Terrorismus und Extremismus«. Als sich einmal die politische Führung aus dem Bundesinnenministerium mit Anschlagsopfern traf, war auch Kurenbach dabei und sprach zu ihnen.

Im Untersuchungsausschuss berichtete Rasmus M. an jenem 14. November 2019 weiter: Da er und Philipp K. sich seit langem kannten, habe er bei dem Vier-Augen-Gespräch den Eindruck gehabt, der

Kollege müsse sich ihm erklären. Er kam ihm wie das Sprachrohr von jemand anderem vor und zweifle überhaupt nicht an seinen Worten. Über das Gespräch, das ihn konsterniert und geschockt habe, habe er anschließend unter anderem seinen mitanwesenden Dezernatsleiter W. sowie Oberstaatsanwalt Dieter Killmer informiert und telefonisch auch Horst Salzmann, den für das Breitscheidplatz-Verfahren verantwortlichen Bundesanwalt. Alle seien ähnlich betroffen gewesen wie er selbst.

Während des Vortrags von Rasmus M. war es im Sitzungssaal spürbar ruhig geworden. Es habe wenige Momente im Untersuchungsausschuss gegeben, wo man sprachlos geworden sei, sagte der FDP-Abgeordnete Benjamin Strasser zu dem Zeugen: »Sie haben heute für einen gesorgt.« Er sei wie »vor den Kopf geschlagen«, befand der SPD-Abgeordnete Fritz Felgentreu, und die Grünen-Abgeordnete Irene Mihalic meinte: »Das war die bemerkenswerteste Aussage, die wir bisher gehört haben.«

In einer Sitzungspause zog sich der Zeuge nicht, wie allgemein üblich, ins Zeugenzimmer zurück, sondern stand Zuhörern und anwesenden Opfern auf dem Flur Rede und Antwort. Die Sache bedrücke ihn schon lange, sagte er. Er habe sie nun öffentlich geschildert, weil die Opfer des Anschlags ein Recht auf die Wahrheit hätten. Eine Erklärung für das Verhalten von BKA und Bundesinnenministerium gegenüber der VP 01 hatte er nicht: So etwas sei noch nie vorgekommen, zumal »Murat« ihre beste Quelle gewesen sei, die am tiefsten in die Szene eingestiegen sei. Es habe keinen Anhaltspunkt gegeben, dass sie etwas erfunden habe. Ausschussmitglied Mihalic sah nur zwei mögliche Motive für die Angriffe auf die VP 01: Entweder das BKA wusste etwas über die Quelle, was das LKA nicht wusste und was ihre Glaubwürdigkeit erschütterte, oder es sollte nicht an Amri herangetreten werden.

Das Bundesinnenministerium reagierte auf die Aussage des Düsseldorfer Kriminalbeamten vor dem Untersuchungsausschuss unkontrolliert schnell. Noch am Abend dieses 14. November telefonierte Ministerialrat Jens Koch, der Leiter der Abteilung Öffentliche Sicherheit im BMI, mit BKA-Mann Philipp K. und wollte wissen, was es mit der Sache auf sich habe. Koch war im Oktober 2019 selbst als Zeuge vor den Untersuchungsausschuss geladen, weil er maßgeblich an der Abschiebung von Bilel Ben Ammar beteiligt war.

Am nächsten Morgen kam es im Innenministerium und im Bundeskriminalamt zu größeren Dienstbesprechungen, die gegenseitig zugeschaltet waren. Das Ergebnis: BMI und BKA würden gegenüber der Öffentlichkeit »hart dementieren«, an den Vorwürfen sei nichts dran. Ministerialdirigent Stefan Kaller ließ eine entsprechende Presseerklärung vorbereiten und legte sie Thomas de Maizère vor. Dieser war einverstanden und erklärte im Übrigen später vor dem Untersuchungsausschuss noch persönlich, keine der im Raum stehenden Entscheidung getroffen zu haben, die VP 01 aus dem Spiel zu nehmen.

Die Presseerklärung des BMI wurde in der Bundespressekonferenz am 15. November 2019 um etwa zwölf Uhr mittags vorgetragen. Der Sprecher des Ministeriums, Steve Alter, erwähnte dabei eine dienstliche Erklärung des betreffenden BKA-Beamten, wonach es ein solches Vier-Augen-Gespräch, wie tags zuvor im Bundestag behauptet, nie gegeben hätte. Weiter sagte er, dass der »Untersuchungsausschuss bereits über diese Erklärung informiert« wurde. Eine dienstliche Erklärung von Philipp K. mit dem nämlichen Inhalt lag zu diesem Zeitpunkt aber noch nicht vor. Nach dem Gang an die Öffentlichkeit durch den BMI-Sprecher blieb Philipp K. keine andere Wahl, und er gab die dienstliche Erklärung wie gewünscht und wie bereits verkündet ab. Erst am frühen Nachmittag des 15. November reichte das Seehofer-Ministerium diese Erklärung im Sekretariat des Untersuchungsausschusses ein. Das Manöver sollte Folgen haben, wie sich wenige Wochen darauf zeigte. Als Philipp K. als Zeuge in den Ausschuss geladen wurde, legte er einen verheerenden Auftritt hin. Er bestritt, dass es ein solches Vier-Augen-Gespräch gab. Er könne aber ein Gespräch, das nicht stattgefunden habe, nicht beweisen und bot an, sich vereidigen zu lassen. Wörtlich sagte er: »Bitte machen Sie das, vereidigen Sie mich!« Möglicherweise ein kalkulierter Vorschlag mit Showcharakter, denn der Ausschuss durfte ihn nicht vereidigen, wie der Vorsitzende Klaus-Dieter Gröhler klarstellte. Allerdings darf ein Zeuge auch uneidlich nicht falsch aussagen. Im Laufe der Befragung verfing sich Philipp K. zusehends in Widersprüchen. Er könne auf die Aussage von Rasmus M. nicht antworten, weil er den Wortlaut von dessen Vernehmung nicht kenne. Er kenne nur die Presseberichterstattung und Twitter-Nachrichten aus der damaligen Sitzung. Das verwunderte den Ausschuss, denn wenn Philipp K. nicht wusste, was Rasmus M. ausgesagt hatte, wie konnte er es dann bestreiten? An ein Vier-Augen-Gespräch zwischen ihnen wollte er sich zunächst nicht erinnern können, dann räumte er ein, er könne nicht ausschließen, dass ein solches Gespräch stattgefunden habe. In seiner dienstlichen Erklärung vom 15. November 2019 hatte er allerdings zu Protokoll gegeben, ein solches Vier-Augen-Gespräch habe es nicht gegeben. Damit konfrontiert, folgte die nächste Kehrtwende, und er erklärte: »Ich kann ausschließen, dass ein solches Vier-Augen-Gespräch stattgefunden hat.«

Mehrere Teilnehmer jener Besprechung in Karlsruhe stützten die Darstellung von Rasmus M. und bestätigten, dass er ihnen von einem Vier-Augen-Gespräch mit K. berichtet hatte und emotional sehr aufgebracht gewesen sei. Sie zweifelten nicht daran, dass es dieses Gespräch gegeben hatte. Die Vertreter der Bundesanwaltschaft stellten dem EK-»Ventum«-Leiter außerdem ein erstklassiges persönliches und fachliches Zeugnis aus. Er sei in seiner »persönlichen Integrität und Professionalität eine Ausnahmeerscheinung«, erklärte Oberstaatsanwalt Killmer. Auch »aussagepsychologisch« spreche nichts gegen die Wahrhaftigkeit der Aussage von Rasmus M. Wenn jemand mehrere Personen unabhängig voneinander in ein Gespräch einweihe, von dem er nicht wissen konnte, dass es erst drei Jahre später eine Rolle spielen sollte, sei nicht nachvollziehbar, dass er etwa nicht stattgefundenes Wissen platzieren wollte, also einfach etwas erfindet. Die BAW-Vertreter bekräftigten im Bundestag auch die Glaubwürdigkeit der Quelle VP 01, die gleich in mehreren Verfahren eingesetzt worden war. Im Übrigen erklärten die Staatsanwälte der Bundesanwaltschaft unisono, dass sie einen solchen Konfliktfall wie um die VP 01 noch nicht erlebt hatten.

Im Untersuchungsausschuss kam es am Ende einer Sitzung noch zu einem seltenen Verfahren. Die drei Zeugen Rasmus M., Philipp K. und Dieter Killmer wurden gemeinsam vernommen und mit den jeweils gegensätzlichen Aussagen konfrontiert. Die Wahrheit brachte das aber auch nicht hervor: Rasmus M. blieb bei seiner Darstellung, Philipp K. bei seinem Widerspruch und Killmer bei seiner Wahrnehmung, die die Angaben von M. stützte. Aber wenn Aussage gegen Aussage steht, ist die Wahrheit: »Einer lügt.« So lautete auch die Bewertung des Ausschusses, der im weiteren Fortgang in den Unterlagen Hinweise fand, dass die BKA-Spitze in der Affäre tatsächlich eine aktive Rolle spielte. So kam es am 23. Februar 2016, jenem Tag, als gerade besagte Besprechung in Karlsruhe lief, zu einem Mailverkehr zwischen den ranghohen Kriminaldirektoren des BKA Sven Kurenbach und Martin Kurzhals, der seine Behörde im Gemeinsamen Terrorismus-Abwehrzentrum (GTAZ) vertrat. Dort hatten die Vertreter aus NRW berichtet, Amri lege Verhaltensmuster an den Tag, die auf eine Intensivierung seiner Anschlagsplanungen hindeuteten. Diese Einschätzung wurde per Protokoll an alle Sicherheitsbehörden verschickt. Kurenbach schrieb an Kurzhals: »Bitte um Rücksprache. Ist es wirklich erforderlich, diese Information bundesweit so detailliert zu steuern?« Daraufhin mailte Kurzhals an seinen Mitarbeiter Jan R., der zu diesem Zeitpunkt zusammen mit Philipp K. in der strittigen Runde in Karlsruhe saß. Der Inhalt der Mail: In dem Protokoll aus dem GTAZ werde zu Amri anders berichtet, als sie sich ausgetauscht hätten. Das sei auch dem Gruppenleiter Kurenbach aufgefallen und das werde auch im GTAZ auffallen. Jan R. solle doch bei den NRW-Vertretern in der Runde beim Generalbundesanwalt die Hintergründe für die »falsche Darstellung« erfragen.

Diese E-Mail-Kette ist ein Indiz für die Richtigkeit der Aussage, Interventionen zur VP 01 seien »von ganz oben« gekommen. Mindestens Abteilungsleiter Kurenbach war an dem Vorgang beteiligt.

Im Mai 2020, ein halbes Jahr nach der aufsehenerregenden Aussage von Rasmus M., erschien dann auch Kurenbach im selben Saal vor den Abgeordneten. Sein Auftritt warf mehr Fragen auf, als er Antworten gab, und brachte eine völlig neue Ebene ins Spiel. Er bestritt zunächst, angewiesen zu haben, die VP 01 aus dem Spiel zu nehmen, und schloss auch eine Einflussnahme durch das Innenministerium aus. Doch dann startete er einen Gegenangriff auf Rasmus M. Bei einem Treffen am 4. Juli 2019 hätten sie sich etwa eine Stunde lang unterhalten, unter anderem über die Arbeit der EK »Ventum«. Der Kollege M. habe dabei ein positives Feedback gegeben und nichts von seiner im November 2019 vorgebrachten Kritik geäußert. Am 21. November 2019 sei es zu einem zweiten Treffen zwischen ihnen gekommen. Das war genau eine Woche nach der Aussage von Rasmus M. im Bundestag. Er habe ihn gefragt, warum er seine Kritik nicht schon im Juli bei ihrem Gespräch formuliert habe. M. habe geantwortet, aus Respekt seiner Person gegenüber. Weiter habe er erklärt, er könne sich selber nicht vorstellen, dass er, Kurenbach, eine solche Anweisung gegeben habe, die VP 01 aus dem Spiel zu nehmen, wie es ihm vom BKA-Mann Philipp K. gesagt worden sei.

Zusätzlich zu dieser Schilderung legte der hochrangige BKA-Vertreter aber noch eine weitere Information offen, die Brisanz enthält. Sie betrifft die Anlässe, bei denen Sven Kurenbach und Rasmus M. aufeinandertrafen. Dies geschah am 4. Juli 2019 im Rahmen der US-Feierlichkeiten zum amerikanischen Unabhängigkeitstag im Flughafen Tempelhof in Berlin und am 21. November 2019 in der Privatwohnung eines FBI-Mitarbeiters, der in den Ruhestand verabschiedet wurde. Kurenbach hatte dort die Abschiedsrede gehalten. Überraschenderweise war Rasmus M. ebenfalls anwesend. Kurenbach habe dann erfahren, dass M. in Nordrhein-Westfalen der Kontaktbeamte zum FBI sei. Bei der Feier waren alle Kollegen aus den Bundesländern anwesend, die mit dem FBI zusammenarbeiteten. Damit legte Kurenbach nicht nur eine FBI-Struktur in Deutschland offen, sondern entlarvte zugleich M. als Teil dieser Struktur, die in der Öffentlichkeit bisher so gut wie unbekannt ist. Nebenbei offenbarte er auch sich selber als Teil dieser BKA-FBI-Connection. War diese Aussage ein Versehen? Oder was bezweckte der erfahrene BKA-Abteilungsleiter, der beispielsweise an den Terrorermittlungen gegen die sogenannte »Sauerlandgruppe« 2007 beteiligt war und seit langem mit dem FBI verbunden ist, damit? Es wirkte wie ein Ordnungsruf für den Kollegen aus Düsseldorf im Namen einer höheren Instanz.

Wenn eine der beiden Seiten »lügt«, das ist das Fatale, hat damit die »Lüge« offiziell in den Breitscheidplatz-Komplex Einzug gehalten. Gelogen wird immer wieder, nun war es amtlich. In dem Konflikt mit einem deutlichen Glaubwürdigkeitsplus auf Seiten des LKA Nordrhein-Westfalen hat das Bundesinnenministerium das Bundeskriminalamt ins Feuer geworfen und schwer beschädigt. Es hat einem BKA-Beamten – mutmaßlich – geraten, im Bundestag seine Vereidigung anzubieten, und damit offen mit dem Meineid gespielt, einer Straftat. Mit der Zerstörung der Glaubwürdigkeit des BKA verändert sich zugleich die Perspektive auf die Hintergründe des Terroranschlags. Und damit wiederum sind auch die Anschlagsermittlungen selbst berührt. Einen solchen Konflikt wie um die VP 01 soll es noch nicht gegeben haben. Was trieb das BKA also in diesem Fall an? Warum war die Quelle ein Problem? Welches Motiv steht hinter den Angriffen auf sie? Verfolgte das BKA etwa eine eigene Agenda?

»Murat Cem« berichtete zwar auch über den Tunesier Amri, war in erster Linie aber der Hauptinformant aus dem Kreis um Abu Walaa. Ihn aus dem Spiel zu nehmen, hätte die Ermittlungen gegen den mutmaßlichen »IS-Statthalter« torpediert, das Staatsschutzverfahren wäre geplatzt. Auch im dann folgenden Prozess vor dem Oberlandesgericht Celle spielten die durch die VP 01 gewonnenen Erkenntnisse eine wichtige Rolle, der Bundesgerichtshof hat verschiedene Entscheidungen darauf gestützt. Ohne die VP 01 hätte es diesen Prozess so nicht geben können.

Dem BKA war das bewusst. Es war in dem Komplex nämlich nicht nur Beobachter des Verfahrens, sondern selbst auch agierende Behörde. Während das LKA Nordrhein-Westfalen mit der EK »Ventum« das Strafverfahren gegen die Terrorverdächtigen im Deutschen Islamkreis betrieb, das 2017 dann zum Prozess in Celle führte, war das BKA mit der sogenannten »Gefahrenabwehr« gegenüber den Dschihadisten im DIK betraut. Es sorgte für die »Gefährdungsanalyse« der einzelnen islamistischen Kader. Unklar ist bisher, warum eine Ermittlungsgruppe des LKA Niedersachsen, die ebenfalls gegen die DIK-Gruppe ermittelte – zumal im niedersächsischen Hildesheim – und bei der die VP 01 gleichsam eine Rolle spielte, in ebenjenem konfliktreichen Februar 2016 auf einmal wieder aufgelöst wurde.

Bestand die mögliche unbekannte Agenda des BKA vielleicht darin, dass eine bestimmte Person in der Szene geschützt werden sollte? Oder gibt es noch höher gelagerte Interessen außerhalb des deutschen Einflussbereichs? Hatten im internationalen Topos Islamischer Staat möglicherweise ausländische Dienste ihre Finger im Spiel, auf die es für BRD-Behörden Rücksicht zu nehmen galt? Ist die Ermittlungsarbeit zum Terroranschlag vom Breitscheidplatz deshalb derart ungenügend, weil V-Personen verwickelt sind? Wieder einmal. Sie zu schützen, hieße zugleich, die verantwortlichen Behörden zu schützen. Schützt sich also das BKA durch seine de facto Nicht-Ermittlungen selbst? Ist darin das befremdliche Verhalten der Chefermittler begründet, die für viele Befunde keine Erklärung haben und in den parlamentarischen Untersuchungsausschüssen wie paralysiert ihre eigene Anschlagsversion nicht verteidigen können? In dieser mehrfachen

Verstricktheit kommt man nicht umhin, selbst den ungeheuerlichsten Gedanken zu denken: War Abu Walaa die Person, die möglicherweise geschützt werden sollte? War es jemand aus seinem Umfeld? Oder war es gar Anis Amri? Wenn der nominelle Islamist Amri geschützt worden wäre, weil er möglicherweise eine V-Person war, wäre das bis zum 19. Dezember 2016 keine Besonderheit gewesen. Er könnte einfach einer der zahlreichen V-Leute in der Szene gewesen sein. Erst mit dem Anschlag wäre das zum Problem geworden.

Doch mit einer solchen Perspektive verändert sich das Vorzeichen der Geschichte. Und viele Puzzlestücke, die bisher nicht zusammenpassen – die tausend Pannen, Fehleinschätzungen, Fehler Einzelner, Missverständnisse und Zufälle –, bekommen eine Logik, wenn man sie anders zusammensetzt.

Kritisierte das BKA also die VP 01, weil sie die Finger von Amri oder von Abu Walaa lassen sollte? Fühlte sich das BKA durch sie gestört? Auffällig ist, dass die oberste deutsche Polizeibehörde auch bei anderen islamistischen Figuren der entscheidende Player war, der maßgebliche Steuerungen vornahm. So bei der Abschiebung des Amri-Komplizen Ben Ammar, aber auch bei der »Eisbär«-Gruppe um den ehemaligen tunesischen Elitepolizisten Sabou Saidani, den das BKA in einer rundum überwachten Wohnung unterbrachte. Wie bei Amri und Ben Ammar gab es auch bei Saidani keinen Zugriff. In diesem Licht erscheint beispielsweise auch die polizeiliche Kontrolle Amris in Berlin nach seiner Ankunft mit einem Fernbus aus Dortmund am 18. Februar 2016 in einer anderen Optik. Das Düsseldorfer LKA wollte unter keinen Umständen, dass eine solche Kontrolle durchgeführt wurde, und hielt hinterher in einem Vermerk fest: »Entgegen der Absprachen wurde Amri durch Kräfte des LKA Berlin offen kontrolliert. Hierdurch Gefährdung des weiteren Einsatzes der VP.«

Bei der VP, deren Einsatz durch die Kontrolle Amris gefährdet wurde, handelte es sich um die VP 01, »Murat Cem«. Sie wusste durch Amri von der Fahrt und telefonierte im Auftrag seiner Auftraggeber unterwegs mit ihm. Amri konnte sich ausrechnen, von wem die Polizei gewusst haben könnte, dass er mit dem Bus in Berlin ankam. War genau das, die Kontrolle Amris, der Zweck der Übung? Sollte die VP 01 dadurch enttarnt werden? Dann wäre der Plan des BKA erfüllt worden, sie vom Feld zu nehmen.

Der Konflikt um die VP 01 schwebt bis heute über dem Anschlagskomplex. Das Bundesinnenministerium steht uneingeschränkt auf Seiten des BKA. Und obwohl die politischen Beamten aus dem Hause Seehofer nicht bei dem fraglichen Gespräch am 23. Februar 2016 in den Räumen der Bundesanwaltschaft dabei waren, diskreditieren sie den LKA-Mann Rasmus M. Dieser habe gelogen, sagte Ministerialrat Jens Koch in aller Öffentlichkeit vor dem Untersuchungsausschuss des Bundestags. Ministerialdirektor Stefan Kaller bezeichnet M.s Aussage als »Räuberpistole«. Wenn dem BKA und dem Innenministerium der Konflikt bis heute so viel Wert ist, muss eine Wahrheit in ihm stecken.

Wir sind noch nicht ganz am Ende der Geschichte. Denn im unendlichen Schattenreich des Sicherheitsapparats gibt es einen ähnlich gelagerten Fall wie den soeben geschilderten zwischen LKA und BKA, nur eine Polizei-Hierarchie-Ebene tiefer. Auch zwischen dem LKA in Düsseldorf und dem polizeilichen Staatsschutz in Krefeld ist im Amri-Komplex eine »Aussage gegen Aussage«-Situation entstanden. Für die Krefelder Ermittler hatte sich im November 2015 der Verdacht ergeben, dass Amri IS-Anhänger sei. Er war unter dem Namen »Mohamed Hassa« in einer Asylunterkunft in Emmerich untergebracht. Als die Krefelder begannen zu ermitteln, wollen sie einen Anruf aus dem LKA bekommen haben und zurückgepfiffen worden sein. Sie sollten die Finger von der Person lassen, hieß es, das könnte den Maßnahmen des LKA zuwiderlaufen. Das LKA bestreitet das vehement. Eine solche Darstellung sei wie aus einem »schlechten Hollywoodfilm«, erklärte ein LKA-Vertreter vor dem Untersuchungsausschuss. Die rhetorischen Abwehrreflexe ähneln sich frappierend: dort »Räuberpistole«, hier »schlechtes Hollywood«.

Kapitel 23

Im Schattenreich der Dienste: Spitzel, Quellen, V-Personen

»Gilbert Siebertz« ist ein Deckname. Wahrscheinlich. Vermutlich. Möglicherweise. So ganz klar ist das nicht. Der Mann, der sich dahinter verbirgt, ist jedenfalls Leitender Regierungsdirektor im Bundesamt für Verfassungsschutz und einer der beiden Chefs der Islamismus-Abteilung. Anfang Oktober 2020 ist er als Zeuge vor den Untersuchungsausschuss des Bundestags geladen, zum wiederholten Male. Als er auf die Frage, welche Fehler der Verfassungsschutz vor dem Anschlag gemacht habe, antwortet: »Keinen, ich finde nichts«, hält es Astrid Passin, die am 19. Dezember 2016 auf dem Breitscheidplatz in Berlin ihren Vater verloren hat, nicht mehr auf ihrem Sitz. Sie muss raus, den Sitzungssaal verlassen, auch weil sie dort nicht mit ihren Tränen gesehen werden will. Vor der Tür weint sie bitterlich: »Niemand will Verantwortung übernehmen«, sagt sie.

Die Tränen der Opfer, ihre Verletzungen und schlaflosen Nächte, aber auch ihre Erschütterung über die Verschleierungsanstrengungen staatlicher Instanzen haben eine politische Dimension. Wenn jene Organe, die Sicherheit garantieren sollen und dafür mit weitgehenden Vollmachten ausgestattet sind, einen Anschlag gerade nicht verhindern, dann ist ihre Geschäftsgrundlage entfallen. Dann können sie nicht mehr uneingeschränkt auf Methoden- und Quellenschutz pochen. Dann müssen Offenlegung und Transparenz gelten, bis Aufklärung erreicht ist.

Fast vier Stunden dauerte die Befragung des ranghohen Verfassungsschützers schon an, als es zu jenem Wortwechsel kam, der Astrid Passin aus der Sitzung vertrieb. Zunächst wollte Ausschussmitglied Benjamin Strasser noch wissen, ob jene menschliche Quelle, die das Amt in der radikalen Berliner Fussilet-Moschee eingesetzt hatte, die aber erklärtermaßen die Person Amri nicht wahrgenommen haben will, auf andere Personen angesetzt gewesen sei oder auf die Moschee an sich. Als daraufhin der Vertreter des Bundesinnenministeriums intervenierte und dem Zeugen die Beantwortung der Frage mit der Begründung, das sei »eingestuft«, untersagte, wurde der Abgeordnete grundsätzlich:

Strasser: »Welche Fehler hat das BfV im Gesamtkomplex in der Nachschau gemacht?«
Siebertz: »Keinen Fehler, dessen Unterlassung dazu beigetragen hätte, den Anschlag zu verhindern.«
Strasser: »Das ist hochspekulativ.«
Siebertz: »Natürlich. Aber es ist auch eine persönliche Niederlage, und das tut mir leid. Aber was hätten wir beitragen sollen? Ich finde nichts.«
Strasser: »Ich meine es fachlich. Gibt es etwas, was man hätte besser machen können? Nach dem, was Sie sagen, wurde die Quelle astrein geführt, ohne einen Fehler.«
Siebertz: »Ja, bei der Quelle haben wir alles richtig gemacht. Wir hätten nichts anders machen können. Das ist auch für mich nicht unwichtig, für mein eigenes Gewissen. Außerdem liegt das schon so weit zurück, dass ich es nicht mehr beurteilen kann.«
Strasser: »Es lag also nicht daran, dass es zu wenig rechtliche Möglichkeiten gegeben hätte, Amri zu überwachen?«
Siebertz: »So ist es in diesem Fall.«

Als nach Siebertz der andere Leiter der Islamismus-Abteilung, BfV-Direktor Klaus Rogner (dieses Mal mit Klarnamen), zur Zeugenbefragung im Ausschuss erschien, war keines der vier Anschlagsopfer, die die Sitzung verfolgten, mehr im Saal. Sie verpassten die Worte, die er extra an sie gerichtet wissen wollte. Bei »allen Anstrengungen« habe es letztlich nicht gelingen können, den »feigen Anschlag auf unsere freiheitliche Gesellschaft« zu unterbinden. Er wolle sich nicht anmaßen, »Ihr Leid« nachzuempfinden, aber er wolle sein »tiefstes Mitgefühl« ausdrücken. Dann kam er nahtlos auf die »Sicherheitsarchitektur« der Bundesrepublik zu sprechen, die als Folge des Anschlags verbessert worden sei, und erklärte, er unterstütze deshalb auch die Arbeit des Untersuchungsausschusses. Schließlich gäbe es ja auch erfolgreich verhinderte Anschläge. Eine Entschuldigung, wie sie unzählige Male von Zeugen in Verantwortung vorgebracht wurde.

»Die deutschen Nachrichtendienste (hier BfV, LfV Berlin und BND) spielten im Vorfeld des Anschlags als auch bei der Aufklärung und Aufarbeitung des Verbrechens eine bemerkenswert bedeutungslose Rolle.« Dieser Satz aus dem Bericht von Bruno Jost, dem Sonderbeauftragten des Berliner Senats zur Überprüfung des Behördenhandelns in der Causa Amri, war hintersinnig ironisch gemeint. Alle Dienste, die Jost angefragt hatte, wollten keine Erkenntnisse zu Anis Amri gehabt haben. Inzwischen hat der Satz eine Bitternis entfaltet, weil er widerlegt ist, bemerkenswert bleibt, dass es den Nachrichtendiensten bis heute gelingt, so zu tun, als sei ihre Rolle untergeordnet.

Mit den islamistischen Szenen in Deutschland, in denen sich unter anderem Abu Walaa, Bilel Ben Ammar oder Anis Amri bewegten, waren mehrere bundesdeutsche Sicherheitsbehörden befasst: neben dem Bundesamt für Verfassungsschutz die Landesverfassungsschutzämter und Landeskriminalämter in Nordrhein-Westfalen, Niedersachsen und Berlin, das Bundeskriminalamt, der Generalbundesanwalt und der Bundesnachrichtendienst. Dass an vielen Stellen verdeckte menschliche Quellen auftauchen, muss nicht verwundern, ihre Zahl ist zweistellig. Insgesamt eine vielschichtige und kompliziert zu führende Personengemengelage, die ständige Rücksichtnahmen erfordert. Wenn Anis Amri Teil dieser Mischszenen war, erscheint es folgerichtig, dass sich so manche staatlichen Ausspähfiguren auch in seinem Umfeld aufhielten. Wenn man aber der offiziellen Vorgabe vom Attentäter Amri folgt, muss das überraschen, weil sich dann die Frage stellt, warum der Anschlag bei einer derartigen Kontrolldichte nicht verhindert wurde.

Mehr als ein Dutzend unterscheidbarer Quellen verschiedener Ämter konnten bisher identifiziert werden. Das nordrhein-westfälische LKA hatte im Deutschsprachigen Islam Kreis mindestens vier V-Personen sowie einen hauptamtlichen verdeckten Ermittler eingesetzt. Später wurde an den Angeklagten Hasan Celenk noch ein Informant herangespielt. Das Bundesamt für Verfassungsschutz hatte im Abu-Walaa-Kreis nicht weniger als drei V-Personen am Laufen. Hinzu kam ein Informant des jordanischen Geheimdienstes in der Gruppierung. In der Fussilet-Moschee in Berlin bewegten sich mindestens drei Informanten des BfV sowie vom Landesamt für Verfassungsschutz und dem LKA Berlin. In den Unterlagen, die dem Untersuchungsausschuss des Bundestags vorgelegt wurden, findet sich ein Hinweis auf eine vierte Quelle, die aus einem anderen Bundesland kommen soll, möglicherweise aus Mecklenburg-Vorpommern. Eine Verfassungsschutz-Quelle von dort, die am Anschlagstag in Berlin war, hat Anfang 2017 berichtet, Amri hätte bei seiner Flucht möglicherweise Unterstützung durch Mitglieder einer arabischen Großfamilie in Berlin gehabt.

In Berlin führte das LKA erwiesenermaßen drei V-Personen in der Islamisten- und Drogenszene, in der sich Amri bewegte. Hinzu kommen zwei Kontakte, die für den Verfassungsschutz tätig waren. Mindestens zwei V-Personen arbeiteten in Berlin dem BKA zu, und das BfV hatte mindestens eine Quelle in der kleinen Fussilet-Moschee. Diese soll allerdings, so beteuern die BfV-Verantwortlichen unverändert, von Amri nichts gewusst haben. Direktor Rogner kokettierte als Zeuge vor dem Untersuchungsausschuss gar mit der Aussage, er sei nicht unglücklich, »wenn wir nicht alles wissen«. Ohne direkte Vernehmung der Quelle oder ausreichende Akteneinsicht, beispielsweise der Treffberichte, sind diese Angaben nicht überprüfbar. Auch in anderen Berliner Moscheen arbeiteten Mitglieder mit dem Verfassungsschutz zusammen. In welchen genau und in welcher Anzahl, lässt sich zurzeit allerdings ebenfalls nicht sagen.

Namen der V-Personen, selbst Decknamen, sind nur in wenigen Fällen bekannt. Die VP 01 mit dem Decknamen »Murat Cem«, geführt vom LKA, befindet sich seit fast fünf Jahren im behördlichen Zeugenschutz. Der Zeugenvernehmung vor dem OLG Celle blieb er fern. Zur Befragung durch die Untersuchungsausschüsse des Bundestags und in Düsseldorf war er lediglich per Video und verkleidet zugeschaltet. Die VP 02, VP 03 und VP 04 des LKA blieben bisher namenlos. Von dem verdeckten Ermittler weiß man nur, dass er Polizeibeamter ist. Anil O., der Kontakt zum Kreis um Abu Walaa hatte, wurde im Laufe des Verfahrens mutmaßlich zum LKA-Zuträger. Gesichert ist, dass sich Yildiray K., ein ehemaliges Mitglied einer Rockergruppe mit Kontakt zum Angeklagten Celenk, als Zuträger für das nordrhein-westfälische LKA betätigte. In Berlin arbeitete Emanuel K. P., der in Verbindung mit der »Eisbär«-Gruppe stand, für den Verfassungsschutz. Er wurde abgeschaltet, nachdem das LKA wegen Schleusungsaktionen ins IS-Gebiet gegen ihn ermittelte, ohne zu wissen, dass er eine Quelle war. Emrah Civelek, eine der Führungspersonen in der Berliner Fussilet-Moschee, war mutmaßlich eine V-Person. Das BKA stellte seinen Namen mit dem Zusatz »vertrauliche Tätigkeit« ins Schengen-Informationssystem ein. Und dann gibt es noch einen Sonderfall, der aber trotzdem archetypisch ist. Der deutsche Staatsangehörige Alexander B., Mitglied der DIK-Moschee in Hildesheim, war Zuträger für den jordanischen Geheimdienst. Er wurde festgenommen und im Oktober 2018 von der Bundesanwaltschaft vor dem Staatsschutzsenat des OLG Jena wegen geheimdienstlicher Agententätigkeit angeklagt. Das folgt der besonderen internationalen Geheimdienstlogik. Agententätigkeit für einen einheimischen Dienst wird nicht verfolgt. Hätte Alexander B. dieselben Informationen aus dem Deutschen Islamkreis, die er seinen jordanischen Partnern übermittelte, dem LKA oder dem BfV weitergegeben, bliebe er straffrei. Doch dann reagierte das Gericht in Jena völlig ungewöhnlich. Es wies die Anklage mit der bemerkenswerten Begründung zurück, Alexander B. sei kein Agent einer fremden Macht gewesen, sondern ein Helfer im Kampf gegen islamistischen Terror. Mit der Weiterleitung seiner Informationen an den jordanischen Geheimdienst habe er auch einen Beitrag zur inneren Sicherheit der Bundesrepublik geleistet. Das Urteil war eine Art Angleichung des Soll-Zustands an den Ist-Zustand. Es folgte den ungeschriebenen Gepflogenheiten internationaler Zusammenarbeit der Sicherheitsorgane, die Nachrichtendienste einschließt, stand allerdings im Widerspruch zu den geschriebenen internationalen Spionageregeln. Der Generalbundesanwalt legte entsprechend Beschwerde ein, der Bundesgerichtshof ließ die Anklage zu und eröffnete als Obergericht die Hauptverhandlung am 22. Oktober 2019 vor dem OLG Jena, die allerdings nur sehr kurz dauerte. Alexander B. wurde zu einem Jahr Haft auf Bewährung verurteilt.

So sehen Deals aus. Ob deutsche Sicherheitsbehörden Informationen von jordanischen Partnerdiensten über deutschsprachige Islamisten erhalten und in Anspruch genommen haben, so wie beispielsweise vom marokkanischen Nachrichtendienst, war bei der Bundesanwaltschaft nicht in Erfahrung zu bringen. Die Anwesenheit von Informanten ausländischer Dienste auf deutschem Boden, die ihre Erkenntnisse inoffiziell mit den deutschen Organen teilen, muss aber in die Berechnung mit einfließen. Als der Gefährder Anis Amri Anfang November 2016 zum wiederholten Mal im Gemeinsamen Terrorismus-Abwehr-Zentrum auf der Tagesordnung stand, wurde das Bundesamt für Verfassungsschutz beauftragt, Hinweise auf ihn, die vom marokkanischen Inlandsgeheimdienst (»Direction Générale de la Surveillance du Territoire«, kurz DGST) kamen, zu überprüfen. Warum das nicht Sache des Auslandsgeheimdienstes BND gewesen ist, sondern des Inlandsgeheimdienstes, ist bis heute nicht beantwortet. Liegt die Antwort vielleicht darin, dass die Informationen über Amri von einer marokkanischen Quelle in Deutschland kamen? Zu Amris Kontaktpersonen zählten auch mehrere gebürtige Marokkaner, wie Toufik N., dessen Wohnung in Berlin Amri einige Zeit nutzte und mit dem er bis wenige Tage vor dem Anschlag regelmäßig und häufig telefonierte.

Das Nachrichtenmagazin *Focus* behauptete im Februar 2019 gar, Amris Freund Ben Ammar habe für die DGST gearbeitet. Einen Beleg konnte die Zeitschrift bisher aber nicht vorlegen. Dennoch sind mit Ben Ammar ein paar erklärungsbedürftige Vorgänge verbunden, beispielsweise seine schnelle Abschiebung Anfang Februar 2017 mitten im Mordermittlungsverfahren und unter der Regie der Bundesregierung oder seine Funktion als sogenannter »Nachrichtenmittler«, die ihn zur – technischen – Quelle machte, zugleich aber vor Strafverfolgung schützte.

In der Nomenklatur der Begriffe »Kontaktperson«, »Hinweisgeber«, »Quelle«, »Informant«, »V-Mann«/»V-Person« war »Nachrichtenmittler« bisher wenig geläufig. Die Kategorie taucht in der Strafprozessordnung auf und meint eine Person, die mit einem Verdächtigen in Kontakt steht und abgehört wird. Es handelt sich bei dem Begriff nicht etwa um eine Ermittler-Erkenntnis, sondern um eine Maßnahme. Mit ihr lassen sich für die Polizei gleich mehrere unterschiedliche Zwecke erfüllen. Sie kann eine Person telefonisch überwachen, die nicht zum Kreis der Beschuldigten zählt, sie kann damit aber auch eine Person aus dem Kreis der Beschuldigten heraushalten. Auch auf den Ben-Ammar-Freund Amri wurde die Funktion des »Nachrichtenmittlers« angewandt. Geschah das, weil man sich Erkenntnisse erhoffte oder weil er geschützt werden sollte? Von einem großen Informationsgewinn durch die »Nachrichtenmittler«-Funktion Amris ist bisher jedenfalls nichts bekannt.

Im Oktober 2018 kam es in einer Sitzung des Untersuchungsausschusses zu einer denkwürdigen Aussage eines leitenden Vertreters des BfV, von der man nicht weiß, ob sie entlarvend war oder nur ein Versprecher. Die Abgeordneten wollten wissen, wann genau das Amt seine Quellen nach dem Anschlag zum mutmaßlichen Täter Amri befragt habe. Dessen Identität soll erst am Folgetag, dem 20. Dezember, festgestanden haben. Nun aber antwortete der BfV-Mann mit dem Decknamen »Thilo Bork« auf die Frage, wie schnell man die V-Personen zu Amri befragte, wörtlich: »In dem Moment, in dem die Quelle flüchtig ist.« Er bezeichnete Amri als »Quelle«, nicht als Täter. Der Satz war einigen Zuhörern und Journalisten sowie den Stenografen aufgefallen, die ihn protokollierten, nicht aber dem Zeugen, den Abgeordneten und den Vertretern der Regierung. Es gab keine Nachfrage oder Richtigstellung.

Auch die Terrorermittler der EK »Ventum« aus Düsseldorf hegten bei Amri wegen dessen Umtriebigkeit ursprünglich den Verdacht, dass es sich bei ihm um eine »Quelle« handeln könnte. Alle angefragten Dienststellen sollen das aber verneint haben.

Im November 2020 gab der Bundestagsabgeordnete Stefan Keuter (AfD) ein Schriftstück zu den Ausschuss-Akten. Demnach will er sich mit einer früheren V-Person des BfV getroffen haben, die ihm erklärte, Amri sei schon vor seiner Einreise nach Deutschland im Juli 2015 V-Person des BfV gewesen. Das Schriftstück ist unterschrieben mit »Kaktus«, dem angeblichen Decknamen des BfV-Informanten. Üblicherweise wissen V-Leute, da sie keine Beamten oder Angestellten sind, nichts voneinander, es sei denn, sie offenbaren sich gegenseitig. Ausschussmitglied Keuter knüpfte an das Papier mehrere Fragen an die Adresse des Bundesinnenministeriums. In einer Stellungnahme von Anfang Dezember 2020 bestätigte das BMI zunächst die Existenz einer ehemaligen V-Person, die sich selbst als »Kaktus« bezeichnet habe. Sie sei 2005 verpflichtet worden und in Nordrhein-Westfalen im Phänomenbereich Islamismus eingesetzt worden. 2010 sei die Zusammenarbeit beendet worden. Zu allem Konkreten schweigt das Ministerium. Es unterliege dem Quellen- und Methodenschutz und liege außerhalb des Untersuchungszeitraums des Ausschusses. Laut BMI gebe es aber keine Bezüge zwischen »Kaktus« und Amri. Wörtlich heißt es in der Stellungnahme: »Anis Amri war keine V-Person des Verfassungsschutzes.«

Abgesehen davon, dass die Formulierung Spielraum lässt, gibt es keine Garantie mehr, dass sie stimmt. Denn seit der Affäre um die VP 01 und den – mutmaßlichen – wahrheitswidrigen Aussagen von BKA und BMI stehen deren Einlassungen unter einem Wahrheitsvorbehalt. Der »Kaktus«-Vorfall wurde öffentlich, weil ihn Keuter bei der Befragung von Generalbundesanwalt Peter Frank im Untersuchungsausschuss Mitte Dezember 2020 ansprach und dem obersten Strafverfolger der Bundesrepublik den Schriftwechsel überreichte.

Unabhängig von der »Kaktus«-Geschichte fragt man sich aber: Wenn sich Amri im selben politisch-kriminellen Milieu bewegte wie die staatlichen Zuträger, warum soll ausgerechnet er – aber auch Ben Ammar – nicht auf eine Kooperation mit den Behörden angesprochen und dafür gewonnen worden sein? Das Anwerbeprofil für V-Leute erfüllte er mit Leichtigkeit. Bis zum 19. Dezember 2016 wäre das nicht weiter aufgefallen und für die Sicherheitsbehörden auch kein Problem gewesen. Sie haben bereits vor Amri mit Charakteren wie ihm gearbeitet, und sie arbeiten bis heute mit solchen. Erst der Anschlag vom Breitscheidplatz musste eine solche Verwendung ausschließen, denn eine V-Person darf nicht morden. So betrachtet – Ironie der Geschichte – würde es die offiziellen Stellen ungeheuer entlasten, wenn Amri, sollte er doch irgendwo in staatlichen Diensten gestanden haben, gar nicht der Täter gewesen wäre, der den LKW in den Weihnachtsmarkt gelenkt hat.

Je tiefer man in dieser Geschichte geht, desto mehr erhärtet sich ein Verdacht: Ist die Ermittlungsarbeit zum Terroranschlag vom Breitscheidplatz deshalb derart inkorrekt, weil V-Personen verwickelt sind? Deren Anwerbung ist nebenbei sehr niederschwellig, weil die Klientel in der Szene aufgrund verschiedener Delikte leicht erpressbar ist. Auch das kennt man aus der rechtsextremen Szene. Bekannt ist außerdem, dass die Dienste auch gezielt die Notlage von Flüchtlingen ausnutzen, um sie als Zuträger zu gewinnen. Was ketzerisch klingt, ist aus der Vergangenheit zur Genüge bekannt. Im NSU-Komplex führten die Sicherheitsbehörden in der rechtsextremen Szene eine zweistellige Zahl von Quellen, darunter auch Einflussagenten, die eine lenkende Rolle innehatten. Mehrere Neonazi-Gruppierungen wurden durch Nachrichtendienste mit Hilfe von V-Personen mitaufgebaut und angeführt, so der Thüringer Heimatschutz, der deutsche Ableger des »Blood and Honour«-Netzwerks oder bemerkenswerterweise auch die »Hooligans gegen Salafisten«. Mit ihnen haben die Dienste Informanten gleich in einander entgegengesetzten Gruppierungen, bei Hooligans wie bei Salafisten. Militanter Rechtsextremismus und militanter Islamismus haben so denselben institutionellen Hintergrund. Die Führungsquellen im rechtsextremistischen Bereich wurden, wenn möglich, vor Strafverfolgung bewahrt wie etwa im Fall von Tino Brandt. Warum sollten solche Methoden in der überwachten salafistischen Szene nicht auch angewandt werden? Standen und stehen an der Spitze der verschiedenen Dschihadisten-Gruppen also vielleicht auch V-Leute?

Der Schutz von V-Leuten vor Strafverfolgung findet sich in den sogenannten »Zusammenarbeitsrichtlinien« von 1973 zwischen den Nachrichtendiensten, den Staatsanwaltschaften und der Polizei. Demnach können Ermittlungen gegen verwickelte V-Leute gestoppt werden. Da diese selbstgeschaffenen Richtlinien keinen Gesetzesstatus haben, ist dies ein rechtsstaatlich äußerst fragwürdiges Verfahren.

In Berlin muss der Einsatz von V-Personen der Polizei von ganz oben durch die Polizeipräsidentin angeordnet werden. Das ist eine Konsequenz aus dem Anschlag, mit der die Entscheidungskompetenz um drei Hierarchieebenen angehoben wurde. Vor dem Anschlag hatten die Dezernatsleiter diese Zuständigkeit inne. Daraus lässt sich schließen, dass mit dem Konzept der V-Personen etwas nicht in Ordnung gewesen sein muss. Das konspirative Biotop, aus dem heraus der Anschlag vom 19. Dezember 2016 geschah und in dem sich nominell gewaltbereite Islamisten, darunter deutsche Staatsbürger, sowie zahlreiche V-Personen der verschiedensten Sicherheitsbehörden mischten, ist nicht aufgeklärt. Dazu zählt eine bisher wenig bekannte Struktur in der Grauzone zwischen Szene und Staat. Wie für die rechtsextreme Szene gibt es auch für die islamistische Szene Aussteigerprogramme. Die Kandidaten werden in einem sogenannten »DeRad-Net« erfasst (»DeRad« steht für »Deradikalisierung«). Geführt wird das Programm in Berlin von LKA, LfV und einer NGO namens »Violence Prevention Network« (VPN). Dem VPN kommt die Aufgabe zu, den Kontakt zu jenen Islamisten zu suchen, die ausstiegswillig und dementsprechend zu »deradikalisieren« sind. Das Kalkül: Wenn dieser Kontakt nicht direkt über die Polizei geschieht, fällt es den Angesprochenen leichter zu kooperieren. Wie im rechtsextremen Bereich handelt es sich aber um ein konspiratives Programm, in dem die Kandidaten mit Legenden arbeiten und das sie vor ihren Komplizen geheim halten müssen. Ihr Status ist vergleichbar dem von V-Personen.

Auf der Liste des »DeRad«-Netzes tauchte ein Name auf, den man nicht unbedingt erwartet hätte: Magomed-Ali Chamagov, der im Januar 2020 vom Kammergericht Berlin zu einer mehrjährigen Haftstrafe verurteilt wurde, weil er nach Überzeugung des Gerichts zusammen mit Clément B. und Anis Amri einen Sprengstoffanschlag auf das Gesundbrunnen-Einkaufscenter in Berlin geplant haben soll. Chamagov war einer der führenden Köpfe in der radikalen Fussilet-Moschee in Berlin, lange bevor Amri in der Stadt auftauchte. Und dieser angebliche Top-Terrorist soll in Wahrheit als Aussteiger vorgesehen worden sein? Das ist erklärungsbedürftig. Seit wann war er Aussteiger? Wie kompatibel war sein Aussteigerstatus mit dem eines Angeklagten und schließlich Verurteilten? Welches Wissen haben die Behörden und Ministerien durch ihn erworben? Welche anderen bekannten Personen nahmen am DeRad-Ausstiegsprogramm teil?

Die Unbekannte unter den Unbekannten ist der Bundesnachrichtendienst, der sich vor den Augen der deutschen Öffentlichkeit gerne im Ausland versteckt – und für den Fall, dass seine Mitarbeiter vor ein deutsches Parlament zitiert werden, gerne hinter verschlossenen Türen. So wie die Herren »D. K.« und »M. Z.«, beides Oberregierungsräte im BND, die nur mit den Initialen ihrer Namen genannt wurden, als sie vom Untersuchungsausschuss als Zeugen geladen wurden. Ihre Vernehmung erfolgte dann trotz der Namensanonymisierung nicht öffentlich, sondern im Geheimschutzraum des Bundestags. Sind Sitzungen lediglich als »vertraulich« eingestuft, als »NfD – VS« (»Nur für den Dienstgebrauch – Verschlusssache«), kann der Ausschuss Ergebnisse in seinem Abschlussbericht erwähnen. Bei Sitzungen, die als »geheim« eingestuft werden, geht das nicht. Es ist, als habe es die Zeugenvernehmung nicht gegeben.

Keinem Geheimdienst gelingt es derart häufig und systematisch seine Vertreter als Zeugen abzuschirmen, indem man sie fast nur unter Ausschluss der Öffentlichkeit befragen lässt, wie dem BND. Auch der hochrangige Regierungsdirektor mit den Initialen »M. S.« wurde ausschließlich in geheimer Sitzung befragt, über zwei Sitzungstage hinweg und etwa sieben Stunden lang. Ein anderer BND-Zeuge war Regierungsdirektor »C. H.«, der Leiter des Referates für terroristische

Bedrohungen mit Auslandsbezug, der seit knapp dreißig Jahren für den Geheimdienst tätig ist. »C. H.« ist nicht einmal die Abkürzung seines bürgerlichen Namens, sondern die seines Dienstnamens, also gleich eine doppelte Camouflage.

Man könnte in dem Versteckspiel auch ein Indiz für die Rolle erkennen, die der BND im Amri-Komplex spielte. Tatsächlich war er an mehreren Vorgängen beteiligt. Beispielsweise bei der Abklärung zweier libyscher Telefonnummern. Dann hatte er mit den Hinweisen zu tun gehabt, die aus oder über Marokko kamen und laut denen Amri ein »Projekt« geplant haben sollte. Die Überprüfung dieser Hinweise sollte dann aber nicht der Auslandsnachrichtendienst vornehmen, sondern der Inlandsgeheimdienst. Schließlich erreichten ihn vier Videos, die Amri, unter anderem mit einer Pistole, sowie den späteren Tatort Breitscheidplatz zeigen. Die Aufnahmen kamen von einem ausländischen Nachrichtendienst, der bisher nicht identifiziert wurde, der sie aber einem Verwertungsverbot unterworfen hat. Sie werden deshalb der Bundesanwaltschaft – immerhin oberste Instanz der Ermittlungen zum Anschlag – vorenthalten.

Die BfV-Quelle: Verfassungsgericht unterwirft sich Verfassungsschutz

Im Dezember 2018 wurde das Bundesverfassungsgericht in Karlsruhe zu einem der Player im Amri-Komplex. In der Auseinandersetzung um die Quelle des BfV in der Berliner Fussilet-Moschee suchten die drei kleinen Fraktionen FDP, Linkspartei und Grüne beim obersten deutschen Gericht Hilfe. Letztlich erfolglos. Wenn die einschlägige Moschee einer der Orte war, von dem aus mutmaßlich mehrere Täter den Terroranschlag auf den Weihnachtsmarkt organisiert haben, dann ist der BfV-Informant ein wichtiger Zeuge. Über das, was diese nachrichtendienstliche Quelle mindestens seit 2015 in Erfahrung brachte, schweigen alle, die es wissen können. Das sind vor allem die Quellenführer und Quellenauswerter des BfV. Der Untersuchungsausschuss im Bundestag müsste die V-Person befragen, so wie er auch die ehemalige VP 01 des LKA Nordrhein-Westfalen befragt hat, die in der gewaltbereiten dschihadistischen Szene Informationen beschaffte. V-Leute sind die unmittelbarsten Zeugen. Bei der BfV-Quelle in der Fussilet-Moschee jedoch ging man auf Seiten der Abgeordneten von Anfang an nicht so weit. Der Kontakt selbst sollte tabu bleiben dürfen, die Staatsraison wurde akzeptiert. Doch auch die Vernehmung des hauptamtlichen VP-Führers lehnte das Bundesinnenministerium als Dienstherr des BfV ab und weigerte sich, dem Ausschuss die Namen der verantwortlichen Beamten zu nennen. Laut der Begründung könnten dadurch das Vertrauensverhältnis zur Quelle gestört und laufende Operationen gefährdet werden. Eine Argumentation, unüberprüfbar und wie ein Joker jederzeit gegen Aufklärungsbemühungen einsetzbar. Damit war der parlamentarische Untersuchungsausschuss in dieser Frage Schachmatt gesetzt.

Das Bundesverfassungsgericht brauchte zwei Jahre, um über die Beschwerde von FDP, Linkspartei und Grünen zu entscheiden. Dann lautete sein Urteil: Keine Vernehmung des VP-Führers, ansonsten wäre das Staatswohl in Gefahr. Im Juristendeutsch: »Das Aufklärungsinteresse des Parlaments muss hinter den überwiegenden Belangen des Staatswohls zurücktreten.« Der Beschluss fiel am 16. Dezember 2020, bekannt gegeben wurde er am 3. Februar 2021, nachdem der Untersuchungsausschuss die Zeugenbefragungen vorläufig beendet hatte.

Dieses Urteil des höchsten deutschen Gerichtes hat allerdings einen Konstruktionsfehler, weil es von folgendem angeblichen Sachverhalt ausgeht:

> *Am Abend des 19. Dezember 2016 steuerte der Attentäter Anis Amri einen Sattelzug in eine Menschenmenge auf einem Berliner Weihnachtsmarkt. Dabei starben elf Menschen, viele weitere wurden zum Teil schwer verletzt. Den Fahrer des geraubten LKW hatte Amri zuvor erschossen.*

So der O-Ton des Gerichts. Was es als Tatsache bezeichnet, ist nicht mehr als eine mutmaßliche, spekulative Tätertheorie der zentralen Ermittlungsinstanzen Bundesanwaltschaft und Bundeskriminalamt. Tatsächlich spricht mehr dagegen als dafür, dass Amri den LKW in den Weihnachtsmarkt gesteuert und den polnischen Fahrer Lukasz Urban erschossen hat. In der Fahrerkabine der Zugmaschine wurden beispielsweise keine Fingerabdrücke und keine belastbaren DNA-Spuren von Amri gefunden, stattdessen aber mehrfach Genmaterial einer unbekannten, bisher nicht identifizierten Person.

Das Bundesverfassungsgericht hat die Täterhypothese der Ermittler unbesehen übernommen. Ein Täter hat so lange nur als »mutmaßlich« zu gelten, solange er nicht gerichtsfest als solcher überführt und verurteilt wurde. Dass gegen den toten Amri kein Prozess mehr geführt werden kann, ändert an diesem Grundsatz nichts. In den Amri-Ausschüssen wird, wie vor einem Gericht, ebenfalls hoheitlich nach der Wahrheit gesucht. Und die steht im Falle Anis Amri nicht fest. Das Bundesverfassungsgericht ist bei seiner Betrachtung der Frage, ob ein parlamentarisches Gremium einen Beamten zu den Informationen, die ein geheimer Informant lieferte, befragen darf, von falschen Voraussetzungen ausgegangen: Tat und Täter sind eben nicht geklärt, sondern weiterhin offen. Es geht also nicht nur um eine Nachbetrachtung »etwaiger Versäumnisse« von Behörden, sondern – ganz aktuell – um notwendige weitere Täterermittlungen.

Wenn Anis Amri nicht der alleinige Haupttäter gewesen ist, sondern Teil einer größeren Tätergruppierung, erweist sich die ausschließliche Fokussierung auf ihn als Falle. Vielleicht war die V-Person in der Fussilet-Moschee ja auf eine Person angesetzt, die zu dieser Tätergruppierung gehörte. Oder sie gehörte selbst zu dieser Tätergruppierung.

Rein theoretisch könnte sie sogar der dritte Mann im LKW gewesen sein. Selbst das kann nach derzeitigem Kenntnisstand nicht ausgeschlossen werden. Dann bekäme die Maxime, sie sei durch die Nicht-Vernehmung zu schützen, eine ganz neue Bedeutung. Und dann stellte sich auch die Frage des »Staatswohls« noch einmal ganz anders. Wo das Staatswohl zu finden ist, kann bei einem unaufgeklärten Vielfachmord noch gar nicht reklamiert werden.

Die Möglichkeit, dass eine staatliche Quelle, die zu Terroristenkreisen Kontakt hat, sich an deren Taten beteiligen muss, ist ein immanentes Risiko bei V-Personen. Im Fall des Attentats auf den Generalbundesanwalt Siegfried Buback 1977 kann man ein solches theoretisches Szenario am Beispiel des RAF-Mitglieds und der mutmaßlichen BfV-Informantin Verena Becker konkret durchdeklinieren.

Im abweichenden Minderheitsvotum des Verfassungsrichters Peter Müller im Fall Amri kommt diese Verstrickung zwischen Nachrichtendienst und potentiellem Täterkreis auch zum Ausdruck. Der Einsatz von »V-Personen, die selbst dem Umfeld der beobachteten verfassungsfeindlichen Bestrebung angehören«, stelle ein »ambivalentes Element nachrichtendienstlicher Tätigkeit« dar, schreibt Müller. Er zieht daraus die Konsequenz, dass Kontrolle »nur auf parlamentarischer Ebene« stattfinden könne, den Untersuchungsausschüssen komme dabei »eine herausragende Rolle« zu.

Aber auch im Mehrheitsbeschluss des Gerichts ist davon die Rede, dass das islamistisch-terroristische Milieu in »Kleinstgruppen organisiert« und »stark abgeschottet« sei. Das heißt: Wenn von Seiten des Innenministeriums behauptet wird, die BfV-Quelle sei potentiell gefährdet, könnte das daran liegen, dass sie Teil dieser inneren Struktur gewesen ist und gefährliches Wissen besitzt. Die Frage ist also: Wie hätte das Karlsruher Gericht entschieden, wenn es davon ausgegangen wäre, dass bislang ungeklärt ist, wer den LKW in die Menschenmenge auf dem Breitscheidplatz gesteuert hat? Und dass ungeklärt ist, wer alles zum mutmaßlichen Attentäterkreis gehörte. Wenn also, um den Anschlag aufzuklären, das Wissen der BfV-Quelle benötigt würde.

Das Urteil des Zweiten Bundesverfassungsgericht-Senats wird dem Erkenntnisstand im Amri-Komplex nicht gerecht, und es ist obendrein anachronistisch, weil es hinter das zurückfällt, was sich in mehreren parlamentarischen Untersuchungsausschüssen zum NSU-Skandal als

Praxis durchgesetzt hat. Dort wurden nicht nur VP-Führer als Zeugen vernommen, sondern auch ehemalige V-Personen aus der rechtsextremen Szene. So zum Beispiel in den Landtagen von Thüringen, Baden-Württemberg, Nordrhein-Westfalen, Hessen oder Brandenburg, wo mehrere Ex-Quellen persönlich auftreten mussten. Keiner von ihnen ist hinterher etwas passiert.

Und dann gibt es noch einen bemerkenswerten Sachverhalt, der fast untergegangen wäre. Denn mit der BfV-Quelle im Terrorfall Breitscheidplatz von 2016 ist auch ein Attentat wieder ins Spiel gekommen, das inzwischen über vierzig Jahre zurückliegt: die Bombe auf dem Münchner Oktoberfest von 1980. Ins Spiel gebracht hat diesen Terrorfall das Bundesinnenministerium selbst. In seinem Widerspruch von Juni 2018 gegenüber dem Untersuchungsausschuss, den VP-Führer der BfV-Quelle in der Fussilet-Moschee zu benennen, bezieht es sich auf den »Oktoberfestbeschluss« des Bundesverfassungsgerichtes vom 13. Juni 2017. Hintergrund war ein damaliger Antrag von Bundestagsfraktionen der Opposition, die von der Bundesregierung wissen wollten, ob die Person, die den Sprengstoff der Münchner Bombe geliefert haben soll, eine V-Person einer Sicherheitsbehörde gewesen sei. In seinem Beschluss wies das oberste Gericht unter anderem auch auf eine »berechtigte Geheimhaltungsbedürftigkeit bei Quellenoperationen der Nachrichtendienste« hin – heute wie damals. Und nun argumentierte das Bundesinnenministerium wie folgt: Wenn sich diese Entscheidung des Verfassungsgerichtes auf eine lange abgeschlossene Quellenoperation bezog und die betreffende V-Person bereits 1981 verstorben ist, dann müsse Geheimhaltung erst recht für eine aktuelle Quellenoperation wie in der Berliner Fussilet-Moschee im Amri-Komplex gelten. Das war ein Eigentor, zwar nicht für 2016, aber für 1980, denn so hat die Bundesregierung unfreiwillig zugegeben, dass jene Person, von der möglicherweise der Sprengstoff für die Oktoberfestbombe kam, doch im Dienst einer Sicherheitsbehörde stand. Ist diese späte Aufklärung nur Ironie der Geschichte, oder enthüllt sie ein Merkmal des Terrorismusgeschehens in der Bundesrepublik?

Im Fall Breitscheidplatz und Fussilet-Moschee steht die Sache umgekehrt: Hier wissen wir bereits, dass es eine V-Person im Täterumfeld gab. Was wir noch nicht wissen, ist, welche Rolle sie im Zusammenhang mit dem Anschlag spielte. Untergegangen ist in der Auseinandersetzung bisher, dass im Fall der BfV-Quelle nicht nur die Dienststelle BfV und sein Dienstherr, das Bundesinnenministerium, eine Rolle spielten, sondern noch eine andere Behörde: die des Generalbundesanwalts. Und zwar deshalb, weil die Personalie unmittelbar die Ermittlungen zum Anschlag berührte. Auch die Bundesanwaltschaft hatte ihr Veto dagegen eingelegt, dass der VP-Führer zu der Quelle befragt werden sollte. Das aber heißt: Die Quelle ist ermittlungsrelevant.

Kapitel 24

Schlüsselereignis 26. Januar 2016: Das rätselhafte Behördenzeugnis des BfV über Amri

Die Verschleierung einer Information gehört zum Tagesgeschäft der Sicherheitsbehörden. Dafür gibt standardisierte Verfahren. Zur Not kann einfach auf eine »Quellen-Information« verwiesen werden. Bei dem Dokument, unter das Hans-Georg Maaßen als Präsident des Bundesamtes für Verfassungsschutz am 26. Januar 2016 seine Unterschrift setzte, ist es anders. Mit diesem sogenannten Behördenzeugnis sollten Informationen über Anis Amri übermittelt werden, deren Herkunft geheim bleiben sollte – heißt es. Doch dieser angebliche Zweck ist heute fraglicher denn je. Was das Dokument belegt, ist, dass das BfV spätestens im Januar 2016 mit Amri befasst war. Welche Funktion hatte das Behördenzeugnis mit Maaßens Unterschrift tatsächlich?

In dem zweiseitigen Papier heißt es zunächst, dass Amri »mutmaßlich im Jahr 2015« zusammen mit Habib Selim und Bilel Ben Ammar über Italien nach Deutschland einreiste. Weiter liest man, es lägen »unbestätigte Hinweise« auf eine Anschlagsplanung vor. Amri versuche offensiv, Personen als Beteiligte an islamistisch motivierten Anschlägen im Bundesgebiet zu gewinnen. Er beabsichtige, sich »mit Schnellfeuergewehren des Typs AK-47 zu bewaffnen«, die er über Kontaktpersonen in der französischen Islamistenszene beschaffen könne. Die nötigen finanziellen Mittel wolle er durch einen Einbruchdiebstahl beschaffen. Das Schriftstück war ans »LKA Berlin 541« adressiert, dem »Islamismus-Dezernat« in der Staatsschutzabteilung der Berliner Kriminalbehörde. Nachrichtlich wurden außerdem der Staatsschutz des BKA, das LKA Nordrhein-Westfalen sowie die Landesverfassungsschutzämter in NRW und Berlin in Kenntnis gesetzt.

Warum streut das BfV »unbestätigte Hinweise« in den Sicherheitsapparat? Das weiß der Unterzeichner selbst nicht. Im Untersuchungsausschuss des Bundestags erklärte Maaßen, der Vorgang mit dem nämlichen Behördenzeugnis vom Januar 2016 sei für ihn »ungewöhnlich« gewesen. Dass das BfV die Herkunft von Informationen verschleiert, gehört zum nachrichtendienstlichen Alltag, in diesem Fall jedoch seien die Informationen vollständig von »anderen Behörden« gekommen, das BfV habe keine eigenen Erkenntnisse gehabt. Er benutzte den Plural »andere Behörden«. Der Amri-Fall war für den früheren BfV-Präsidenten jedenfalls ein »besonderer Fall«, wörtlich: »Ich kenne keinen zweiten dieser Art.« Eine »ungewöhnliche Maßnahme«. Eine Reihe anderer Vertreter des BfV wählte ebenfalls diesen Begriff für das Behördenzeugnis des Amtes. Ein Referatsleiter sagte: »Das war ein ungewöhnlicher Vorgang, der mir bis dahin noch nicht vorgekommen ist.« Und auch ein BKA-Mann im Range eines Kriminaldirektors erklärte, er habe eine solche Konstruktion »bisher so nicht erlebt«.

Die Informationen über Amri sollen von einer Quelle des LKA Nordrhein-Westfalen gekommen sein, hieß es zunächst. Dem widersprach ein LKA-Vertreter im Düsseldorfer Untersuchungsausschuss. Die Information sei »nicht von uns erhoben« worden. »Uns« meinte in diesem Fall die LKA-Abteilung Staatsschutz, zu der die EK »Ventum« mit ihrer Quelle »VP 01« gehörte, die gegen den IS-Verdächtigen Abu Walaa ermittelte. Der VP-Führer der »VP 01« war am Vorgang »BfV-Behördenzeugnis« gar nicht beteiligt. Im Untersuchungsausschuss des Bundestags wartete der BfV-Vertreter »Henrik Isselburg« (ein Deckname) gar mit drei unterschiedlichen Angaben auf. Zunächst soll das LKA Nordrhein-Westfalen der Auftraggeber für das Behördenzeugnis gewesen sein, dann das dortige LfV, und schließlich meinte er, woher die Informationen stammten, sei nicht mehr feststellbar.

Ein ähnliches Vexierspiel ergab sich zum angeblichen Empfänger des amtlichen Papiers. Dem LKA Berlin, das ganz oben auf dem Briefkopf stand, lagen die verschlüsselten Informationen längst vor, als das BfV-Blatt einging. Es hatte sie vom BKA sowie vom LKA Nordrhein-Westfalen bekommen. Allem Anschein nach kursierten die Informationen über Amri parallel zum BfV-Papier im Sicherheitsapparat. Am 28. Januar 2016, zwei Tage nach seiner Erstellung, erreichte das Behördenzeugnis aus Köln die Generalstaatsanwaltschaft in Berlin. Sollte etwa sie die wahre Empfängerin gewesen sein? Für die Einleitung eines Strafverfahrens gegen Amri war das Dokument allerdings untauglich, denn Informationen, die lediglich auf »unbestätigten Hinweisen« beruhen, sind »nicht justiziabel«, damit lässt sich ein rechtsstaatliches Verfahren nicht begründen. Die oberste Staatsanwaltschaft in Berlin lehnte folgerichtig ein Ermittlungsverfahren ab. Dafür gäbe es »keine zureichenden Anhaltspunkte«.

Was war der wahre Zweck des BfV-Dokuments mit der Unterschrift des Präsidenten? War es vielleicht ein Signal an die Sicherheitsbehörden, dass in der Causa Amri die oberste Verfassungsschutzbehörde das Sagen hatte, dass also alle anderen Organe die Finger von dem Tunesier lassen sollten und dass vor allem nicht polizeilich und strafrechtlich gegen ihn vorgegangen werden sollte? Ging es also gar nicht um Informationen, sondern handelte es sich eher um einen politischen Vorgang? Ist das Dokument folglich eine doppelte Legende?

Entworfen hatte das Behördenzeugnis die BfV-Sachbearbeiterin mit dem Decknamen »Lia Freimuth«. Zur gleichen Zeit, im Januar 2016, legte sie auch eine Akte zu Anis Amri an, bestehend aus Personenakte und Sachakte. »Lia Freimuth« führte im Kölner Amt sowohl die Akte zu Amri wie zu anderen islamistischen Gefährdern, darunter auch Bilel Ben Ammar, Habib Selim, Khaled Abdeldaim, Kamel A., der Drogenkomplize Hadez A. oder die Fussilet-Aktivisten Emrah Civelek, Feysel H., Semsettin E. und die Brüder Ahmad und Bilal M. Insgesamt hatte es die Sachbearbeiterin mit etwa 500 Zielpersonen im extremistisch-islamistischen Bereich zu tun.

Amri sei ein Polizeifall und kein Verfassungsschutzfall gewesen, heißt es seit dem Anschlag bis heute von Seiten des Verfassungsschutzes. Im Bericht des früheren Bundesanwalts Bruno Jost, der als Sonderbeauftragter des Berliner Senats das Behördenhandeln in Sachen Amri untersuchte, findet sich beispielsweise dieser Satz: »Das BfV hat auf meine Anfrage vom 10.5.2017 am 17.5.2017 mitgeteilt, es habe vor dem Anschlag keine eigenen Informationen zu Amri besessen und auch keine eigene Informationsbeschaffung zu Amri betrieben.«

Mehr als ein Jahr nach dieser Auskunft, im September 2018, wurde »Lia Freimuth« im Bundestagsuntersuchungsausschuss vernommen. Die Aktenführerin im BfV trat nicht nur mit Decknamen auf, sondern war zusätzlich mit einer Perücke aus langen roten Haaren verfremdet. Viele Antworten mussten ihr regelrecht abgerungen werden. Die Vertreter des Bundesinnenministeriums, die im Untersuchungsausschuss sitzen, intervenierten gut vierzig Mal gegen Fragen von Abgeordneten. Oft wurden die Antworten in der öffentlichen Sitzung verweigert, darunter die, wie viele Quellen das BfV in diesem Bereich führte.

Untersuchungsausschuss: »Wurde Anis Amri vom BfV mit nachrichtendienstlichen Mitteln überwacht?«

Freimuth: »Das ist nicht von meiner Aussagegenehmigung gedeckt.«

Untersuchungsausschuss: »Das ist eine grundsätzliche Frage: Wurden nachrichtendienstliche Mittel eingesetzt?«

Widerspruch von der Regierungsbank, die Frage dürfe nicht beantwortet werden.

Untersuchungsausschuss: »Das ist eine geschlossene Frage: Wurde Amri mit nachrichtendienstlichen Mitteln vom BfV überwacht – ja oder nein?«

Freimuth: »Das ist nicht von der Aussagegenehmigung gedeckt.«

Ausschussvorsitzender Armin Schuster (CDU): »Wollen Sie sie gar nicht beantworten oder nur in diesem Format, öffentlich, nicht?«

Freimuth: »In diesem Format nicht.«

Einwurf Regierungsbank: »Die Zeugin kann mit Ja oder Nein antworten.«

Freimuth: »Dann: Ja!«

Überwachung mit nachrichtendienstlichen Mitteln kann eine Telefonüberwachung, aber auch der Einsatz von Spitzeln sein. Die Auswerterin räumte ein, dass sie mindestens vier Aufträge zur Informationsbeschaffung über Amri an die Beschaffungsabteilung des Amtes, die die Quellen führt, gegeben habe. Die junge Beamtin strafte damit das Amt, für das sie arbeitet und das einem offiziellen Sonderermittler gegenüber verneint hatte, eine Informationsbeschaffung betrieben zu haben, Lügen.

Als der Ausschuss die »Kronzeugin« zwei Wochen nach ihrer Aussage erneut befragen wollte, diesmal unter Ausschluss der Öffentlichkeit, meldete sie sich krank. An ihrer Stelle ging ihr Chef »Gilbert Siebertz« ins Rennen, der bemüht war, die Aussage seiner Mitarbeiterin zurückzunehmen, mit tatkräftiger Unterstützung des Bundesinnenministeriums.

Untersuchungsausschuss: »Wurde Amri nachrichtendienstlich überwacht?«

Siebertz: »Nein, wir haben ihn nicht nachrichtendienstlich überwacht.«

Untersuchungsausschuss: »Die Zeugin Freimuth hat in der letzten Sitzung erklärt, ja, Amri sei mit nachrichtendienstlichen Mitteln überwacht worden.«

Siebertz: »Nein, er wurde nicht mit nachrichtendienstlichen Mitteln überwacht. Insbesondere nicht: ›überwacht‹. Nach allem, was ich mir denken kann, hat Frau Freimuth ›wahrscheinlich‹ gesagt.«

Untersuchungsausschuss: »Nein. Der Wortlaut liegt vor. Gab es Aufträge an Quellen, den Aufenthaltsort Amris zu benennen?«

Siebertz: »Ja, war aber negativ.«

Untersuchungsausschuss: »Gab es Aufträge an Quellen, näher an Amri heranzurücken?«

Siebertz: »Ja.«

Untersuchungsausschuss: »Wie nah?«

Intervention des Bundesinnenministeriums: »Stopp! Das ist eingestuft. Sie bekommen die Antwort in der nicht-öffentlichen Sitzung.«

Untersuchungsausschuss: »Gibt es neben der Personenakte auch eine Sachakte zu Anis Amri?«

Siebertz: »Logischerweise.«

Untersuchungsausschuss: »Was steht da drin?«

Siebertz: »Weiß ich nicht. Es müsste in der Sachakte zur DIK-Moschee in Hildesheim sein.«

Bundesinnenministerium: »Stopp, stopp, stopp!«

Untersuchungsausschuss: »Warum? Es geht um Strukturen gewaltbereiter Szenen, in denen sich Amri bewegte.«

Bundesinnenministerium: »Das berührt Arbeitsweise und Methodik des BfV.«

Untersuchungsausschuss: »Wenn Sie sagen, das BfV hatte in der Fussilet-Moschee eine Quelle, aber nicht wegen Amri: Hatten Sie Quellen, die – ohne Auftrag – dennoch Kontakt zu Amri hatten?«

Intervention Bundesinnenministerium: »Die Frage darf nicht beantwortet werden. Es handelt sich um nachrichtendienstliche Mittel.«

Untersuchungsausschuss: »Gab es durch andere Verfassungsschutzämter einen Quellen-Einsatz in der Fussilet-Moschee?«

Siebertz: »Ich weiß es nicht in jedem Fall. Das BfV müsste es aber wissen.«

Intervention Bundesamt für Verfassungsschutz: »Nach der Aussagegenehmigung darf eine Frage nicht beantwortet werden, wenn dem das Staatswohl entgegensteht.«

Untersuchungsausschuss: »Ich habe nur abstrakt gefragt.«

Bundesinnenministerium: »Fussilet-Moschee ist ein Detail.«

Untersuchungsausschuss: »Vielleicht gefährdet es das Staatswohl, wenn Quellen doppelt geführt werden.«

Siebertz: »Eine doppelte Quellen-Führung kann ich ausschließen.«

Untersuchungsausschuss: »Ein Ladeort des LKW soll in der Nähe gelegen haben, wo Amri ums Leben kam. Sind Sie dem nachgegangen?«

Siebertz: »Nein.«

Untersuchungsausschuss: »Haben Sie ausländische Partner-Nachrichtendienste dazu befragt?«

Bundesinnenministerium: »Einspruch!«

Die Interventionen seitens des Bundesinnenministeriums wurden angeführt von Eva Maria Haarmann. Was die Abgeordneten zu diesem Zeitpunkt nicht wussten: Die Oberregierungsrätin war vor ihrem Engagement im Hause Seehofer im Kölner BfV Leiterin des Referates zum Bereich »Islamistischer Terrorismus« und damit Vorgesetzte der Sachbearbeiterin »Lia Freimuth«. Siebertz wiederum war im BfV ihr Vorgesetzter gewesen. Mit der Spitzenbeamtin hatten BMI und BfV – man könnte sagen – einen »Spitzel« im Ausschuss sitzen, der selber mit der Materie befasst war und nun zeitnah erfahren konnte, was die Parlamentarier planten.

Neben den Abgeordneten haben auch Vertreter der Bundesregierung, der Sicherheitsbehörden und der Länder einen festen Platz im Ausschuss. Und zwar auch in nicht-öffentlichen und internen Beratungssitzungen des Parlamentsgremiums. Ein festgeschriebenes Recht der Exekutivorgane ist diese Praxis aber nicht. Eva Maria Haarmann war in der Runde mehr als nur ein schweigsamer Spion. Sie handelte aktiv und offensiv und ging immer wieder gegen Fragen von Ausschussmitgliedern vor. Damit nahm sie auch Einfluss auf die Zeugen und ihr Aussageverhalten. Im Oktober 2018 wurde dann ihre Vergangenheit bekannt. Es stellte sich heraus, dass die Frau einmal beim BfV tätig war und damit selbst eine Zeugin ist. Daraufhin wurde sie von ihrem Dienstherrn BMI ganz schnell aus dem Amri-Ausschuss abgezogen, aus »Fürsorgegründen«. Verantwortlich für die Personalie war im Bundesinnenministerium Ministerialdirektor Stefan Kaller, den wir bereits aus der Auseinandersetzung zwischen BKA und LKA Nordrhein-Westfalen kennen. Nachfolger von Haarmann als Leiter der BMI-»Projektgruppe Untersuchungsausschuss Anschlag Breitscheidplatz« (Abkürzung »PG UA ABP«) wurde Ministerialrat Michael Vogel. Er intervenierte auch gegen Fragen, aber nicht so exzessiv wie seine Vorgängerin.

Vor dem Auffliegen der BfV-Vergangenheit von Eva Maria Haarmann wurde der BfV-Zeuge Siebertz bei seiner Vernehmung unter anderem gefragt, ob jemand im Raum sei, den er aus dienstlicher Tätigkeit kenne. Er antwortete mit »Nein«, was sich kurze Zeit später als Falschaussage erwies. Daraufhin machte er geltend, er habe gedacht, die Frage beziehe sich auf die Person Amri.

Zwei Jahre nach der Affäre, im Oktober 2020, vernahm der Untersuchungsausschuss des Bundestags Siebertz ein weiteres Mal. Dabei ergaben sich Hinweise, die die These vom Täter-Netzwerk stützen können. Unter den Personenakten, die im BfV zu Amri und anderen nominellen Islamisten aus der Szene geführt wurden, war auch die zu Habib Selim, der im Juli 2015 zusammen mit Anis Amri und Bilel Ben Ammar nach Deutschland kam. Ausschussmitglied Fritz Felgentreu (SPD) entdeckte in der Personenakte zu Habib Selim das bekannte Bild eines Ersthelfers mit blauen Gummihandschuhen vom Abend des Attentats auf dem Breitscheidplatz. Die Kriminalisten sind uneins, ob es sich bei dem Mann um Ben Ammar gehandelt hat, eine Ähnlichkeit ist aber nicht abzustreiten. In der BfV-Akte zu Habib Selim ist dieses Bild zusammen mit einem Hinweis auf Ben Ammar abgeheftet. Als Siebertz der Fund gezeigt und er um eine Erklärung gebeten wurde, sagte er, er habe das Bild noch nie gesehen, nur davon gelesen. Dann befand er unvermittelt: In der Akte würden die beiden Sachen – »Mann mit blauen Handschuhen« und »Ben Ammar« – in »unzulässiger Weise« zusammengebracht. Siebertz hatte sich im Eifer versprochen. Der Aktenfund war ihm als sogenannter »stiller Vorhalt« vorgelegt worden, so dass er für das Publikum nicht identifizierbar sein sollte. Der Zeuge sollte nur allgemein antworten. Doch dann lieferte der Nachrichtendienstler unfreiwillig selber die Details des Sachverhaltes. Ist, was er so schnell »unzulässig« nannte, in Wirklichkeit die Wahrheit?

Der vierte Verfassungsschützer im Bunde neben »Lia Freimuth«, »Gilbert Siebertz« und Eva Maria Haarmann ist »Henrik Isselburg«, Leiter des Auswertungsreferates »Islamismus« im BfV, dem Siebertz nachfolgte. Als Isselburg im Dezember 2018 als Zeuge vor den Untersuchungsausschuss im Bundestag geladen ist, vollführt er einen wahren Eiertanz um die Hintergründe des fraglichen BfV-Behördenzeugnisses zu Amri. Auch er nennt es einen »ungewöhnlichen Vorgang«. Ausschussmitglied Konstantin von Notz will daraufhin wissen: »Können Sie etwas über den Hintergrund dieses Vorganges sagen, den Sie für so ungewöhnlich hielten?« Nun antwortet Isselburg: »Ich halte es nicht für einen ungewöhnlichen Vorgang.« Damit widersprach er sich. Der Zeuge wird zu diesem Zeitpunkt schon knapp drei Stunden befragt, seit 19:45 Uhr, und er beginnt, die Kontrolle zu verlieren. Die Regierungs- und Behördenvertreter im Ausschuss versuchen ihn vom Feld zu nehmen. »Könnte man angesichts der fortgeschrittenen Uhrzeit nicht eine Pause machen?«, wirft der Vertreter des BfV ein. Es ist 22:35 Uhr. Die Interventionen von der Regierungsbank werden mehr, die Abstände, in denen sie erfolgen, kürzer.

Kurz vor Mitternacht explodierte die Situation. Die kritischen Abgeordneten sind mit dem Thema BfV-Behördenzeugnis noch nicht fertig. Die Abgeordnete Irene Mihalic (Grüne) will erneut wissen: »Wie kam die Information über die zu schützende Quelle zum BfV?«, sprich: Kam sie vom LKA oder vom LfV? Die Aussage des Zeugen ist nicht mehr stringent. Ursprünglich hatte er darauf beharrt, das LKA sei der Auftraggeber gewesen. Zwischenzeitlich hat er eingeräumt, dass die Bitte über das LfV an sie herangetragen worden sein könnte. Nun sagt er, aus der Akte erschließe sich nicht, ob und gegebenenfalls auch wie die Information zu seiner Behörde kam. Mihalic: »Und trotzdem, obwohl sich die Herkunft nicht erschließt, war sie Ihnen schlüssig?« Der Zeuge antwortet nicht mehr. Da drückt sein Rechtsbeistand, Rechtsanwalt Daniel K., auf den Mikrofonknopf und interveniert ungefragt: »Entschuldigung, Herr Vorsitzender, das ist der dritte falsche Vorhalt, der meinem Mandanten gemacht wird …« Der Vorsitzende Armin Schuster bleibt still, Mihalic widerspricht, doch der Anwalt fährt ungebremst fort: »Lassen Sie mich ausreden, Frau Abgeordnete!« Während Schuster immer noch schweigt, platzt Mihalic‘, Fraktionskollege Konstantin von Notz der Kragen: »Sie haben hier kein Rederecht. Das ist eine Unverschämtheit. Sie haben uns hier nichts zu sagen!« Jetzt reagiert Schuster: »Herr Dr. von Notz, es ist eine Unverschämtheit, wie Sie sich hier verhalten. Und Herr Rechtsanwalt, Sie haben tatsächlich kein Rederecht. Sie können höchstens um eine Unterbrechung bitten.« Die nimmt der Anwalt in Anspruch. Doch wenige Sekunden später beendet der Vorsitzende Schuster die Veranstaltung. Es ist 24 Uhr und die Stenografen haben Feierabend. Ohne sie gibt es kein Protokoll und ohne Protokoll wäre es, als habe es die Sitzung nicht gegeben.

Bleibt noch ein Dokument des LKA von Nordrhein-Westfalen, das nicht entschlüsselt ist. In einem tabellarischen Personagramm zu Anis Amri findet sich unter dem Datum vom 14. Dezember 2016, fünf Tage vor dem Anschlag, folgende Eintragung: »PB 07/Nachrichtendienstliche Beobachtung durch BfV«. In der Spalte daneben heißt es: »Wenn ja, seit wann«. Und als Angabe: »Seit 13. Oktober 2016«. »PB« steht für »Polizeiliche Beobachtung«. Wofür »07« steht, ist unklar. Parallel zur polizeilichen Beobachtung gab es die »Beobachtung durch das BfV«. Wurde Amri bis kurz vor dem Anschlag durch das BfV kontrolliert? Im Untersuchungsausschuss des Abgeordnetenhauses von Berlin wurde einmal eine Frage aufgeworfen, die dazu passt. Der Abgeordnete Marcel Luthe (FDP) erklärte, vertrauliche Informationen zu besitzen, nach denen sich der polizeiliche Staatsschutz in Krefeld am 14. Dezember 2016 an den Staatsschutz in Berlin gewandt und dringend gebeten habe, Amri aufzuspüren und festzunehmen. Die Darstellung wurde seitens der Krefelder Polizei nie bestätigt oder dementiert.

Kapitel 25

Schlüsselereignis 11. Juli 2016: Ein Messerangriff unter Drogendealern

Wir kennen den Amri aus Drogengeschäften. Ich habe ihn in einem Park in der Turmstraße in Berlin kennengelernt. Ich glaube, das war im Juni oder Juli 2016. Wir haben bei dem Amri Haschisch gekauft. Wir haben danach noch weitere Male Haschisch gekauft, nicht nur für uns, sondern auch für Freunde. Der Amri war 24 Stunden am Tag erreichbar. Wir haben ihn einmal nachts um drei Uhr angerufen, und da hat er Drogen bei uns vorbeigebracht. Er war immer allein, er war immer gut gekleidet und sauber. Wenn er mit mir gesprochen hat, war er schüchtern und zurückhaltend. Er hat auch nicht viel geredet, nur über die Drogen. Im Zeitraum von Juni bis November 2016 habe ich ungefähr zehnmal Drogen bei ihm gekauft. Der Amri hat erst ab größeren Mengen verkauft, das Minimum waren fünfzig Euro. Aus diesem Grund haben wir mit mehreren Freunden zusammen bei ihm gekauft. Der Amri hat in der Gegend zwischen Turmstraße und Park viel gedealt. Er hatte keine Wohnung und war viel unterwegs. Wir waren keine Freunde, er war ein Dealer. Er hat nie über Religion geredet. Seine Drogengeschäfte passen ja auch nicht ins das Bild vom Islam. Er war immer modern gekleidet und hat keinen Bart getragen. Er hat auf mich den Eindruck eines Jugendlichen gemacht. Wenn ich ihn so vor mir sehe, seine Körperhaltung, er war schüchtern, da kann ich mir einfach nicht vorstellen, dass er diesen Anschlag gemacht hat.

Aus einer Zeugenvernehmung des BKA Anfang 2017

Anis Amri, der Drogendealer. Auch in diesen Strukturen bewegte sich der gerade mal 23-Jährige ganz schnell und wie selbstverständlich. Doch wie passt diese Existenz zu Amris Rolle als religiöser Fundamentalist, der sich in Moscheen aufhielt, dort vorbetete und der andere Menschen wegen angeblich unislamischer Lebensführung gemaßregelt haben soll? Ausdruck seiner vielschichtigen Persönlichkeit oder zwei Seiten derselben Medaille? Islamismus und Organisierte Kriminalität, Drogenhandel zur Terrorfinanzierung? Oder handelt es sich um verschiedene Rollen, deren Hintergrund wir nur noch nicht kennen?

Nach der Ablehnung seines Asylantrags Ende Mai 2016 und der Einstellung staatlicher Geldzahlungen nahm Amris Drogenhandel zu. Den Experten im polizeilichen Staatsschutz blieb das nicht verborgen. Sie konstatierten bei ihm einen »gewerbs- und bandenmäßigen Rauschgifthandel«. Diese Bewertung wurde von den zuständigen LKA-Beamten im Januar 2017 nach dem Anschlag und der Festlegung Amris als mutmaßlicher Täter abgeschwächt in die Bewertung »möglicherweise Kleinsthandel mit Betäubungsmitteln«, von einer Bande mit Komplizen war nicht mehr die Rede. Die veränderten Seiten wurden zurückdatiert in die Amri-Akte geschmuggelt.

Amri muss mit seinen Drogengeschäften gutes Geld verdient haben. Bekannt geworden sind mehrere Überweisungen von ihm nach Tunesien an seine Familie in Höhe von etwa 5 000 Euro. In der Geldbörse, die im Tat-LKW gefunden und ihm zugerechnet wurde, befanden sich 230 Euro, und bei seinem Tod in Sesto San Giovanni hatte Amri 1 000 Euro in bar bei sich. Woher bezog er die Drogen? Wer waren seine Lieferanten? Für wen verkaufte er sie? Wie verliefen die Vertriebswege? Auf welchen Routen und mit welchen Transportmitteln kam der Stoff nach Deutschland? Welche Rolle spielte das Transitland Italien? Von dieser hintergründigen Parallelwelt ist so gut wie nichts bekannt. Die amtlichen Terrorermittler interessieren sich nicht dafür, weder beim LKA Berlin noch beim BKA noch bei der Bundesanwaltschaft. Es ist, als sei ein Vorhang davor gespannt. Am 11. Juli 2016 kam es zu einem Ereignis, das einen Blick hinter diesen Vorhang ermöglicht. Amri zeigte dabei noch ein drittes Gesicht, nämlich das eines Gewalttäters und damit das genaue Gegenteil des schüchternen Jungen.

Zusammen mit drei Drogenkomplizen überfiel Amri gegen 6:00 Uhr in den frühen Morgenstunden jenes Tages drei andere Dealer arabischer Herkunft. Tatort war die Bar »Novoline« in der Hertastraße in Berlin-Neukölln. Es ging um Revierstreitigkeiten. Bei den Angreifern handelte es sich neben Amri um die Tunesier Mohamed Ali D. und Abdelmontasser H. sowie einen nicht identifizierten Komplizen, möglicherweise Hadez A. Merkwürdigerweise verschwand irgendwann in den Berichten der vierte Mann. Fortan war offiziell nur noch von drei Angreifern die Rede. Inzwischen musste aber bestätigt werden, dass es diesen vierten Angreifer doch gab. Er hat möglicherweise eine eigene Agenda.

Bei der körperlichen Auseinandersetzung zwischen den sieben Männern war ein Messer im Spiel. Einer der Angegriffenen, der Marokkaner Ahmet Z., erlitt mehrere Schnittwunden und eine Stichverletzung im Lungenbereich, die laut Prozessakte »potentiell lebensgefährlich« war. Das Opfer musste im Krankenhaus notfallmedizinisch behandelt werden. Der Mann, der das Messer führte, soll Abdelmontasser H. gewesen sein. Amri soll mit einem sogenannten Fliesenhammer aus Gummi zugeschlagen haben. Mohamed Ali D. sagte dagegen aus, Amri habe das Messer benutzt, Abdelmontasser H. habe es ihm aus der Hand nehmen wollen. Laut einem der Angegriffenen soll es auch nicht Amri gewesen sein, der mit dem Hammer zuschlug, sondern Mohamed Ali D.

Vor allem die Messerverletzungen waren meldepflichtig und lösten polizeiliche Ermittlungen aus. Der Kriminalpolizei gelang es, sämtliche Namen der Beteiligten zu ermitteln – bis auf den vierten Angreifer. Ermittelt wurde auch der Name Anis Amri, der für das LKA bereits ein alter Bekannter war. Der Messerangriff im »Novoline« wurde strafrechtlich mindestens als »gemeinschaftliche schwere Körperverletzung« eingestuft. Einige Kriminalbeamte neigten gar zur Klassifizierung als »versuchtes Tötungsdelikt«. Die Tat hätte zwingend Haftbefehle gegen alle Angreifer nach sich ziehen müssen. Weil Amri, der schon lange als »islamistischer Gefährder« bundesweit unter Beobachtung stand und seit einiger Zeit zusätzlich organisierten Drogenhandel betrieb, unter den Tatbeteiligten war, kam es zu einer Versammlung auf höchster Ermittlungsebene. Am 18. August 2016 trafen sich in den Räumen des LKA Berlin fünf Kriminalbeamte mit dem Vizechef der Generalstaatsanwaltschaft, dem Leitenden Oberstaatsanwalt Dirk Feuerberg, verantwortlich für das operative Geschäft der Behörde. Sie wollten beratschlagen, wie mit dem gefährlichen Tunesier umgegangen werden sollte.

Unter den fünf LKA-Beamten war neben dem Kommissariatsleiter Stephan C. auch Tobias L., der im LKA die Akte Amri führte und der sie zusammen mit einem Vorgesetzten im Januar 2017 fälschte. Auch in der Staatsanwaltschaft gab es eine eigene Akte zu Amri. Sie war dort Chefsache und lag in den Händen von Feuerberg, der der Staatsschutzabteilung seiner Behörde vorsteht. Bemerkenswert ist das deshalb, weil in der Generalstaatsanwaltschaft eigentlich Oberstaatsanwältin Eva-Maria Tombrink mit terrorverdächtigen Islamisten befasst war, darunter Bilel Ben Ammar, Habib Selim, Soufiane Amri, Emrah Civelek, Resul Korkmaz, Feysel H. oder Walid S., deren Akten sie führte. Anis Amri war offensichtlich eine Ausnahme und ein Sonderfall. Nebenbei landeten auch die Einsätze von V-Personen ausschließlich auf dem Tisch von Feuerberg, Eva-Maria Tombrink wusste nichts von ihnen.

Es gab strafrechtlich keine Alternative. Wegen des Messerangriffs mit der gefährlichen Körperverletzung hätte die Staatsanwaltschaft Haftbefehl beantragen müssen. Das scheiterte an niemand anderem als an Oberstaatsanwalt Feuerberg. Er lehnte einen Haftbefehl mit der Begründung ab, Amri sei kein eigener Tatbeitrag nachzuweisen, es sei unklar, wer welche Waffe geführt habe. Bei einer »gemeinschaftlichen Tat« spielte das aber eine untergeordnete Rolle.

Einschub: Als im April 2018 die Staatsanwaltschaft das Verfahren gegen die beiden LKA-Beamten Tobias L. und Lars O. wegen der Akten- und Datenfälschung folgenlos einstellte, schrieb sie einen Satz in die Verfügung, der sich wie eine nachgeschobene Rechtfertigung für Feuerbergs Unterlassung liest: »Selbst wenn es zum Erlass eines richterlichen Haftbefehls gekommen wäre, kann nicht mit erforderlicher Sicherheit festgestellt werden, dass Amri bis zum Anschlag am 19. Dezember 2016 tatsächlich festgenommen worden wäre.« Die Behörde steht also bis heute fest zusammen. Behördenleiter Jörg Raupach gab vor dem Untersuchungsausschuss des Abgeordnetenhauses von Berlin eine weitere bizarre Begründung ab, warum damals im August 2016 kein Haftbefehl für Amri beantragt werden konnte, nämlich, weil von ihm keine Wohnadresse bekannt gewesen sei und man das Dokument nicht hätte zustellen können. Als wäre noch nie ein Straftäter per Haftbefehl gesucht worden, weil er untergetaucht war.

Kein Haftbefehl gegen Amri, aber auch keinerlei operative polizeiliche Maßnahmen. Im Gegenteil: Trotz Häufung schwerer Delikte sollte der Staatsschutz von Amri abgezogen und ein Rauschgiftkommissariat für ihn zuständig werden, das sich lediglich um die Drogengeschäfte des Tunesiers kümmern sollte. Inzwischen kennt man den wahren Grund für den Rückzug des polizeilichen Staatsschutzes von Amri: Es ging um den Schutz einer V-Person, die nicht auffliegen durfte. Dabei war auch die Behörde des Generalbundesanwalts in Karlsruhe einbezogen, die bestimmte Informationen für die Berliner Ermittler nicht freigab. Handelte es sich bei der zu schützenden V-Person mit offensichtlicher Nähe zu Amri möglicherweise um den vierten Angreifer bei der Schlägerei in der Bar? Und hieß der vielleicht Hadez A.? Aus einem Vermerk des BKA vom Juli 2017 geht jedenfalls hervor, dass A. mit der Tat vom 11. Juli 2016 und den Tätern in Verbindung gestanden haben soll. Was in der Folge mit dem kriminellen islamistischen Gefährder Amri im LKA und der Generalstaatsanwaltschaft Berlin geschah, ist ein Rätsel. Aus der Besprechung vom August 2016 sind keine Konsequenzen bekannt. Auch das Rauschgiftkommissariat unternahm nichts.

Der Angriff in der Bar führte aber zu regulären polizeilichen und staatsanwaltschaftlichen Ermittlungen. Und damit setzen sich die Fragwürdigkeiten fort. In der Berliner Staatsanwaltschaft bekam Staatsanwalt Jens W. den Fall auf den Tisch. Doch der war eigentlich gar nicht zuständig, weil er Jugendstrafsachen bearbeitet. Die beiden namentlich aufgeführten Tatverdächtigen Anis Amri und Abdelmontasser H. waren Jahrgang 1992 und 1984 und fielen damit nicht unter das Jugendstrafrecht. Dass das Verfahren dennoch bei Jugendstaatsanwalt Jens W. landete, lag daran, dass ominöserweise ein 18-jähriger Heranwachsender aus Syrien ebenfalls als Täter aufgeführt wurde. Der hatte mit dem Vorfall aber rein gar nichts zu tun, das Verfahren gegen ihn wurde direkt wieder eingestellt. Wie der 18-Jährige unschuldige Husain A. überhaupt in den Fall geriet, konnte bisher nicht geklärt werden. Die Akte kam jedenfalls vom LKA zur Staatsanwaltschaft. Bei den beiden Beschuldigten Amri und Abdelmontasser H. wusste der Jugendstaatsanwalt wiederum nicht, dass es sich um islamistische Gefährder handelte. Das sei ihm auch nie mitgeteilt worden, erklärte er vor dem Untersuchungsausschuss des Berliner Abgeordnetenhauses. Als das Verfahren vom Landeskriminalamt zu ihm kam, war es aber mit einem Vermerk versehen, dass der Leitende Oberstaatsanwalt und Chef der Staatsschutzabteilung, Dirk Feuerberg, davon Kenntnis habe. Deshalb ging Staatsanwalt W. davon aus, dass es sich um einen »normalen Kriminalfall« handle und nicht um einen Staatsschutzfall, weil den sonst ja die Staatsschutzabteilung in der Generalstaatsanwaltschaft selber übernommen hätte.

Wurde der Staatsanwalt also getäuscht und benutzt? Jens W. selbst scheint das in Betracht zu ziehen. Zum Schluss seiner Vernehmung im Abgeordnetenhaus verwendete der Beamte noch ein drastisches Bild, das auch der Selbstentlastung dienen kann: Die Staatsanwaltschaft sei eine hierarchische Behörde mit einem General an der Spitze, er sei nur ein Soldat. Die Soldaten würden nicht gefragt werden, sie führten nur Befehle aus.

Das Ermittlungsverfahren von Staatsanwalt W. gegen Amri und Abdelmontasser H. führte im Herbst 2016 zunächst nicht zu Konsequenzen, es wurde weiterhin kein Haftbefehl beantragt. H. wurde aber wegen mehrerer anderer Delikte Ende Oktober 2016 in Haft genommen, wo er sich übrigens auch am 19. Dezember 2016, dem Tag des Anschlags, befand. Amri hingegen blieb auf freiem Fuß.

Das Handeln der Staatsanwaltschaft änderte sich erst 2017 nach dem Anschlag auf dem Breitscheidplatz. Gegen Abdelmontasser H., der der Messerstecher gewesen sein soll, erging am 6. Februar 2017 Haftbefehl, wodurch er inhaftiert blieb. Im Mai 2017 wurde er zunächst zu zwei Jahren und zehn Monaten Haft verurteilt. Nach einer Berufungsverhandlung wurde die Strafe im November 2017 auf zwei Jahre und sechs Monate reduziert. Auch Mohamed Ali D. wurde jetzt in das Verfahren einbezogen. Er wurde am 3. März 2017 verhaftet und im Juni 2017 zu einem Jahr und acht Monaten Haft verurteilt. Freiheitsstrafen für einen Messerangriff sowie für die Tatbeteiligung dabei, damit ist belegt, dass auch der Mittäter Amri eine Haftstrafe bekommen hätte.

Im März 2018 machte der Untersuchungsausschuss von Berlin einen Ausflug in die Justizvollzuganstalt Moabit, um dort den verurteilten Mittäter Mohamed Ali D. als Zeugen zu befragen. Der machte dann eine Aussage, die nicht zur bisherigen Version der Geschehnisse passt. Der Messerstecher sei nicht Abdelmontasser H. gewesen, sondern Anis Amri. Ali D. will das auch gegenüber der Polizei ausgesagt haben.

Egal, wer der Messerangreifer war, der Tatvorwurf der gemeinsamen gefährlichen Körperverletzung traf alle Angreifer. Die Frage, ob Amri möglicherweise der Messerstecher und Haupttäter war, würde aber schlagartig ein eigenes Szenario eröffnen. Sollte Amri etwa verschont werden? Hatte die Besprechung zwischen dem LKA und der

Generalstaatsanwaltschaft im August 2016 deshalb zu keinem Ergebnis geführt? Darin wäre eine Parallele zum Umgang der Polizei mit Amri und seinen Drogengeschäfte erkennbar. Auch sie wurden nicht geahndet, sondern hinterher abgeschwächt und banalisiert.

Der verurteilte Haupttäter Abdelmontasser H. hatte zunächst ein Geständnis abgelegt. Die Geschichte dieses Geständnisses liest sich in den Gerichtsakten allerdings ambivalent. Tatsächlich hatte er im ersten Prozess vor dem Amtsgericht die Tat eingeräumt. Der Verurteilte ging aber in Berufung, die im November 2017 vor dem Landgericht verhandelt wurde. Nun kam zur Sprache, Abdelmontasser H. habe gegenüber einem Sachverständigen erklärt, dass er den Streit in der Bar habe »schlichten« wollen. Ein großes Messer sei zu Boden gefallen, er habe es aufgehoben und versucht, Amri daran zu hindern, es in Besitz zu bekommen. Dabei habe er versehentlich das Opfer verletzt. Er habe die Tat in der ersten Instanz nur gestanden, weil die Staatsanwaltschaft – in Person von Staatsanwalt Jens W. – ihm angeboten habe, seiner Abschiebung zuzustimmen, wenn er im Gegenzug ein Geständnis ablege. Tatsächlich war in der ersten Hauptverhandlung die Möglichkeit einer Abschiebung des Angeklagten erörtert worden, wie man im Urteil nachlesen kann. Staatsanwalt Jens W., in der Berufungsverhandlung dann Zeuge, bestritt aber, eine entsprechende Zusage gemacht zu haben. Er habe – im Gegenteil – deutlich gemacht, dass die Staatsanwaltschaft einer Abschiebung ausdrücklich nicht zustimme und dies »bis auf Weiteres auch nicht tun werde«. Denn der Angeklagte werde noch als Zeuge im »Zusammenhang mit dem Verdacht der Manipulation der Akten durch staatliche Stellen hinsichtlich des Umgangs mit dem ehemals Mitbeschuldigten Anis Amri« gebraucht, und zwar »auch durch einen Untersuchungsausschuss«. Im Klartext: Der Drogenkomplize Amris sollte als Zeuge für die Aktenmanipulationen im LKA auftreten. Die Berufung von H. wies das Landgericht zurück, es verkürzte die Haftstrafe aber um vier Monate.

Was ist am 11. Juli 2016 tatsächlich in der Bar in Neukölln geschehen, wer waren die Beteiligten und wer tat was? Eindeutig ist der Sachverhalt nicht. Mohamed Ali D. und Abdelmontasser H. sind inzwischen nach Tunesien abgeschoben worden.

Das Geschäft in der Neuköllner Hertastraße steht heute leer. Damals, im Juli 2016, war noch eine Person anwesend, die dem LKA

Berlin aus dem Bereich Organisierte Kriminalität bestens bekannt sein dürfte: Ali Abou-Chaker, der zu dem gleichnamigen einflussreichen arabischen Clan gehört. Ganz offensichtlich hatte er in dem Laden etwas zu sagen. Als die vier Angreifer hereinstürmten, saß er im Hinterzimmer mit den drei Angegriffenen zusammen. Er floh daraufhin in den Tresenraum und schloss die Tür zum Hinterzimmer hinter sich zu. Nach der Tat wies er zwei andere Gäste an, aufzuräumen und das Blut auf dem Boden wegzuwischen, er ließ also Spuren beseitigen.

Überschnitten sich an diesem Tatort ein vorgeblich »islamistisches Milieu« und das der Organisierten Kriminalität, wo es unter anderem um Drogen- oder Waffengeschäfte geht? Und könnte ein derartiger Hintergrund etwa Einfluss auf das Motiv für den Anschlag auf den Weihnachtsmarkt gehabt haben?

Möglicherweise existierte mit der Bar aber noch eine weitere Schnittmenge mit einem völlig anderen Bereich. Als vor dem Untersuchungsausschuss des Abgeordnetenhauses der LKA-Beamte und Kommissariatsleiter Stephan C. gefragt wurde, ob er dem Betreiber Abou-Chaker einmal dienstlich oder beruflich begegnet sei, fing er an zu schmunzeln und erklärte dann zur Überraschung: Beruflich sei er ihm nicht begegnet, aber »sportlich« sei er ihm bekannt. Es stellte sich heraus, dass sich Ali Abou-Chaker und der Staatsschützer aus demselben Fitness-Studio kennen. Ein Polizist, der gegen Amri ermittelt, kennt eine Person, die zugegen ist, als Amri in einen Messerangriff verwickelt ist, und in deren Laden sich die Tat abspielt. Nur ein unglaublicher Zufall im Dorf Berlin? Oder vielleicht ein Puzzlestück zu dem Bild, nach dem der 2015 in Deutschland eingereiste Tunesier eine Sonderrolle im gesamten Staatsschutzkomplex spielte? Und das trifft allem Anschein nach auch auf die Generalstaatsanwaltschaft in Berlin zu, die in der Hauptstadt quasi inoffiziell für den Generalbundesanwalt Terrorismusverfahren führt.

Dass Dirk Feuerberg die Akte Amri führte und im Verlaufe des Jahres 2016 mehrfach seine schützende Hand über den Kriminellen halten konnte, war streng genommen nicht vorgesehen. Der Leitende Oberstaatsanwalt sollte die Staatsschutzabteilung aufbauen und nicht als Sachbearbeiter konkrete Verfahren bearbeiten. Er tat es im eigenen Auftrag und gegen den Willen seines damaligen Chefs, Generalstaatsanwalt Ralf Rother, trotzdem. Wie Feuerberg die Akte Amri führte, war allerdings nicht gerade nach den Regeln der Kunst, viele Sachverhalte kamen gar nicht zu den Unterlagen. »Ich arbeite lieber mit weniger Aktenseiten«, erklärte Feuerberg einmal. Sein Vorgesetzter Rother bekam die Amri-Akte erst nach dem Anschlag zu Gesicht. Vermerke, die aus den Akten herausgehalten werden, das kann man als Teil prophylaktischer Verschleierungstechnik ansehen.

Es ist schwer zu fassen, was der Behördenvize und Sachbearbeiter der Causa Amri alles nicht gewusst haben will: dass eine nordrhein-westfälische Quelle, die VP 01 »Murat Cem«, engen Kontakt zu seinem Kandidaten hatte; dass dieser die Quelle wiederum der Spitzeltätigkeit verdächtigte; dass es im Staatsschutzverfahren der Ermittlungskommission »Ventum«, bei dem Amri als »Nachrichtenmittler« Verwendung fand, um Abu Walaa, ging; oder dass das Bundesamt für Verfassungsschutz in der Fussilet-Moschee eine Quelle platziert hatte. All das will Feuerberg erst nach dem Anschlag erfahren haben. Die Nachrichtendienste fragte er nicht nach Erkenntnissen zu Amri ab, Protokolle der Telefonüberwachung nahm er nur in wenigen Fällen zur Kenntnis, Berichte aus der Observation las er keinen einzigen. Dennoch verstieg er sich zu dem quasi hellseherischen Satz: »Es ist nichts passiert, was man hätte observieren können.« Arbeitet so tatsächlich ein Strafverfolger?

Eher gewinnt man den Eindruck, hier bewegte sich ein nominell islamistischer Gefährder wie unter der Käseglocke – sichtbar, aber unberührbar. Der Abgeordnete Benedikt Lux wählte ein alternatives Bild für den Sachverhalt: Nach dem Treffen im Berliner LKA im August 2016, bei dem Feuerberg es abgelehnt hatte, einen Haftbefehl zu beantragen, habe man »Amri mehr oder weniger bewusst von der Angel gelassen«. Als Chef der Staatsschutzabteilung und zugleich Sachbearbeiter eines konkreten Verfahrens genoss Feuerberg keine Fach- und Dienstaufsicht. Er war sozusagen seine eigene Aufsicht.

Dafür kontrollierte er dann in gewisser Weise die parlamentarischen Untersuchungsausschüsse, die sein damaliges Handeln beleuchten sollten. Denn Feuerberg ist in der Generalstaatsanwaltschaft Berlin zuständig für die Vorbereitung und Freigabe der Akten aus seinem Haus an die Ausschüsse. Das Material, anhand dessen die Parlamentarier einen Zeugen befragen können, geht durch seine Hände.

Kapitel 26

Schlüsselereignis 29. Juli 2016: Der verhinderte Ausreiseversuch Amris

Ein abgelehnter Asylbewerber muss ausreisen, will ausreisen, darf nicht ausreisen, kommt in Abschiebehaft, wird nicht abgeschoben, muss zurück und soll sich bei der Ausländerbehörde eine neue Duldungsbescheinigung abholen. Dieses scheinbar absurde Szenario verbirgt sich hinter einem Schlüsselereignis des Amri-Komplexes, das vom 29. Juli bis zum 1. August 2016 andauerte und das bis heute Rätsel aufgibt – auch weil es einen solchen Vorgang vorher und hinterher kein zweites Mal gegeben hat.

Nach seiner Einreise in Deutschland hatte sich der Tunesier Anis Amri mehrfach unter falschen Aliasnamen bei Ausländerbehörden angemeldet und Asyl beantragt. Am 30. Mai 2016 lehnte das Bundesamt für Migration und Flüchtlinge den Antrag als »offensichtlich unbegründet« ab. Er galt zugleich für neun Aliasnamen, die die Behörden bis dahin zu Amri zusammenführen konnten, darunter der Name Ahmed Almasri. Ab 11. Juni 2016 war Amri ausreisepflichtig. Kommt ein abgelehnter Asylbewerber dem selbständig nach, wird das von deutschen Behörden in der Regel nicht hinterfragt. Nur für den Fall, dass er sich weigert und gewaltsam abgeschoben werden soll, brauchen die deutschen Behörden die vom Heimatland bestätigte Staatsangehörigkeit des Betreffenden.

Nach der Schlägerei unter Drogendealern inklusive Messerangriff vom 11. Juli wollte Amri Deutschland verlassen, denn er hatte mitbekommen, dass die Polizei ihn suchte. Woher er das wusste, ist nicht klar. Die Islamismus-Ermittler des Berliner LKA erfuhren von Amris Beteiligung an der Tat durch die Telefonüberwachung. In mitgehörten Gesprächen mit seiner Mutter und seiner Familie in Tunesien hatte Amri die Tat und sein Beisein angedeutet. Er habe zusammen mit einem Freund einen anderen fast erschlagen und müsse weg aus Deutschland. Unklar war laut den Ermittlern aber, ob er nach Syrien gehen wollte, nach Italien oder ganz zurück in sein Heimatland. Die Staatsanwaltschaft in Berlin legte fest, wenn sich Amri ins europäische Ausland begeben wolle, könne man ihn ausreisen lassen. Sollte er ins Kriegsgebiet im Nahen Osten wollen, nicht.

Am 28. Juli 2016 lief Amris Aufenthaltsgestattung, sprich seine Duldung, ab. Einen Tag später setzte er sich in Berlin in einen Fernbus mit dem Ziel Zürich. Damit begann ein weiteres Kapitel über die seltsamen Wege des späteren Attentatskandidaten Anis Amri. Seine Telefonüberwachung lief weiter. Die Berliner Fahnder verfolgten die Aktion des Abreisenden quasi live mit. Mit dem, was sich dann vor der deutsch-schweizerischen Grenze abspielte, wollen sie aber nichts zu tun gehabt haben. Welchen Part das LKA Berlin genau innehat, liegt bisher im Dunkeln. Der Leiter des Islamismus-Dezernats reklamiert, in jenen Tagen im Urlaub gewesen zu sein.

Bei der Kontrolle am Bodensee fand die Grenzpolizei bei Amri zwei gefälschte italienische ID-Karten. Er wurde aus dem Fernbus geholt und an der Weiterfahrt gehindert. Für die Exekutivmaßahmen war die Bundespolizei als Grenzbehörde verantwortlich. Dabei waren nahezu sämtliche Ebenen involviert. Von unten nach oben: das Bundespolizeirevier Friedrichshafen, die Bundespolizeiinspektion Konstanz, die Bundespolizeidirektion Stuttgart und das Bundespolizeipräsidium Potsdam. Die Entscheidungskette verlief allerdings von oben nach unten. In Konstanz kam die Anweisung aus Potsdam an, Amri sei die »Ausreise unbedingt zu untersagen«. Im Laufe jener Nacht vom 29. auf den 30. Juli 2016 nahm die Führungsspitze der Bundespolizei mehrmals Einfluss auf die Beamten, die am Bodensee vor Ort waren. Ein Konstanzer Polizeihauptkommissar sprach vor dem Untersuchungsausschuss des Bundestags, der sich in mehreren Sitzungen der Grenzaffäre um Amri widmete, von einem erkennbaren »Steuerungsbedürfnis des Präsidiums« seiner Behörde. Die informierte in der Folge die Landeskriminalämter in Baden-Württemberg, Nordrhein-Westfalen und Berlin.

Unklar ist, wer möglicherweise auf die Bundespolizei Einfluss nahm und warum. Dokumentiert ist ein Fahndungshinweis des LKA Nordrhein-Westfalen an die Polizeiinspektion Konstanz. Die Bundespolizei übernahm jedenfalls, die Maßgabe zu verhindern, dass Amri ins IS-Kriegsgebiet reise. Solle er in Europa bleiben wollen, würde man ihn ziehen lassen. Weil der Tunesier an der Weiterreise gehindert wurde, muss man folglich in den Sicherheitskreisen davon ausgegangen sein, dass er in den Nahen Osten wollte. Wie und durch wen festgestellt worden sein soll, welches Ziel Amri hatte, kann aber niemand erklären.

Begründet wurde das Ausreiseverbot mit den fehlenden beziehungsweise gefälschten Dokumenten, die Amri bei sich hatte. Obwohl er als Gefährder galt und es wegen seiner Beteiligung an dem lebensgefährlichen Messerangriff am 11. Juli ein aktuelles Verfahren gegen ihn gab, verzichteten die Grenzbeamten darauf, ihm aus diesem Grund die Ausreise zu verweigern. Sie hätten sonst das Verfahren, das zu diesem Zeitpunkt noch geheim war, offenlegen müssen. Aber wer hatte die Bundespolizei darüber informiert und entsprechend instruiert?

In den Unterlagen zu der Grenzaffäre am Bodensee finden sich noch mehr Unklarheiten. Beispielsweise ist die Rede von einem »Hinweis auf verdeckte Erkenntnisse als Gefährder«. Zugleich heißt es an einer anderen Stelle, es gebe »keine konkreten Hinweise für eine Untersagung der Ausreise aus Sicht terroristischer Gewalt«. Man hat keine Hinweise auf Anschlagspläne, verhindert die Weiterreise aber trotzdem? In einer Nachricht der Bundespolizeizentrale in Potsdam an die Dienststelle in Konstanz wird eine mögliche »Ansehensschädigung« als Begründung in den Raum gestellt. Wörtlich heißt es: »Aktenlage gibt eine Ansehensschädigung her«. Als der Untersuchungsausschuss des Bundestags diesem Sachverhalt nachging, wurde es abenteuerlich. Ein Zeuge der Bundespolizei versuchte, eine irritierende Richtigstellung vorzunehmen. Der Satz müsse heißen, die Aktenlage »gibt eine Ansehensschädigung **nicht** her«, es fehle also das Wörtchen »nicht«. Das wäre das genaue Gegenteil und erscheint zweifelhaft. Daraufhin sah sich der Vertreter der Bundespolizei, der an diesem Tag in den Reihen der Exekutive im Ausschuss saß, veranlasst einzugreifen. Er erklärte zunächst, mit Ansehensschädigung sei gemeint, dass das Ansehen der Bundesrepublik Schaden nehmen könne, wenn ein Gefährder im Ausland Straftaten begehe, weil er nicht an der Ausreise gehindert wurde. Meist betreffe das aber deutsche Fußball-Hooligans, die im Ausland randalierten. Deshalb gebe es auch immer wieder Ausreiseverbote für Fußballfans. Er war aber gleichfalls der Meinung, dass in dem fraglichen Satz ein Wort falsch geschrieben wurde und es heißen müsste, die »Aktenlage gibt **keine** Ansehensschädigung her. Also ebenfalls das genaue Gegenteil. Das ist nicht nur sehr freihändig interpretiert, sondern erst recht fragwürdig. Warum sollte eine Verneinung extra ausgedrückt werden? Und bedeutete das im Umkehrschluss etwa, dass Amri, hätte er die gefälschten Ausweisdokumente nicht dabeigehabt, das Land hätte verlassen können?

Im Einsatztagebuch des Bundespolizeipräsidiums Potsdam ist dann am 30. Juli 2016 unter der Uhrzeit 7:39 morgens der Anruf einer Frau aus dem Bundesamt für Verfassungsschutz festgehalten, in dem von »keinen verwertbaren Erkenntnissen« die Rede ist. Was bedeutet diese Formulierung? Dass der Inlandsgeheimdienst keine »Erkenntnisse« hatte oder dass er doch welche hatte, die aber nicht »verwertbar« waren, weil sonst zum Beispiel die Quelle der Information hätte offengelegt werden müssen? Wurde Amri vielleicht deshalb an der Ausreise gehindert?

Jedenfalls erfuhr die Figur Amri, wie bereits in mehreren anderen Fällen zuvor, an der deutsch-schweizer Grenze erneut eine einzigartige Sonderbehandlung. Bis dahin war kein »Gefährder« durch die Grenzpolizei an der Ausreise gehindert worden. Regierte hier lediglich das Chaos, oder gab es andere Gründe? Warum die vernebelten Entscheidungshierarchien, die zahlreichen Sicherheitsbehörden im Umfeld des Vorgangs, Handlungen aus dem Schattenfeld der Dienste heraus, der Formulierungswirrwarr? Man muss den Eindruck gewinnen, dass um das scheinbar irrationale Ausreiseverbot gegen den Mann, der heute nach offizieller Darstellung als der Attentäter vom Breitscheidplatz gilt, in der Öffentlichkeit eine regelrechte Mauer gezogen wird.

Anis Amri kam am 30. Juli 2016 in Polizeigewahrsam und wurde dann in die Justizvollzugsanstalt Ravensburg gebracht. Er konnte das Gefängnis am 1. August wieder verlassen und kehrte zunächst nach Berlin zurück. Das Verfahren wegen Urkundenfälschung, das die italienischen ID-Karten betraf, stellte die Staatsanwaltschaft Ravensburg wieder ein. Amri fuhr dann nach Nordrhein-Westfalen und meldete sich am 12. August 2016 bei der Ausländerbehörde in Kleve, um sich eine neue Duldungsbescheinigung ausstellen zu lassen. Das wirft ebenfalls Fragen auf. Ein angeblich gewaltbereiter Dschihadist, der seit langem Anschlagspläne hegen soll, an einer Messerstecherei beteiligt war und davon ausgehen musste, dass die Polizei ihn sucht, meldet sich bei einer staatlichen Behörde? Das will nicht so richtig einleuchten. Am 16. August erhielt Amri erneut eine Duldungsbescheinigung, ausgestellt auf den Namen Ahmed Almasri und gültig bis zum 16. September 2016. Bis dahin galt die Abschiebung als ausgesetzt. Am 17. August holte er beim Sozialamt in Emmerich Geld ab, am 18. August reiste er zurück nach Berlin, wo es am selben Tag wegen ihm im LKA Berlin zu jenem Krisentreffen mit dem Vizechef der Generalstaatsanwaltschaft von Berlin, Dirk Feuerberg, kam.

Die Duldungsbescheinigung aus Kleve vom 16. August 2016 steckte in jenem Portemonnaie, das nach dem Anschlag im Führerhaus des Tat-LKW am 20. Dezember um 16:45 Uhr entdeckt und zum zentralen Beleg für die Täterschaft Amris erklärt wurde. Es lag im Fußraum unter einer Wolldecke. Die Spurensicherer der Mordkommission meldeten den Fund direkt weiter. Kurz darauf erschienen zwei Beamte des LKA, Abteilung Staatsschutz, und holten den Schein ab. Laut einem »Informanten« der Polizei soll Amri unmittelbar nach dem Anschlagsgeschehen einem Bekannten aus der Fussilet-Moschee gegenüber gesagt haben, er sei nicht an der Tat beteiligt gewesen und habe das im LKW gefundene Duldungspapier bereits Monate vorher bei der Polizei in Berlin abgegeben.

So rätselhaft wie Amris unterlassene Verhaftung ist auch seine ausgebliebene Abschiebung. Dazu musste Tunesien offiziell bestätigen, dass Amri tunesischer Staatsbürger ist. Das aber war im Laufe des Jahres 2016 geschehen. Bereits im Februar 2016 war der sicherheitspolitische Abschiebevorgang eröffnet worden. Ende April 2016 überbrachte eine deutsche Delegation des BKA den tunesischen Behörden umfangreiches Identifizierungsmaterial zur Person Amri (Fingerabdrücke, Handflächenabrücke, Lichtbilder, biometrische Daten). Am 21. Oktober 2016 lag die Bestätigung der Identität seitens der tunesischen Behörden vor, die der BKA-Verbindungsbeamte in Tunesien am 23. Oktober 2016 nach Deutschland übermittelte. Offiziell soll Tunesien erst am 21. Dezember 2016 die Identität Amris als tunesischer Staatsbürger bestätigt haben, zwei Tage nach dem Anschlag. Die Geschichte wird gern erzählt, um deutsche Verantwortung von sich zu weisen. Aber wo »Terrorismus« eine internationale Dimension hat, muss man sowieso weiter denken als nur bis zu den nationalen Grenzen. Eine »Nationalisierung« von Terroristen, ihre Abschiebung ins Heimatland, bannt die Terrorgefahr nicht, sondern »exportiert« sie lediglich. Anschläge können auch in den Heimatländern verübt werden, wie beispielsweise das Attentat auf der tunesischen Insel Djerba 2002, das neunzehn Opfer forderte, darunter vierzehn Deutsche.

Kapitel 27

Der BND und die Videos von Amri und dem Breitscheidplatz

Hundert Terabyte – so groß ist das Datenvolumen von Fotos und Videofilmen, die im Zusammenhang mit dem Anschlagsgeschehen vom Breitscheidplatz gemacht und dem Untersuchungsausschuss des Bundestags von der Bundesregierung zur Verfügung gestellt wurden. Würde man alles sichten wollen, bräuchte man wahrscheinlich Monate dafür. Das Material wurde fast ausschließlich nach dem Unglück und dem Stillstand des LKW von Passanten aufgenommen und dem BKA zur Verfügung gestellt.

Doch obwohl die parlamentarischen Aufklärer mit Videos geradezu zugeschüttet wurden, war die Lieferung unvollständig. Im Verlauf seiner Arbeit musste der Ausschuss feststellen, dass bestimmte Videos fehlten. Beispielsweise die Urfassung der bereits erwähnten Aufnahmen, welche die Hamburger Filmfirma vom Europacenter aus gedreht hat und die auch die Fahrt des LKW durch die Budengasse des Weihnachtsmarktes an der Gedächtniskirche erfassen. Bekannt ist nur diese zwölf Sekunden lange Kernsequenz vom Anschlag. Das gesamte Filmmaterial muss mehrere Stunden umfassen. Andererseits tauchte immer wieder neues Material auf, wie die 34-sekündige Aufnahme, die aus dem Bikini-Einkaufszentrum heraus aufgenommen wurde. Mit zweieinhalbjähriger Verspätung analysierten BKA-Techniker eine andere 38 Sekunden lange Aufnahme, die kurz nach dem Anschlag mitten unter den entsetzten Passanten auf dem Breitscheidplatz gemacht wurde. Darauf ist Sascha H. zu erkennen, zu diesem Zeitpunkt noch unverletzt. Er wurde danach von einem Gegenstand am Kopf getroffen, brach später zuhause zusammen und fiel ins Koma. Unklar ist bis heute, um was für einen Gegenstand es sich gehandelt hat, ob ihm jemand einen Schlag versetzt hat oder ob etwas auf ihn gefallen ist. Seinem Partner, der mit ihm auf dem Weihnachtsmarkt war, hatte er noch berichtet, er habe einen schweren Schlag gegen den Kopf bekommen. Der Videoausschnitt belegt, dass die Kopfverletzung nicht durch den Unfall entstand, sondern vielleicht eine Minute später. Aber wodurch und weshalb? Zu den lange zurückgehaltenen Videos gehören auch mehrere Streifen, die im Besitz des Bundesnachrichtendienstes sind. Dort will man sie Ende 2016 von einem ausländischen Partnerdienst erhalten haben. Erst im Herbst 2019 erfuhr der Untersuchungsausschuss des Bundestags davon. Zunächst tauchte ein Video auf, dann waren es drei, schließlich vier.

Video Nummer eins, das unter dem Begriff »Drohvideo« firmiert und elf Sekunden lang ist, zeigt Anis Amri mit einer Pistole in der Hand und einer Kopf-ab-Geste. Ob es sich dabei um die ERMA-Pistole handelte, mit der – mutmaßlich – der polnische Speditionsfahrer erschossen wurde und die Amri bei sich hatte, als er selber getötet wurde, konnte nicht zweifelsfrei verifiziert werden. Im Zweifel wären also schon zwei Schusswaffen im Kreis der nominellen Terrorverdächtigen im Umlauf gewesen.

Das Drohvideo, das nicht mit dem angeblichen »IS-Bekenntnisvideo« Amris zu verwechseln ist, entstand am 29. November 2016. Der BND erfuhr von ihm am 27. Dezember 2016, acht Tage nach dem Anschlag, durch einen fremden Nachrichtendienst. Um welchen Dienst es sich handelte, wann und wie er in den Besitz des Videos kam, erfuhr man bisher nicht, ebenso wenig wie, warum er das Material nicht früher dem deutschen Partner übersandte. Am 30. Dezember 2016 wurde das Video dann an den BND sowie ans Bundesamt für Verfassungsschutz übermittelt. Am 9. März 2017 erhielt auch das BKA die Bilder zur kriminalistischen Auswertung.

Die Bundesregierung soll von den vier Videos selbst erst im Februar 2017 erfahren haben. Der Untersuchungsausschuss des Bundestags konnte sie im Herbst 2019 sichten. Der Bundesanwaltschaft dagegen, immerhin oberste Instanz der Anschlagsermittlungen, werden sie immer noch vorenthalten, weil jener ausländische Partnerdienst sie mit einem Verwertungsverbot versehen und für ein Ermittlungsverfahren nicht freigegeben hat. Rechtsstaatliche Verfahren schließen den Faktor Öffentlichkeit mit ein, Beweise müssen öffentlich erhoben werden. Die öffentliche Behandlung wollte der ausländische Partnerdienst aber gerade ausgeschlossen wissen. Der Karlsruher Behörde wurde nicht einmal die Existenz des Beweismittels mitgeteilt. Als er einmal gefragt wurde, woher er überhaupt von den Videos wisse, erklärte Thomas Beck, Leiter der Abteilung Terrorismus in der Bundesanwaltschaft und Vertreter des Generalbundesanwalts, wörtlich: »Aus der Zeitung.« Sicherheitsstaat vor Rechtsstaat also. Der Vorgang stellt auch das »übliche« Verfahren der internationalen Zusammenarbeit bei der Terrorabwehr in Frage. Auf diese Weise kann sie nämlich nicht stattfinden. Vorausgesetzt, die Entschuldigung des BND, Rücksicht auf einen Partnerdienst nehmen zu müssen, ist echt und nicht etwa eine Legende, mit der ein anderer Hintergrund kaschiert werden soll. Beispielsweise, dass Amri doch kein Einzeltäter gewesen ist.

Für gewöhnlich ist die Bundesanwaltschaft die Herrin in Staatsschutz- und Terrorverfahren und das Bundeskriminalamt ihr Assistent. Hier scheint es sich umgekehrt zu verhalten. Einen Bundestagsabgeordneten brachte das dazu, den Sachverhalt in die rhetorische Frage zu kleiden, wer in der Beziehung der beiden Behörden eigentlich »Koch« und wer »Kellner« sei.

Von Video Nummer zwei und drei, die ebenfalls Amri zeigen, erfuhr der Ausschuss einige Tag nach dem »Drohvideo«. Aufgenommen worden waren sie einen Tag vorher am 28. November 2016. Mit weiterer Verzögerung wurde im Herbst 2019 schließlich noch Video Nummer vier bekannt, wegen seines Inhalts »Breitscheidplatz-Video« genannt. Es wurde Anfang Dezember 2016, mehrere Tage vor dem Anschlag, auf dem Breitscheidplatz aufgenommen und zeigt den späteren Tatort sowie die Zufahrtsstrecke, die der Tat-LKW am 19. Dezember 2016 genommen hat. Das »Breitscheidplatz-Video« wurde ebenfalls vom Bikini-Hochhaus aus aufgenommen. Ein Schwenk des Urhebers hält die spätere Einfahrtsstrecke des LKW fest und markiert einen Punkt am anderen Ende des Platzes, zu dem der LKW wohl hätte durchbrechen sollen. Er kam nicht so weit, weil er vorher nach links auf die Straße gelenkt worden sein muss. Wer das Video aufgenommen hat und wann genau es aufgenommen wurde, ist bisher nicht bekannt. Es kann aber ein relevantes Indiz dafür sein, dass der Anschlag mit zwölf Toten und Dutzenden Verletzten eben nicht von einem Alleintäter und relativ spontan begangen wurde, sondern eher von einer Gruppe mit einer längeren Planungsphase vorher. In gewisser Weise korrespondiert das »Breitscheidplatz-Video« mit den »Breitscheidplatz-Fotos«, die auf dem Handy des Amri-Komplizen Bilel Ben Ammar nach dem Anschlag gefunden wurden, die aber bereits im Februar 2016 gemacht worden waren. Sie zeigen ebenfalls Straße, Zufahrt und Poller des Platzes und könnten nach Einschätzung von BKA-Ermittlern als Ausspähfotos getaugt haben.

Auf den beiden Handys von Amri, die nach dem Anschlag im und am LKW sichergestellt wurden, befand sich keines der vier Videos. Wurden sie gelöscht? Lagen sie vielleicht auf dem möglichen dritten Handy, das Amri bei seiner Flucht dabeihatte? Oder hat eine zweite Person sie gedreht? Auch das wäre ein Indiz für eine Tätergruppierung.

»Wir haben das Videomaterial nicht vorenthalten, sondern vielleicht nur nicht in der gebotenen Eile weitergegeben.« So der Präsident des Bundesnachrichtendienstes Bruno Kahl wörtlich vor dem Untersuchungsausschuss des Bundestags. Dass der Ausschuss überhaupt von den Videos erfuhr, war nicht dem BND zu verdanken, sondern einer Presseveröffentlichung im Herbst 2019. Die gebotene Eile wurde um nicht weniger als etwa drei Jahre überschritten. Auch weitere Rechtfertigungsversuche von BND-Verantwortlichen gerieten widersprüchlich. Wenn man die Videos vor der Tat erhalten hätte, hätten sie weiterhelfen können, wurde beispielsweise erklärt, man habe sie aber erst danach erhalten. Eine erste Sichtung der Videos hätte dann keine Ansätze zu einer Neubewertung ergeben, so die folgende neuerliche Einschränkung. Bedingung für die Zur-Verfügung-Stellung durch jenen Partnerdienst seien außerdem die Verschleierung der Herkunft und ein Verwertungsverbot gewesen. Hätten die Videos nun weitergeholfen oder nicht? Hätten sie weitergeholfen, wenn es keine Sperrung durch den ausländischen Nachrichtendienst gegeben hätte oder nicht? Und warum die Sperrung, wenn die Videos so wertlos sind?

Was meint der BND mit »Neubewertung«, für die es »keine Ansätze« gegeben habe? Damit kann nur die Person Anis Amri und ihre angebliche Täterschaft gemeint sein. Der BND hatte ausländische Nachrichtendienste nach der amtlichen Identifizierung Amris als Täter nach Informationen zu ihm angefragt. Es wurde nach Amri gefragt, also wurden Videos zu Amri geliefert. Das deckt sich zwar vermeintlich mit ihm als Täter, erweist sich im Zweifel aber als »Täterfalle«. Eine mögliche »Neubewertung« der Täterschaft scheiterte an den Vorgaben, sprich der Täterfestlegung. Sichtbar wird hier ein fundamentales methodisches Problem, das den gesamten Komplex durchzieht und die Ermittlungen beeinflusst. Ein ausschließlicher Beleg für Amris Täterschaft ist das vom BND vorgelegte Videomaterial nicht. Würde man nach anderen Personen fragen, beispielsweise Bilel Ben Ammar, bekäme man voraussichtlich auch Informationen und Material zu ihnen.

Als Letzter in der Riege der BND-Führung erschien Präsident Bruno Kahl vor den Abgeordneten. Auch er vertrat die Meinung, die fraglichen Videos hätten »keine neuen Erkenntnisse« geliefert und seien deshalb nicht weitergegeben worden. Ganz leicht und wie selbstverständlich ignorierte der Geheimdienstchef mit diesem Satz grundlegende Ermittlungsfragen wie die, wer die Videoaufnahmen eigentlich gemacht hat. Hinter dem eigenmächtigen Umgang des BND mit möglichem Beweismaterial offenbart sich eine grundsätzliche Frage: Ist es Sache eines Nachrichtendienstes festzulegen, was als ermittlungsrelevant anzusehen ist und was nicht?

Zu den ungeklärten BND-Ungereimtheiten gehört, warum man Ende November 2016 Amri per Telefonüberwachung geortet hatte. Dabei wurde festgestellt, dass sich Amri in Deutschland aufhielt. Wer die Aktion in Auftrag gab, warum und was aus ihr folgte, ist bisher Teil des Schattenreichs.

Kapitel 28

Aktion »Opalgrün«: Hat die Organisierte Kriminalität mit dem Anschlag zu tun?

Während im Herbst 2019 die Existenz von vier Videos im Besitz des BND bekannt wurde, blieb ein anderer Sachverhalt geheim, obwohl er Teil der Anschlagsermittlungen ist und mehrere Sicherheitsbehörden sowie das Bundesinnenministerium davon wussten. Die Öffentlichkeit im Allgemeinen und die parlamentarischen Untersuchungsausschüsse im Besonderen wurden ahnungslos gehalten. Die Rede ist von einer Aktion mehrerer Verfassungsschutzbehörden, die den Namen »Opalgrün« bekam und in den Bereich der Organisierten Kriminalität führt.

Die eine Staatsgewalt hält die andere über Jahre hinweg unwissend. Darin dokumentiert sich nicht nur die falsche Hierarchie zwischen Exekutive und Legislative, es zeigt auch, wie hermetisch abgeriegelt der Sicherheitsapparat ist, der eigentlich doch legislativen Beschlüssen unterliegt.

Das Stichwort »Opalgrün« steht auch für drei Zeit- und Handlungsebenen in dem Komplex. Zunächst die Ebene, auf der der Verfassungsschutz in den Jahren 2016 und 2017 operierte. Dann die Ebene ab 2019, als der Fall durch einen Whistleblower beim Generalbundesanwalt gemeldet wurde und zu einem Ermittlungsverfahren führte. Schließlich die Ebene ab dem Frühjahr 2020, als die Öffentlichkeit und die Ausschüsse davon erfuhren. Auf dieser Ebene hat die »Opalgrün«-Affäre im Januar 2021 zur Entlassung des Verfassungsschutz-Chefs von Mecklenburg-Vorpommern geführt. Der erst in Grundzügen ausgeleuchtete Hintergrund der »Opalgrün«-Geschichte ist zugleich das schlagendste Argument für die Fortsetzung der parlamentarischen Aufklärung des Anschlagskomplexes Breitscheidplatz nach den Bundestagswahlen.

Aber der Reihe nach.

Die gewalttätige Auseinandersetzung am 11. Juli 2016 hat nebenbei belegt, dass es Überschneidungen zwischen der Islamistenszene und der Organisierten Kriminalität gibt. Anis Amri und Co. hatten in Berlin Berührungsflächen mit einflussreichen Clans. Zu diesem Zeitpunkt war die Aktion »Opalgrün« bereits angelaufen. Ende Mai 2016 berichtete eine V-Person des Landesamtes für Verfassungsschutz von Mecklenburg-Vorpommern, die sich immer wieder in Berlin aufhielt, von möglichen Anschlagsplänen in der Hauptstadt während des muslimischen Fastenmonats Ramadan (im Jahr 2016 fiel dieser auf den Zeitraum 6. Juni bis 5. Juli). Für die Tat sollte möglicherweise ein mehrköpfiges Kommando extra nach Deutschland einreisen. Zur Vorbereitung sollten Geld- und Waffenbeschaffung oder die Bereitstellung von Wohnungen als Stützpunkte gehören. Die Informationen erreichten auch das LfV Berlin, das einen gemeinsamen Vorgang unter dem Vorgangsnamen »Opalgrün« eröffnete. Einbezogen waren die Kollegen in Mecklenburg-Vorpommern sowie das Bundesamt für Verfassungsschutz. Warum der Name, kann bisher nur vermutet werden. Steht »Opal« vielleicht für Schmuck (und den Raub desselben) und »grün« für Islamismus?

Am 10. Juni 2016 stand der Vorgang im Gemeinsamen Terrorismus-Abwehrzentrum auf der Tagesordnung der »Arbeitsgruppe Operativer Informationsaustausch«, die sich mit aktuellen Entwicklungen befasst. Dadurch erfuhren weitere Sicherheitsbehörden von der Angelegenheit, unter anderem das BKA und der Generalbundesanwalt. Das Gemeinsame Terrorismus-Abwehrzentrum mit Sitz in Berlin ist eine gemeinsame Informationsplattform von BKA, BfV, GBA, Bundespolizei, BND, MAD, den sechzehn Landeskriminalämtern, den sechzehn Landesverfassungsschutzämtern, dem Zollkriminalamt und dem Bundesamt für Migration und Flüchtlinge, das hier eine Zwitterstellung zwischen Asylverfahren und Terrorabwehr einnimmt. Insgesamt vierzig Behörden, die sich über islamistische Gefährder und Terrorverdächtige austauschen.

Im BfV war der Sachbearbeiter mit dem Alias »Paul Steinmark« mit der »Opalgrün«-Sache betraut. Einbezogen war aber auch die bereits erwähnte Sachbearbeiterin »Lia Freimuth«, welche die Akten islamistischer Gefährder führte. Die Beteiligung von Verfassungsschutzämtern ist zugleich immer ein Indiz für die Beteiligung von deren Informanten. Die V-Person aus Mecklenburg-Vorpommern bewegte sich in Berlin in Kreisen einer konkreten arabischen Großfamilie, wo sie weitere Informationen besorgen sollte.

Zu einem Anschlag während des Fastenmonats Ramadan kam es 2016 nicht, dafür dann am 19. Dezember auf dem Weihnachtsmarkt an der Gedächtniskirche. »Opalgrün« steht für die möglichen Zusammenhänge zwischen beidem. An jenem Tag hielt sich auch die V-Person aus Mecklenburg-Vorpommern in Berlin auf. Sie soll in der Folge weitere Informationen generiert und ihrem Führungsbeamten in Schwerin übermittelt haben. Jener arabische Familienclan, der unter anderem in der Berliner Sonnenallee eine Lokalität betrieb, soll Geld für die Tat zur Verfügung gestellt sowie Amri bei der Flucht geholfen haben. Er sei nach dem Anschlag mit einem Pkw aus Berlin weggebracht worden. Der Informant machte sogar Angaben zur Marke und Farbe des Pkw sowie zum Fahrer. Er soll auch von einer Verbindung zu einem Waffenhändler in Norddeutschland gesprochen haben.

Wie Amri von Berlin nach Emmerich am Niederrhein gekommen ist, können die Ermittler bis heute nicht sagen. Unklar ist aber auch, warum er überhaupt die Stadt verlassen hat. Andere potentielle Tatverdächtige, wie Ben Ammar oder Khaled Abdeldaim, waren ebenfalls untergetaucht, wurden nach mehreren Tagen aber in Berlin aufgespürt.

Die Informationen der V-Person datieren von Januar und Februar 2017. Das LfV Mecklenburg-Vorpommern übermittelte sie an die Kollegen des BfV sowie des LfV in Berlin. Das BfV meldete zurück, an der Information der Quelle sei nichts dran. Das LfV Berlin antwortete am 22. März 2017 ähnlich. Es handle sich nur um einen Einzelhinweis, der nicht bestätigt wurde. Es gäbe keine vergleichbaren Erkenntnisse, Anis Amri habe keinen Kontakt zu jener Familie gehabt.

Das Verfassungsschutz-Gestrüpp ist schwer zu durchblicken. Ob es in Berlin Quellen-Hinweise auf den späteren angeblichen Attentäter Amri gab, ist zwischen den Behörden in Berlin und Mecklenburg-Vorpommern umstritten. Berlin sagt Nein, Schwerin Ja. Streng genommen kommt es darauf aber nicht an. Denn wenn Amri ein Mittäter einer größeren Tätergruppierung war – wofür einiges spricht –, muss nicht nur nach Spuren von ihm gesucht werden, sondern mindestens genauso nach Spuren bisher unbekannter Tatbeteiligter. In den Informationen aus dem Kreis der arabisch-stämmigen Familie kommen beispielsweise auch Bilel Ben Ammar sowie Sabou Saidani vor.

Die mecklenburgische Quelle sollte dann aus Berlin abgezogen und nur noch im eigenen Bundesland gegen islamistische Bestrebungen eingesetzt werden. Trotzdem bewegte sie sich weiterhin in Berlin. Im Mai 2017 tätigte sie weitere Meldungen. Im LfV in Schwerin landeten die Informationen auch auf dem Tisch von Amtsleiter Reinhard Müller. Doch im Juni 2017 entschied er, sie nicht den Breitscheidplatz-Ermittlern Bundesanwaltschaft und BKA zuzuleiten. An der Entscheidung sollen mehrere Personen beteiligt gewesen sein, auch außerhalb des LfV. In Frage kommt dafür das Innenministerium als Dienstherr.

Das Schweriner LfV informierte in der Folge auch die LfV-Kollegen in Berlin nicht mehr. Welche Erkenntnisse man in der Hauptstadt selbst gewonnen hat, ist bislang im Dunkeln. Bekannt ist lediglich, dass in Berlin ein breites nachrichtendienstliches Instrumentarium zum Einsatz kam, V-Personen, Telefonüberwachung, Observation.

Um in Schwerin die Nicht-Weitergabe der Informationen zu rechtfertigen, wurden sie abgewertet; sie seien nicht schlüssig und stimmten nicht mit dem Anschlagsgeschehen überein. Mit »Anschlagsgeschehen« war die ausschließliche These vom Täter Amri gemeint. Auch die Glaubwürdigkeit der Quelle selbst wurde in Zweifel gezogen – ein Schachzug, der an die Auseinandersetzung um die VP 01 des LKA von Nordrhein-Westfalen mit dem BKA erinnert. Die Schweriner Quelle wurde Ende Juni 2018 schließlich abgeschaltet.

Zwei Jahre schlummerte der explosive Stoff, ehe er im Herbst 2019 wieder an die Oberfläche drang. In der Zwischenzeit hatte vor allem der Untersuchungsausschuss im Bundestag von sich Reden gemacht, weil er begann, die offizielle Version vom Alleintäter Amri in Frage zu stellen. Im August 2019 suchte VP-Führer T. S. das Gespräch mit seinem Chef Reinhard Müller. Der blieb dabei. An der Sache ist nichts dran, keine Informationsweitergabe. Am 22. Oktober 2019 sprach Verfassungsschützer T. S. dann beim Innenstaatssekretär Thomas Lenz vor. Dieser informierte anschließend den Innenminister. Das Ministerium deckte die Haltung der Verfassungsschutz-Spitze.

Am 26. Oktober 2019 wandte sich T. S. daraufhin vertraulich an den Generalbundesanwalt und meldete den Sachverhalt mit den unterschlagenen Informationen. Dass sich ein Mitarbeiter direkt an den Generalbundesanwalt wendet, habe er in 44 Dienstjahren zum ersten Mal erlebt, erklärte dazu Verfassungsschutzchef Müller. Vor seiner Zeit beim LfV Mecklenburg-Vorpommern war er beim dortigen LKA tätig, davor beim LKA Nordrhein-Westfalen. Zeitgleich erreichte auch das Bundesamt für Verfassungsschutz sowie das Bundesinnenministerium ein Schreiben von T. S. mit dem Hinweis auf die unterlassene Informationsweitergabe. Auch der Vorgangsname »Opalgrün« wird darin genannt.

In Karlsruhe wurde ein Ermittlungsverfahren eingeleitet, Akten wurden angefordert, Zeugen befragt, darunter auch T. S. Besondere Eile legten weder die fraglichen Behörden noch die Bundesanwaltschaft unter Leitung von Horst Salzmann an den Tag. Erst im Juni 2020 wurde die wichtigste Person, die einstige Quelle des LfV Mecklenburg-Vorpommern, befragt. Sie soll dabei unter anderem erklärt haben, Amri vor dem Anschlag mehrfach gesehen zu haben. Erst im Oktober 2020 übermittelte das Landesinnenministerium in Schwerin weitere Unterlagen an die oberste Ermittlungsinstanz in Karlsruhe, im Dezember 2020 standen Akten des LfV Berlin immer noch aus.

Tatsächlich zog die Bundesanwaltschaft die »Opalgrün«-Ermittlungen mit den Breitscheidplatz-Ermittlungen zusammen, die weiterhin gegen »Unbekannt« geführt werden, und betrieb sie hinter dem Rücken der parlamentarischen Untersuchungsausschüsse. Das versuchten die Ermittler lange Zeit zu verschweigen. Im Mai 2020 wurde die Sache dann schließlich doch öffentlich. Das hängt möglicherweise damit zusammen, dass das BKA unter permanenten Rechtfertigungszwang und öffentlichen Druck geraten war, weil es seine Alleintäter-These immer weniger verteidigen konnte. Die Ermittler wirkten im Untersuchungsausschuss des Bundestags, der nicht aufhörte, sie mit ihrer oberflächlichen und tendenziösen Arbeit zu konfrontieren, wie paralysiert. Die Information über die im Schweriner Amt unterschlagenen Erkenntnisse gegenüber dem BKA kam mutmaßlich aus den Reihen des BKA. Sie erreichte ausgewählte Medien. Wollte man sich dadurch etwas Luft verschaffen und aus der Schusslinie nehmen? Der Begriff »Opalgrün« kursierte zu diesem Zeitpunkt aber noch nicht.

Als der zuständige Bundesanwalt Horst Salzmann im September 2020 im Bundestag nach dem Stichwort »Opalgrün« gefragt wurde, reagierte er noch abwehrend. »Dazu habe ich keine Aussagegenehmigung«, erklärte er:

Strasser: »Worum handelt es sich dabei?«
Salzmann: »Ich mache dazu keine Aussage.«
Strasser: »Wegen?«
Salzmann: »Laufender Ermittlungen.«
Strasser: »Waren die damals bekannt?«
Salzmann: »Wenn ich das beantworten würde, würde ich auch beantworten, ob sie heute bekannt sind. Deshalb sage ich dazu nichts.«

Auch den BKA-Vertreter M. G. wollte der Ausschuss nach dem »Opalgrün«-Verfahren befragen. Sofort intervenierte die Vertreterin der Bundesanwaltschaft und erklärte, der Zeuge dürfe dazu keine Angaben machen. Klar war damit immerhin, dass er Angaben machen kann.

Strasser: »Keine Angaben. Weil Sie in den Ermittlungen eingesetzt sind?«
M. G.: »Das darf hier nicht zur Sprache kommen. Ich bin involviert, ja.«
Strasser: »Sie ermitteln also.«

Man staunt. Einem Organ, das einen hoheitlichen Auftrag zur Untersuchung eines Terroranschlags hat, wird ein bestimmter Bereich des Gesamtermittlungskomplexes mit der Begründung vorenthalten: »Laufende Ermittlungen.« Hätte das tatsächlich Gültigkeit, dürfte es noch lange keinen Untersuchungsausschuss geben, denn an vielen Punkten wird nach wie vor ermittelt.

Der Untersuchungsausschuss des Bundestags hörte hinter verschlossenen Türen sowohl die beiden Quellenführer T. S. und A. B. an als auch ihren Vorgesetzten, Referatsleiter P. G., der an der Informationsblockade beteiligt war. Die Quellenführer sollen, wie es danach hieß, ihre V-Person für glaubwürdig und nachrichtenehrlich gehalten haben. Sie nahmen ihre Hinweise ernst. Nach übereinstimmenden Beurteilungen hielten auch die Abgeordneten die beiden VP-Führer für glaubwürdig. Beide sind heute nicht mehr beim Verfassungsschutz. T. S. wurde zum Fahrdienst im LKA versetzt.

Bei den öffentlichen Zeugenvernehmungen kam es zu einem denkwürdigen Auftritt des Schweriner LfV-Chefs Reinhard Müller. Als der Sitzungstag vom November 2020 begann, war seine Befragung noch als »nicht-öffentliche Zeugenvernehmung« angekündigt. Der Ausschuss hatte aber kurzfristig beschlossen, sie öffentlich durchzuführen. Das brachte den an Konspiration gewöhnten Mann nachhaltig ins Straucheln. Er pochte auf seine Aussagegenehmigung und wollte Aussagen nur in einer geheimen Sitzung machen. Unterstützt wurde er von seinem Rechtsbeistand Butz Peters, der bereits in mehreren parlamentarischen Untersuchungsausschüssen zum NSU-Skandal Verfassungsschutzzeugen begleitet hat. Etwa zwanzigmal intervenierte auch die Vertreterin des Landes Mecklenburg-Vorpommern gegen Fragen der Abgeordneten und machte innerdienstliche Angelegenheiten oder Methoden- und Quellenschutz geltend. Mehrmals verließen die drei minutenlang den Sitzungssaal, um sich zu besprechen oder damit Müller mit dem Innenministerium telefonieren konnte. Auch der Ausschuss unterbrach wiederholt die Sitzung, um sich zu beraten. Er blieb aber dabei, die Vernehmung vor den Augen und Ohren des Publikums durchzuführen. Um Mitternacht wurde sie abgebrochen. In einem einstimmig gefassten Beschluss missbilligte das Gremium die Haltung des Landes Mecklenburg-Vorpommern und verlangte eine neue, weniger enge Aussagegenehmigung für den VS-Chef. Der Ausschuss stellte außerdem ein Ordnungsgeld für den Zeugen in den Raum. Müller erhielt eine liberalere Aussagegenehmigung und wurde zwei Wochen später erneut befragt. Das Innenministerium des Bundeslandes reagierte am Tag nach der ersten Ausschusssitzung mit einer Pressemitteilung zum Konflikt im Bundestag. Es bezog aber nicht selbst Position, sondern zitierte lediglich den Verfassungsschutz-Chef. Die Landesregierung ließ ihren Beamten allein, seine Tage waren gezählt. Im Januar 2021 wurde er vom neuen Innenminister Torsten Renz entlassen.

Ein Bauernopfer, wenn auch eines, das etwas höher angesiedelt war. Der Streit um die Quelle, ihre Meldungen und die Quellenführer war damit nicht erledigt. Das dokumentierte der Auftritt von Staatssekretär Thomas Lenz. Um die offizielle Entscheidung des Verfassungsschutzes in der »Opalgrün«-Sache zu verteidigen, musste er die ehemaligen Mitarbeiter abqualifizieren. Er attestierte ihnen »Fanatismus« und »Besessenheit« und machte für diese »Persönlichkeitsentwicklung« die jahrelange Geheimdienstarbeit und den ständigen »Wechsel der Identitäten« verantwortlich. Die Drohung von T. S., sich an den Generalbundesanwalt zu wenden, bezeichnete der Staatssekretär als »Erpressungsversuch«, den ersten Auftritt des LfV-Leiters Müller nannte er zunächst »unsäglich«, später tat ihm das wiederum leid.

Sicherheitsbehörden, die in einen Ausnahmezustand geraten waren. Ein seltenes Schauspiel, im Bundestag live und in Echtzeit erlebbar. Coram publico zerlegte sich ein Nachrichtendienst selbst. Er zerschellte in gewisser Weise an der festbetonierten Amri-Einzeltäter-These, die keine Mittäter und keinen anderen Hintergrund zulässt als einen islamistischen. Wenn die gewonnenen Informationen nicht mit dieser These zusammenpassen, gäbe es zwei Korrekturmöglichkeiten. Tatsächlich könnten die Informationen falsch sein. Es könnte aber auch die Theorie falsch sein. Dann müsste man sie den Informationen anpassen, doch genau das bleibt verboten.

Nach dem Chef des Verfassungsschutzes sowie dem Innenstaatssekretär musste auch der Ex-Innenminister von Mecklenburg-Vorpommern vor den Untersuchungsausschuss des Bundestags. Lorenz Caffier (CDU) erklärte, er sei über den »Vorgang Opalgrün« informiert gewesen, ob das schon vor dem Anschlag vom Dezember 2016 war, wusste er aber nicht mehr. Er gestand ein, dass die Meldungen des VS-Informanten an die Ermittlungsstellen hätten weitergeleitet werden müssen. Das nicht zu tun, sei ein Fehler des Verfassungsschutzes gewesen. Im Lichte dessen, was sich im Untersuchungsausschuss bis zu Caffiers Befragung abgespielt hatte, kann man sein Antwortverhalten auch als opportunistisch bezeichnen und da er nicht mehr im Amt war, war es sowieso folgenlos. Im Übrigen wälzte der einst verantwortliche Minister das Krisenmanagement nahezu komplett auf seinen früheren Staatssekretär ab.

Lorenz Caffier war als Innenminister zurückgetreten, weil er bei einem Waffenhändler, der mit der rechtsextremen Szene verbunden ist, privat eine Waffe gekauft hatte. Zur selben Zeit war bekannt geworden, dass auch der Verfassungsschutz in dem nördlichen Bundesland zwei Waffen angekauft hatte, illegalerweise, aber, so die Begründung, um Beschaffungsketten nachzuverfolgen. Eine Waffe war von einer V-Person, die ebenfalls von T. S. geführt wurde, bei einem Waffenhändler erworben worden. Die Frage, ob diese Beschaffungsketten auch in die dschihadistische Szene führen, ist nicht beantwortet, die Herkunft der

Pistole, die Amri bei sich hatte, als er in Italien erschossen wurde, nach wie vor unbekannt.

Das Beispiel Mecklenburg-Vorpommern erfordert aber noch eine Bemerkung. Im Bestreben, die Informationszurückhaltung im Falle »Opalgrün« zu rechtfertigen, stellten die Protagonisten ausgerechnet einen Zusammenhang mit dem NSU-Skandal her. Im Februar 2004 war in Rostock Mehmet Turgut erschossen worden, der fünfte Mord der sogenannten »Ceska-Serie«. Im Zuge der Ermittlungen hatte das LfV eine Drogenspur verfolgt, die sich dann als falsch herausstellte. Dass der Geheimdienst der Rostocker Mordkommission und dann auch dem Bundeskriminalamt diese Spur offensiv unterbreitete, wirft bis heute Fragen auf. Lag der Dienst nur falsch, oder legte er bewusst eine falsche Fährte? Dieser Vorgang wurde nun im Zusammenhang mit der unterbliebenen Informationsweitergabe im Fall Amri von Seiten des LfV wie des Innenministeriums zur Selbstentlastung vorgebracht. Ex-LfV-Chef Müller wie Ex-Innenminister Caffier kritisierten, es würden bei beiden Fällen gegenteilige Maßstäbe angelegt werden. Was im Fall Turgut bemängelt wurde, würde im Fall Amri verlangt werden, die ungeprüfte Weitergabe von Informationen. Sie benutzten den NSU-Skandal und den Fall Turgut, um das Verhalten im Fall Amri zu rechtfertigen. Damit stellen die Institutionen selber einen Zusammenhang zwischen den Terrorkomplexen her. Player darin sind nicht nur Neonazis, Waffenhändler und Islamisten, sondern eben auch LfV-Beamte, V-Leute und ein Innenminister.

Kapitel 29

Methoden der Manipulation: Eine Täterfestlegung, die zur Falle wird

Hierarchische Systeme sind effizient, aber fehleranfällig, sie sind wirkungsmächtig, aber manipulationsungeschützt, sie können manipulieren und manipuliert werden. Hierarchische Systeme lassen sich einfacher steuern als etwa egalitäre. Die Einflussnahme auf die Einzelteile eines Systems gelingt mit Hierarchien leichter als ohne.

Das BKA ist ein solches hierarchisches System. Es bildete nach dem Anschlag eine – große – besondere Aufbauorganisation mit Namen »City«, in der Hunderte von BKA-Angestellten zusammen mit dem LKA Berlin die Ermittlungen betrieben. Die BAO ist inzwischen zur – kleinen – Ermittlungsgruppe »City« herabgestuft, ermittelt wird aber noch immer.

Am Nachmittag des 20. Dezember 2016 soll der Name des angeblichen Attentäters vom Breitscheidplatz festgestanden haben. Spätestens, denn nach Aussagen von Zeugen könnte er auch schon vorher in Umlauf gewesen sein. Nach allem, was wir bisher wissen, kann nicht einmal ausgeschlossen werden, dass der Name »Anis Amri« als potentieller Attentäter schon vor der Tat fiel. Der Name »Amri« ist der zentrale Baustein im Anschlagsnarrativ. Er hält die Erzählung vom radikalisierten, unterschätzten, kurzfristig agierenden Einzeltäter zusammen. Diese Erzählung schließt Mittäter, Helfer und Mitwisser aus und damit auch mögliche V-Personen von Sicherheitsbehörden.

Der Terrorfall Breitscheidplatz spielt sich in einem Gesamtsystem namens Strafverfolgung ab, das von einer einzelnen Behörde aus gesteuert werden kann.

Gibt das BKA beispielsweise die Information ins System, der Attentäter sei eine bestimmte Person, übernimmt das gesamte System diese Maßgabe, ohne sie zu überprüfen. Die einzelnen Teile sind auch gar nicht in der Lage, sie zu überprüfen. Mit der Festlegung des Täternamens erfolgt eine zentrale strategische Ausrichtung des gesamten Apparats inklusive fundamentaler Auswirkungen auf Fahndung und Ermittlung. Alles wird ausschließlich an der festgelegten Person gemessen. Ein Beispiel aus dem Fall Amri: Die Videoauswertung des BKA erhielt den Auftrag, in dem gesicherten Bildmaterial gezielt nach Bezügen zu Anis Amri zu suchen. Als einmal in einem Video vom Breitscheidplatz eine auffällige Person zu sehen war, die allem Anschein nach aus den Maghrebstaaten kam, wozu Tunesien zählt, entschied der Teamleiter, dem nicht nachzugehen, weil in der Person nicht Amri erkannt werden konnte.

Diese Bewertungstendenz wurde auch im Rahmen der Operation »Opalgrün« an die Informationen angelegt, die eine V-Person in kriminellen arabisch-stämmigen Kreisen in Berlin erfahren hatte. Weil ein Großteil der beschafften Informationen nicht mit der These vom Täter Amri zusammenpasste, wurden sie für wertlos erachtet. Nur Informationen, die mit Amri zu tun hatten, wurde eine Relevanz beigemessen. Tatsächlich tappt man mit dieser Sicht in die »Amri-Falle«. Die vermeintlich »falsche Spur« ist womöglich eine richtige. Doch wer die offizielle Tat- und Täter-Version kritiklos akzeptiert, muss Details, die nicht damit zusammenpassen, aussondern. Wer jedoch ergebnisoffen aufklären will, kommt möglicherweise zu einer anderen Version. Das heißt zugleich, er muss sich mit denjenigen anlegen, die das offizielle Narrativ vertreten. Und dabei handelt es sich um gewichtige Gegner, BKA und Bundesanwaltschaft, vor allem aber auch Innensenatoren und Innenminister. Ein verhängnisvoller Zusammenhang.

Methodisch lässt sich hier beobachten, wie leicht ein ganzer hierarchischer Apparat manipuliert und in eine bestimmte Richtung gelenkt werden kann. Ob beabsichtigt oder nicht, sei einmal dahingestellt. Eine zentrale Stelle muss lediglich den Namen »Anis Amri« vorgeben, und alle folgenden, untergeordneten Stellen suchen nur noch in dieser Richtung. Wie fragwürdig das ist, kommt in einer Äußerung des BKA-Spurenkoordinators zum Ausdruck, der vor dem Untersuchungsausschuss des Bundestags erklären sollte, warum das BKA nicht auch noch nach möglichen anderen Tätern sucht: »Wir haben keine Erkenntnisse, die Amri als Täter ausschließen«, sagte er wörtlich und stellte damit den Grundsatz »In dubio pro reo« (»Im Zweifel für den Angeklagten«) auf den Kopf. Nicht die Unschuld muss bewiesen werden, sondern die Täterschaft. Zu etlichen anderen Personen hat das BKA ebenfalls keine Erkenntnisse, die sie als Täter ausschließen. Und dennoch wurde genau das getan, sie wurden als Täter ausgeschlossen.

Die Polung hat aber auch Auswirkungen auf Politik und Medien. Die Presse folgt für gewöhnlich einer behördlichen Täterfestlegung und der daraus entstehenden Logik: Wer in der Geschichte zählt, ist nur noch Anis Amri. Auch die Aufklärungsagenda der parlamentarischen Untersuchungsausschüsse richtete sich nach dieser Vorgabe. Wie fatal das war, erwies sich, als schließlich das Anschlagsgeschehen in den Fokus genommen wurde, mit Resultaten, die nicht nahtlos zur bekannten Tat- und Täter-Version passen. Hätte man das Tatgeschehen an den Anfang der Aufklärungsarbeit gestellt, wie es die kleinen Fraktionen FDP, Linkspartei und Grüne, aber auch die Opfer und die Angehörigen der Getöteten immer gefordert haben, hätten sich zum Teil andere Fragen gestellt und andere Untersuchungsschritte ergeben.

Hierarchie vor Sachbearbeitung. Diese Methode fand auch bei anderen Personen des Anschlagskomplexes Anwendung. Bei der Auswertung des Handys von Ben Ammar fand die Sachbearbeiterin Indizien für eine Tatvorbereitung, Fotos vom Breitscheidplatz. Auch aus den Vernehmungen von Ben Ammar, die gerade erst begonnen hatten, ergaben sich Widersprüche, der Verdächtige verstrickte sich in Lügen. Die kriminalistische Arbeit dieser BKA-Sachbearbeiter blieb allerdings ohne jegliche Auswirkung auf die Entscheidung der BKA-Behördenhierarchie. Und die hieß: Abschiebung.

Eine politisch gewollte Maßnahme, die in der Folge sogar Einfluss auf die Haltung der Strafverfolger nahm und sie beugte. Helmut Grauer, der Oberstaatsanwalt, der in der Bundesanwaltschaft die Ermittlungen operativ leitet, sagte zum fragwürdigen Umgang mit dem Tatverdächtigen Ben Ammar den unglaublichen Satz: »Als Beschuldiger hatte Ben Ammar das gute Recht zu lügen.« So argumentiert ein Strafverteidiger, aber kein Strafverfolger. Was der Staatsanwalt dabei unfreiwillig offenbarte, war, dass er sich offensichtlich eher dem Staatsschutz verpflichtet fühlt als dem Rechtsstaat.

Es gibt noch ein weiteres Statement von Grauer, welches das Problem der manipulativen Täterfixierung beschreibt und zugleich zeigt, wie tief verankert es ist. Auf die fortgesetzte Kritik am schonenden Umgang mit Ben Ammar entgegnete er: »Wir wissen, wo Amri war. Ben Ammar war nicht in seiner Nähe.« Sieht man einmal davon ab, dass die Ermittler für große Zeiträume gerade nicht wissen, wo Amri war, sollte diese Sicht Ben Ammar freisprechen. Aber was, wenn nicht Amri, sondern Ben Ammar der Täter war? Dann könnte man derselben Logik folgend genauso selbstverständlich sagen: Amri war nicht in seiner Nähe. Fast überflüssig zu erwähnen, dass die Ermittler auch bei Ben Ammar für große Zeiträume nicht wissen, angeblich, wo er war. Dieses amtliche Unwissen gilt für beide Personen und eint sie.

Die Kommunikation bietet weitere Möglichkeiten einer Art rhetorischen Täuschung. Beliebt ist die Floskel, man habe »keine Hinweise, dass« dieser und jener etwas mit jenem und diesem zu tun haben. Das wird vorgetragen, als hieße es: »Es gibt keine Hinweise, dass …« Ein elementarer Unterschied, denn keine Hinweise zu haben, bedeutet nicht, dass es keine gibt.

Neben der systemischen, quasi organischen Form der Manipulation durch die einheitliche Ausrichtung des Ermittlungsapparats existieren im Amri-Komplex aber auch unfassbar viele offensichtliche Fälschungen und Beweiskonstruktionen. Hervorragendes Beispiel, das ausgerechnet am Anfang der Aufklärung stand, ist die bewusste Fälschung der Amri-Akte im LKA Berlin. Die Erkenntnisse von dessen »gewerbsmäßigen und bandenmäßigen Drogenhandel« wurden abgeschwächt in individuellen Kleinsthandel ohne Komplizen. Doch obwohl dies als Fälschung entlarvt wurde, blieb es keine einmalige Angelegenheit, sondern findet überraschenderweise immer wieder neu Anwendung. Zum Beispiel in der Entschuldigung, man habe Amri falsch eingeschätzt und, weil er als Kleindealer unterwegs war, als möglichen Terror-Gefährder unterschätzt. Eine willkommene Selbstentlastung der maßgeblichen Sicherheitsbehörden, die auch von Seiten der Politik und der Medien mitgetragen wird, weil sie die bequemste Art der Problembewältigung darstellt. Unterschätzung ist aber etwas ganz anderes als Verstrickung.

Einer, der die inhaltlichen Manipulationen des LKA vom Januar 2017 noch Jahre später kolportiert, ist Oberstaatsanwalt Dirk Feuerberg, zugleich Vizechef der Generalstaatsanwaltschaft in Berlin. Er nannte Amris organisierten Drogenhandel banalisierend »Btm[Betäubungsmittel, Anm. des Autors]-Handel mit kleinen Mengen« und steuerte selbst ein neues Manipulationskonstrukt bei. Amri und seine Komplizen hätten »untereinander« mit Drogen gehandelt, damit sei das Tun »nicht bandenmäßig« gewesen.

Der Umgang mit dem Anschlag hatte mit einer Desinformation von Feuerbergs Behörde begonnen. Zwei Tage nach dem Attentat, am 21. Dezember 2016, ging die Berliner Generalstaatsanwaltschaft mit einer Pressemitteilung an die Öffentlichkeit. Darin hieß es, die Überwachungsmaßnahmen von Amri hätten »im September 2016 beendet werden müssen«, weil »keine Grundlage für eine weitere Verlängerung bestand«. Tatsächlich kannte die Behörde Amris bandenmäßigen Drogenhandel, wusste von seiner Beteiligung an einem Messerangriff und seiner Erfassung als islamistischer Gefährder. Obendrein existierte ein Gerichtsbeschluss für Observationen bis zum 21. Oktober 2016. Dass diese nicht durchgeführt wurden, ist nur eine der zahllosen Ungereimtheiten.

Die Reihe handfester oder mutmaßlicher Manipulationen im Amri-Breitscheidplatz-Komplex ist schlicht beeindruckend: ein Mobiltelefon Amris, das in einem Karosserieloch außen im LKW steckte; ein zweites Mobiltelefon Amris im Inneren des LKW, aber ohne SIM-Karte; eine Geldbörse mit einer Duldungsbescheinigung von Amri, die im LKW unter einer Decke lag; ein kleiner Zettel mit der handgeschriebenen Aufschrift »HARDENBERGSTRB«, der erst nach drei Wochen bei der zweiten Nachschau im LKW entdeckt wurde, wo er an exponierter Stelle vor der Tachoanzeige lag. Der Spurenkoordinator des BKA war sich nicht sicher, ob den Zettel jemand später dort abgelegt hat, er kann also eine Manipulation nicht ausschließen.

Anis Amri führte auf seiner Flucht ein Handy mit sich. Doch in Italien soll bei dem Toten keines gefunden worden sein, obwohl eine Formulierung der italienischen Terrorermittler einen Fund bestätigte. Das BKA beauftragte seinen Verbindungsbeamten in Italien, diesen Positivbefund aus der Welt zu schaffen und durch einen Negativbefund zu ersetzen. So geschah es. Jetzt existiert ein expliziter BKA-Vermerk zu der Frage, in dem steht: kein Handy beim toten Amri. Dieser Vermerk ist nun für alle Zukunft der Aktenbeweis, der jedem Gericht und jedem Untersuchungsausschuss, sollte es Fragen dazu geben, als angebliche Aktenwahrheit vorgelegt wird.

Zweiter Fall in Italien: Die dortigen Ermittler fanden seriöse Hinweise, dass der Berliner Salafist Soufiane Amri mit dem Spitznamen »Fuffy« in den Anschlag verwickelt gewesen sein könnte. Das ergibt sich aus Abhörprotokollen. Den bundesdeutschen Organen schmeckte auch diese Erkenntnis nicht, weil sie nicht zu ihrer Täter-These passt. Der Generalbundesanwalt in Karlsruhe beauftragte die Generalstaatsanwaltschaft in Berlin um Sichtung und Auswertung der Angelegenheit. Das mutwillige Ergebnis: In den fraglichen Telefonaten sei nicht von »Fuffy«, sondern von »Vorfall« gesprochen worden. Es gebe keine Hinweise auf eine Tatbeteiligung von Soufiane Amri. Diese bewusst falsche Auswertung wurde ebenfalls offiziell veraktet und als »Ermittlungswahrheit« festgelegt, die von da an von jedem Mitarbeiter übernommen wird. Damit ist zugleich der Weg frei für die Normalisierung und ungehinderte Fortpflanzung der Manipulation zum Beispiel in den Medien.

Aktenmanipulationen entdeckt man auch immer wieder im Rahmen von Zeugenvernehmungen. Den Zimmermitbewohner von Amri, Khaled Abdeldaim, fragten die Vernehmer nach der Tatpistole. Er verneinte, sie gesehen oder von Amri davon gehört zu haben. Daraufhin sagten sie ihm, der Wohnungsgeber Kamel A. habe auch von der Waffe gewusst. Ob das stimmt, wissen die BKA-Vernehmer allein. Vielleicht haben sie mit einem falschen Vorhalt operiert. Vielleicht haben sie das Vernehmungsprotokoll von Kamel A. gefälscht, denn dort findet sich diese Aussage nicht. Im Gegenteil, ebenso wie Abdeldaim bestritt auch Kamel A., von der Pistole gewusst zu haben. Wie allerdings seine DNA an die Waffe kam, können weder er noch das BKA sagen.

In den Vernehmungsakten fehlt Maximilian R., ein Deutsch-Amerikaner, der in Berlin mehrfach in Begleitung von Amri unterwegs war. Im Ordner erschließt sich nicht, ob keine Zeugenvernehmung mit ihm durchgeführt oder ob das Protokoll herausgenommen und woanders abgeheftet wurde, wie jenes von Rostam A., einer Führungsperson in der Fussilet-Moschee, die in der Tatnacht in den Räumen in der Perleberger Straße anwesend war.

Die Beispiele sind Hinweise auf eine doppelte Aktenführung der Ermittlungsinstanzen und die Schaffung von Parallelstrukturen, die eine derartige Doppelbödigkeit möglich machen. Neben diesen inoffiziellen Parallelstrukturen gibt es aber auch offizielle. So beispielsweise im

Gemeinsamen Terrorismus-Abwehrzentrum, in dem täglich vierzig Sicherheitsbehörden miteinander kommunizieren. Dabei muss der Informationsaustausch auch eingegrenzt und kanalisiert werden. Das geschieht im GTAZ in den speziellen PIAS (»Polizeiliche Informations- und Analysestelle«)- und NIAS (»Nachrichtendienstliche Informations- und Analysestelle«)-Runden. Sie bieten den Raum, in dem etwa die Geheimdienste unter sich bleiben können. Der gemeinsame Austausch über die V-Personen des polizeilichen Staatsschutzes und des Verfassungsschutzes wiederum wird in sogenannten SPoC-Runden (»Single Point of Contact«) verhandelt. Diese Runden sind so konspirativ, dass nicht einmal der LKA-Chef in Berlin Einzelheiten kennt. Ganz offensichtlich schafft sich das pralle Leben der Parallelwelt des Sicherheitsapparats seine eigenen Orte, Strukturen und Verbindungen.

Im Werkzeugkasten der Manipulationsmöglichkeiten finden sich auch ganz offizielle Instrumente. Das LKA Berlin führte bei einem Verdächtigen, dem Schleusungsaktionen ins IS-Herrschaftsgebiet vorgeworfen wurden, eine Razzia durch. Ausgerechnet dessen Laptop wurde auf Veranlassung der Staatsanwaltschaft nicht konfisziert. Bei dem Beschuldigten handelte es sich um eine V-Person des Berliner Verfassungsschutzes, der für seinen Agenten Verschonung vor Ermittlungsmaßnahmen in Anspruch genommen hatte. Ermöglicht wird das durch die Zusammenarbeitsrichtlinien zwischen den Geheimdiensten und den Strafverfolgern.

Manipulationen sind riskant, haben Untiefen und können selber zu Widersprüchen führen. Wie passt der Zweifel, ob Amri der Täter war, mit dem Zweifel zusammen, ob er tatsächlich erst am Nachmittag des 20. Dezember als mutmaßlicher Täter feststand oder nicht schon früher? Wenn Amri nicht der Täter gewesen sein soll, warum soll ihn dann jemand im Pkw aus der Stadt gebracht haben? Doch vielleicht sind das gar keine Widersprüche. Was die beiden antagonistischen Befunde eint, ist schließlich die Manipulation. Sie ist der gemeinsame Nenner. Wenn aber die offizielle Version nicht mehr stimmt, muss es eine andere geben, die wir nicht kennen. Wir wissen also nicht, ob zwei Fälschungen in Widerspruch zueinander stehen oder nur Puzzlestücke eines anderen Hintergrundes sind.

Dutzende von Fragen warten auf eine Antwort: Woher ist die Tatpistole Marke ERMA? Wie kam die DNA von Kamel A. an die Waffe? Wer war der geübte Fahrer, der den LKW in den Weihnachtsmarkt gesteuert hat? Wie, wann und wo wurde das vierzig Tonnen schwere Fahrzeug als Tatwerkzeug ausgewählt? Warum verließ Amri die Stadt? Wie kam er von Berlin nach Emmerich und von Brüssel nach Lyon? Wo waren Bilel Ben Ammar und Khaled Abdeldaim in den Tagen nach der Tat? Wer war die unbekannte Person, die im LKW-Führerhaus an mehreren Stellen Humanspuren hinterließ? Wer steht hinter dem Drogenhandel der Islamisten?

Die beschriebene Ermittlungstendenz ist eine – selbstgestellte – Falle, weil sie die Suche nach möglichen Dritten ausschließt. Entscheidende Erkenntnisse hängen aber davon ab, ob man von einem Einzeltäter ausgeht oder von einer Gruppierung. Mit der Theorie von Anis Amri als Alleintäter lässt sich die Mehrheit der Fragen nicht beantworten.

Kapitel 30

Vom Nutzen eines Terroranschlags: Die innere Aufrüstung

Einer derjenigen, die am Abend des 19. Dezember 2016 auf dem Weihnachtsmarkt waren, ist Egbert Schmidt. Er erzählt:

> *Hin und wieder gehe ich da in die Kapelle und zünde auch mal eine Kerze an oder setze mich einfach hin, damit ich zur Ruhe komme. Damit es nicht nur das Materielle ist, was in der Vorweihnachtszeit zählt. Mir gibt das etwas, da einfach zu sitzen. Ich stand auf dem Breitscheidplatz vor einer Bude und habe mich noch mit jemandem dort unterhalten. Plötzlich wurde ich aufmerksam durch Geräusche, die sich anhörten, als wenn Müllcontainer bewegt werden, so etwas Schepperndes, als wenn irgendetwas schleift. Aber das ging alles recht schnell, ich konnte mich gar nicht darauf konzentrieren, was da los ist. Das ging rasend schnell, und dann sah ich einen LKW, sah ein großes Auto, das auf mich zukam und bedrohlich war. Ich wurde auch weggeschubst, weggetragen von anderen Leuten, die wegrannten. Ich bin dann weggelaufen, raus, weg und bin dann zwischen zwei Jahrmarktbuden durchgeschlüpft Richtung Gedächtniskirche und bin da zu Fall gekommen. Mich hat auch noch irgendetwas am Kopf getroffen. Ob das von einem Menschen war, ob das irgendein Teil aus Holz war, von einer Bude, kann ich nicht mehr sagen. Ich habe geblutet, das ist mir aber erst gar nicht aufgefallen. Ich bin zu Fall gekommen und habe dabei meine Brille verloren. Ich habe mich dann wieder aufgerappelt und dachte, was ist hier eigentlich los? Dass das ein Anschlag ist, wusste ich natürlich zu dem Zeitpunkt nicht. Da habe ich mir zu dem Zeitpunkt auch nicht groß Gedanken gemacht. Ich musste erst einmal sehen, wo ich bleibe. Die Brille habe ich nicht mehr gefunden. Ich bin da herumgetapst. Es war relativ ruhig, es gab keine aufgeregten Rufe. Ich bin Krankenpfleger von Beruf. Das lief dann so ab, das war ein-*

fach angelegt bei mir, dass ich schaue, wie geht es den anderen, dass ich schaue, was ist da eigentlich los? Ich muss auch meinen Rucksack mal abgesetzt haben, um meine Jacke rauszuholen. Die habe ich verwendet, um sie irgendjemand unter den Kopf zu legen, so um deutlich Zuspruch zu geben. Ich bin da hin und her. Ich habe auch Reste gesehen, also Überreste von Menschen. Blut oder Glühwein konnte man nicht auseinanderhalten. Dadurch, dass ich meine Brille verloren habe, musste ich ja auch näher ran an die Leute, was hat der Mensch, lebt der, ist der tot, wie kann ich da helfen? Und das belastet mich stark. Und irgendwann war mir das zu viel. Ich musste weg von dem Platz. Ich bin dann zum Tiergarten rüber. Einfach da …, wahrscheinlich aus einem Instinkt heraus, Dunkelheit, keine Reflexe. Und da fing ich dann auch an zu weinen. Ich habe mich da irgendwo hingesetzt, da ging es mir ziemlich schlecht. Wie lange ich im Tiergarten war, kann ich nicht sagen. Ich bin dann wieder zurück, und da war alles schon mit Flatterband abgesperrt. Ich bin Krankenpfleger, Altenpfleger. Ich bin arbeitsunfähig geschrieben. Ich traue mir das noch nicht zu, gegenüber Menschen …, weil ich nicht weiß, ob das Probleme bereitet, wenn ich wieder Blut sehe. Ich habe ja noch Flashbacks, diese Kurzfilme, Gerüche, alles Mögliche. Wenn ich manchmal mit dem Fahrrad unterwegs bin und höre einen LKW hupen, dann kommt es vor, dass ich die Straße verlassen muss. Ich nehme mein Rad und weiß gar nicht, wo ich bin, wohin ich eigentlich wollte. Ich bin völlig außer mir, von jetzt auf gleich. Was willst du eigentlich hier, wo wolltest du eigentlich hin?

Egbert Schmidt ist einer der Betroffenen, die immer wieder den Weg in den Bundestag gesucht haben, um die Aufklärungsbemühungen im Untersuchungsausschuss zu verfolgen.

~ * ~

»Es ist tragisch, dass es einen solchen schrecklichen Anlass braucht, um zu einer Lösung zu kommen.« – Worte von Ex-Innensenator Frank Henkel im Dezember 2018 vor dem Amri-Untersuchungsausschuss des Abgeordnetenhauses von Berlin. Mit »Anlass« meint der Politiker den Anschlag von 2016 auf den Weihnachtsmarkt, mit »Lösung« eine Verständigung über Anti-Terror-Maßnahmen. Henkel war bis Anfang Dezember 2016, kurz vor dem Anschlag, im Amt und wurde nach dem

Regierungswechsel von Andreas Geisel abgelöst. Der drückte im August 2020 an selber Stelle einen ähnlichen Zusammenhang aus: »Der Anschlag vom Breitscheidplatz wirkte wie ein Katalysator. Die Innenministerkonferenz war nun bereit, die vorbereiteten Änderungen in der Gefahren- und Terrorabwehr umzusetzen.« Zu diesen Änderungen zählen eine neue Gefährderbewertung, Telefonüberwachung bereits bei der Gefahrenabwehr und nicht erst bei der Strafverfolgung, die Stärkung des BKA als federführender Sicherheitsbehörde, eine verbindlichere Rolle des Gemeinsamen Terrorismusabwehrzentrums.

Wer braucht einen Terroranschlag? Nach einer Tat beginnt regelmäßig der Kampf um die Deutungshoheit. Wer sie besitzt, kann über die Konsequenzen bestimmen. Der Anschlag auf den Weihnachtsmarkt am Breitscheidplatz in Berlin, der am 19. Dezember 2016 zwölf Menschen das Leben kostete, wird von einer »großen Erzählung« begleitet. Die beginnt bei den vielen Flüchtlingen, die vor allem im Jahr 2015 nach Deutschland gekommen sind, setzt sich fort über die überforderten Registrierungsstellen der Ausländerbehörden und endet bei den überlasteten Organen des Sicherheitsapparates. Wer mit dieser Erzählung die Deutungshoheit gewinnt, hat freie Bahn für Gesetze und Maßnahmen gegen Flüchtlinge und Zuwanderer, für restriktivere Behandlungsweisen, für Ausbau und Aufrüstung von Polizei, Geheimdiensten und Militär. Wer eine Schwächung der Demokratie mit ihren Freiheiten und eine Stärkung des Exekutiv- und Sicherheitsstaates anstrebt, dem nützt auch ein Terroranschlag.

Im Falle Breitscheidplatz ist diese Auseinandersetzung nicht entschieden. Das liegt unter anderem an der wachsenden Anzahl von Fakten, Widersprüchen und offenkundigen Manipulationen, die in den verschiedenen parlamentarischen Untersuchungsausschüssen ans Licht kamen, die nicht mit dieser »großen Erzählung von der Überforderung« übereinstimmen und die ihrerseits zu einer ganz anderen Erzählung führen könnten. Stoff für eine fundierte alternative Hypothesenbildung gäbe es inzwischen genug. Die Fluchtbewegung jener Jahre samt den Überlastungen der Aufnahmestellen, selbst das Versteckspiel des angeblichen Asylbewerbers Anis Amri durch die Verwendung mehrerer Alias-Identitäten, hat für den Anschlag letztlich keine Relevanz. Der Tunesier, der mutmaßlich nicht der Haupttäter war, aber zum Täterkreis gezählt werden kann, war trotzdem identifiziert, und die einschlägigen Behörden hielten engen Kontakt zu ihm. Er war gewissermaßen ihr Medium im Täterumfeld. Zugespitzt formuliert: Der Anschlag geschah nicht, weil man den angeblichen Täter nicht unter Kontrolle hatte, sondern obwohl man ihn unter Kontrolle hatte. Warum er dennoch geschah, müssen die betreffenden Stellen und zuständigen Personen beantworten. Diese Ämter gilt es zu durchleuchten und nicht überlastete Registrierungsstellen.

Auch die Verschonung von Amris Komplizen Bilel Ben Ammar hat nichts mit zugewanderten Flüchtlingen, überforderten Ausländerbehörden oder einer unzureichend ausgestatteten Polizei zu tun. Dieser Vorgang spielt auf einer ganz anderen Bühne in einem ganz anderen Stück und möglicherweise nach einem ganz anderen Drehbuch. Die Abschiebung des mutmaßlichen Mitwissers oder gar Mittäters beim Attentat wurde auf höchster politischer Ebene entschieden, im Bundesinnen- und im Bundesjustizministerium. Spätestens damit handelte es sich bei dem Anschlag weder um einen ausschließlichen Polizeifall und Geheimdienstfall, sondern um einen politischen Fall.

Spuren, die auf die politische Ebene führen, gibt es in der Causa Amri ebenfalls. Dafür kann der Leiter des LKA Berlin, Christian Steiof, als Kronzeuge gelten. Im Februar 2016 will er in der sogenannten »Mittwochsrunde« beim Innensenator von Berlin den Gefährder Anis Amri zum Thema gemacht haben. In dieser wöchentlich tagenden Runde wird die Sicherheitslage in der Stadt besprochen. Neben dem Innensenator, seinem Staatssekretär und Mitarbeitern seines Stabes nahmen daran unter anderem der Leiter des Verfassungsschutzes, der Polizeipräsident und der Leiter des LKA teil. Steiof wurde in der Folge eher halbherzig als überzeugend widersprochen, seine Aussage nahm er nicht zurück.

Die unbegrenzte Inbesitznahme des Vielfachmordes für einseitige politische Zwecke ist aber auch an den Opfern gescheitert. Sie haben es erschwert, dass, wie gewöhnlich, im »Namen der Opfer« gesprochen wird und sie damit enteignet werden. Sie haben begonnen, selber zu sprechen, in ihrem eigenen Namen. Unentwegt begaben sich einige von ihnen zu den Untersuchungsausschüssen und verfolgten kritisch, was dort zur Sprache kam. »Die Opfer« wurden von Objekten zu Subjekten, die sich der traditionellen Rollenzuteilung verweigerten. Dazu passt ihr Vorschlag, in den Untersuchungsausschüssen neben den

Abgeordneten Sitzplatz und Fragerecht zu bekommen. So wie Nebenkläger in einem Strafprozess.

Wenn trotzdem behauptet wird, die massenhaften Flüchtlingsankünfte seien für den Anschlag mitverantwortlich, handelt es sich um politisch-motivierte Versuche, das Verbrechen gegen Schutzsuchende, gegen das Asylrecht und für einen autoritären Grenzschutz zu instrumentalisieren. An dieser Front beteiligt sich vor allem die Ordnungspartei AfD mit Eifer. Da fällt schon mal der Vorschlag, an der Grenze Lager à la Guantanamo einzurichten. Auch der Berliner Vize-Generalstaatsanwalt Dirk Feuerberg stellt das Ereignis vom Dezember 2016 ungebrochen in einen Zusammenhang mit der Flüchtlingskrise jener Jahre. Er spricht von einem »großen Reservoir perspektivloser, unterbeschäftigter Menschen« unter den Flüchtlingen und einer bestimmten Anzahl, die einen Anschlag begehen wollte. Eine solche Darstellung dient vor allem der Selbstentlastung von Herrn Feuerberg, der wie bereits aufgezeigt im Amri-Komplex eine besondere Rolle spielt. Schließlich folgt auch der ehemalige Geheimdienstchef Hans-Georg Maaßen derselben Agenda, verknüpft islamistisch motivierten Terrorismus mit der Flüchtlingsbewegung und erklärt vor allem muslimische Männer zu einem Sicherheitsrisiko. Mit Flucht, offenen Grenzen und dem Recht auf Schutz und Asyl hatte der Anschlag vom Breitscheidplatz aber nichts zu tun. Er war nicht die Folge der Flüchtlingsbewegung. Die Gewaltbereiten, zu denen Amri und Co. gehörten, waren nicht als hilfesuchende Migranten nach Deutschland gekommen, sondern waren Überzeugungstäter. Zum mutmaßlichen Täterumfeld gehörten auch deutsche Staatsbürger, darunter welche aus dem Bereich der Organisierten Kriminalität, sowie bislang unbekanntes Personal der Sicherheitsbehörden.

Wer profitiert von Terroranschlägen – angeblich verhinderten, wie dem dann doch geschehenen? Eine ganze Riege von Personen der Sicherheitsnomenklatur hatte im Laufe der letzten Jahre in den Parlamenten ihren Auftritt. Staatssekretäre, Senatoren, Minister. Durchgängig war, dass sie nicht etwa von Sachaufklärung getrieben wurden, sondern vor allem eine sicherheitspolitische Agenda verfolgten. Und zwar sowohl in der Hauptstadt Berlin als auch im ganzen Land. Berlins Staatssekretär Torsten Akmann behauptete, vor dem Anschlag habe es den Sicherheitsbehörden in der Hauptstadt an Ressourcen gefehlt. Er ging in seiner geradezu historischen Problembeschreibung nicht weniger als zwanzig Jahre zurück. Seit den Anschlägen vom 11. September 2001 in den USA hätte sich Berlin besser aufstellen müssen. Das sei jetzt nach dem Anschlag geschehen. Akmann ist ein reiner Sicherheitsprotagonist. In seiner Berufsvita stehen vor seinem Engagement an der Seite des Berliner Innensenators sieben Jahre Bundeskanzleramt und neun Jahre Bundesinnenministerium, zuletzt in den Bereichen Spionageabwehr und Geheimschutz sowie zum Thema NSU. Hans-Georg Maaßen war im BMI einmal sein Vorgesetzter.

Im Gegensatz zur mühevollen Aufklärung des Anschlags vom Breitscheidplatz stellten sich die sicherheitspolitischen Konsequenzen ganz leicht und nahezu automatisch ein. Sie folgten der Maßgabe: mehr Kräfte für die Überwachung, mehr repressive Möglichkeiten und Instrumente. In Berlin bekam der Verfassungsschutz mehr Rechte. Das »Allgemeine Sicherheits- und Ordnungsgesetz«, wie das Polizeigesetz in Berlin heißt, wurde verschärft. Das »Versammlungsgesetz« kommt einem Freibrief für die Polizei gleich. In der Mache ist ein sogenanntes »Veranstaltungssicherheitsgesetz«, das Veranstalter verpflichtet, Sicherheitskonzepte vorzulegen. Die Polizei wurde besser ausgerüstet und aufgerüstet. Neue Fahrzeuge, neue Helme und Schutzwesten, 12 000 neue Pistolen. Beim LKA wurde ein spezielles Islamismus-Dezernat geschaffen. Die Stadt baut ein eigenes Anti-Terror-Zentrum auf, in dem Ermittler und Spezialeinsatzkräfte zusammenarbeiten. Außerdem wurde der Staatsschutz massiv ausgebaut. Er ist nicht mehr nur Teil des LKA, sondern nun auch innerhalb der sogenannten Schutzpolizei auf der Straße tätig. Diese Staatsschutz-Polizei kam wiederholt auch bei Anti-Lockdown-Demonstrationen zum Einsatz. Alles in allem eine Politik der Verpolizeilichung der Gesellschaft, die durch die exekutiven Corona-Verordnungen noch mehr vorangetrieben wurde. Von der einst vielgerühmten Zivilgesellschaft ist längst keine Rede mehr

Die Aufrüstung des Sicherheitsapparats hat auch immanente Konsequenzen. Innerhalb des Landeskriminalamtes Berlin fanden in den letzten Jahren Umschichtungen statt. Sämtliche Abteilungen mussten Kräfte und Ressourcen zugunsten der Abteilung für islamistischen Terrorismus abgeben. Darunter auch die Abteilung für Wirtschaftskriminalität. So nutzt die Verschiebung des Fokus in den Strafverfolgungsbehörden auf islamistisch motivierte Gewalt zum Beispiel Tätern in Nadelstreifen. Ihre Taten sind meist hochkomplex und mit hohen Schadenssummen behaftet, nicht selten zu Lasten der Allgemeinheit. Im Jahr 2018 verdreifachte sich der Schaden durch die Organisierte Kriminalität gegenüber dem Vorjahr von 300 Millionen Euro auf eine Milliarde Euro. Die Aufklärung dieser Taten, für die ein hoher Ermittlungsaufwand nötig ist, wird nun weiter zurückgestellt.

Sicherheitspolitik vor Sachaufklärung, Beispiel Bundeskriminalamt: Obwohl das BKA die zentrale, praktische Ermittlungsinstanz ist, versteht sich sein Präsident eher als Sicherheitspolitiker denn als kriminalistischer Experte. Holger Münch interessiert vor allem die Sicherheitsarchitektur der Bundesrepublik. Im Untersuchungsausschuss des Bundestags entschuldigte er sich für die »Schwachstellen unserer Sicherheitsmaßnahmen«. Die seien inzwischen beseitigt, dennoch könne man Anschläge in Zukunft nicht ausschließen. Innere Aufrüstung ohne Garantie also.

Diese Beseitigung sieht so aus: Einstellung von deutlich mehr Personal seit dem Anschlag, vor allem für die Terrorismusfahndung; Schaffung einer eigenen Abteilung für Islamismus mit über 800 zusätzlichen Mitarbeitern, was mehr als zehn Prozent des BKA-Personals entspricht; Erweiterung der polizeilichen Möglichkeiten, wie beispielsweise Online-Durchsuchungen. Was sich selbstkritisch anhörte, folgte doch nur einem strategischen Nutzen: Eigene Unterlassungen werden benutzt zum Ausbau des Sicherheitsapparates. Münch sprach sich auch für weitere Videoüberwachungen von öffentlichen Plätzen aus. Wäre der Breitscheidplatz umfassend überwacht worden, hätte man den Anschlag schnell aufklären können, sagte er, unterschlug aber, dass es Videoaufnahmen gibt, die jedoch zurückgehalten oder nur oberflächlich ausgewertet wurden. Und dass es vor allem Maßnahmen gab, die mit fehlender Videoüberwachung am Tatort rein gar nichts zu tun hatten. Beispielsweise die Abschiebung des mutmaßlichen Mittäters Ben Ammar, an der das BKA und sein Präsident persönlich an hervorragender Stelle mitgewirkt haben.

Dass der Hunger des Sicherheits- und Ordnungsstaates noch lange nicht gestillt ist, zeigte der Auftritt von Thomas de Maizière als Zeuge im Bundestag. Am 19. Dezember 2016 war der CDU-Politiker Bundesinnenminister. Zur Aufklärung des Anschlags konnte er keinen Beitrag leisten. Er war aber an der Entscheidung zur Abschiebung des Mitbeschuldigten Ben Ammar ebenfalls persönlich beteiligt. Er habe keine überzeugende Antwort, wie ein »Flüchtling«, der den Sicherheitsbehörden bekannt war, zu einer solchen Tat fähig gewesen sei, erklärte er und pflegte damit gleich zwei offizielle Narrative, das vom Täter Amri ebenso wie das vom gefährlichen Flüchtling. Er zeigte dann, wie man in bester Machiavelli-Logik Fehler und Defizite in neue Dominanzansprüche ummünzt. Seine Bekundung, er trage dafür die »volle Verantwortung«, war ein Kunstgriff, um nun die Entscheidungshoheit für den Ausbau des Sicherheitsstaates zu reklamieren. De Maizière will ein bundesweit einheitliches Polizeigesetz sowie eine Stärkung der Bundespolizei und des BKA. Er plädiert dafür, dass das BKA so agieren kann wie der Generalbundesanwalt und selbstständig Ermittlungen an sich ziehen können soll. Den geheimdienstlichen Möglichkeiten der Polizeibehörde, sprich Einsatz von V-Personen, würden damit justizielle Möglichkeiten hinzugefügt. Damit würde ausgerechnet die Behörde, der im Fall Breitscheidplatz mehr als eine Manipulation nachgewiesen werden kann, zu einer übermächtigen Super-Behörde gemacht werden.

Wir sind zurück bei der Eingangsfrage: Wird auf Terror lediglich reagiert oder wird er etwa gebraucht? Und wenn Terror Konsequenzen hat, wovon ist er dann vielleicht selber eine Konsequenz?

Kapitel 31

»Unkontrollierbare Öffentlichkeit«: Gefahr für das Staatswohl?

Beim Terroranschlag vom 19. Dezember 2016 handelt es sich um ein Ereignis von überragendem öffentlichen Interesse.

22. September 2017, Abgeordnetenhaus von Berlin. Der Untersuchungsausschuss trat zu seiner ersten Sitzung zusammen. Neben viel Presse und einer Handvoll Zuhörer waren auch zwei Opfer gekommen. Sascha Klösters, dessen Mutter auf dem Breitscheidplatz starb und der selbst vom LKW erfasst und schwer verletzt wurde, war extra aus dem rheinländischen Neuss angereist. Begleitet wurde er von Astrid Passin aus Berlin, die bei dem Anschlag ihren Vater verlor. Der Ausschussvorsitzende Burkard Dregger begrüßte sie namentlich. Es gab Beifall.

Der einzige Zeuge für die kommenden vier Stunden war der 46-jährige Kriminaldirektor Dennis Golcher. Er leitete die sogenannte Task Force »Lupe«, die vom Innensenator eingesetzt worden war, um die Manipulationen innerhalb des LKA in Sachen Amri zu untersuchen. Dem Ausschuss sollte er einen Zwischenbericht geben. Viele Fragen wollte Golcher nicht beantworten, bei anderen wurde er bei falschen Antworten ertappt. So musste er zugeben, dass es innerhalb der Polizei doch Verfehlungen der höchsten Fehlerkategorie gegeben hat, beispielsweise, dass eine schwere Körperverletzung zu einer einfachen gemacht wurde. Dann erwähnte er zwei Videos von Amri, die nicht mehr in Berlin vorhanden seien, sondern beim Bundeskriminalamt lägen. Eines zeigt ihn in jener U-Bahn-Unterführung kurz nach dem Anschlag, das andere am Vorabend in einem Lokal zusammen mit Ben Ammar. Als im Ausschuss überrascht nachgefragt wurde, wie digitale Videos nicht mehr vorhanden sein können, korrigierte sich der Kriminaldirektor. Das sei ein Fehler, die zwei Videos seien, wie er wörtlich sagte, »nicht nicht vorhanden«, sondern immer noch in Berlin, und zwar beim LKA. Sein Auftritt geriet zu einer unfreiwilligen Demonstration eigener Verweigerung. Es wirkte, als werde die Vertuschungspraxis innerhalb der Polizei nun im Rahmen der Aufklärung nahtlos fortgesetzt.

Die Reaktion auf diesen Auftritt war nicht etwa mehr Transparenz, sondern weniger. Bereits nach dem ersten Tag der parlamentarischen Untersuchung wurden von nun an keine vollständigen Namen der Zeugen mehr mitgeteilt, wenn es sich nicht gerade um Minister, Staatssekretäre oder Behördenchefs handelte. Man erfuhr nur noch die Initiale des Nachnamens. Der Ausschuss, sprich die Legislative, folgte damit dem Wunsch der Exekutive.

Zeugen mit derselben Initiale wurden durchnummeriert. Zu einer der letzten Sitzungen des Berliner Ausschusses wurden die Zeugen »S-6«, »H-1« und »L-2« vorgeladen. Doch damit nicht genug der Anonymisierung. Ihre Befragung fand obendrein komplett nicht-öffentlich statt. Zu schlechter Letzt erfuhr man weder beim Ausschusssekretariat noch in der Parlamentspressestelle, von welchen Behörden überhaupt die Zeugen entsandt wurden. Vom Prinzip »Öffentlichkeit«, das in den Untersuchungsausschüssen herrschen sollte, war nicht mehr viel übriggeblieben. Es geht aber noch entfremdeter. Zeugen des Verfassungsschutzes wurden nicht einmal mit ihrer echten Initiale aufgeführt, sondern liefen unter dem Buchstaben »X«. Kleine Ironie: Das X verrät zumindest das Amt, hier das LfV Berlin. Der Berliner Ausschuss hat im Laufe seiner Dauer von 2017 bis 2021 gleich mehrere Sitzungstage vollständig unter Ausschluss der Öffentlichkeit durchgeführt.

Öffentlichkeit ist Chance und Risiko zugleich. Was für die einen die Chance, ist für die anderen das Risiko. Öffentlichkeit, dieses vielleicht grundlegendste Merkmal einer demokratischen Gesellschaft, ist in den Untersuchungsausschüssen permanent umkämpft. Die Exekutive versucht sich an einer Zurückdrängung öffentlicher Momente. Die Ausschüsse der Parlamente stehen dazwischen, oft genug verzichten sie auf ihre stärkste Waffe, manchmal gezwungenermaßen, manchmal freiwillig.

Im Untersuchungsausschuss des Bundestags passierte etwas Ähnliches wie im Berliner Abgeordnetenhaus. Während die Zeugen des Verfassungsschutzes von Anfang an unter Aliasnamen auftraten, standen die des Bundeskriminalamtes mit ihren Klarnamen Rede und

Antwort. Nach einem Jahr, im Mai 2019, änderte der Dienstherr des BKA, das Bundesinnenministerium, diese Praxis. Wir verdanken dem Ministerium zugleich eine ausführliche schriftliche Begründung, die sich so zusammenfassen lässt: Zu viel Öffentlichkeit gefährdet das Staatswohl.

Anfang Mai 2019 ging im Sekretariat des Amri-Untersuchungsausschusses ein Schreiben des BMI-Vertreters ein, der in dem Gremium einen festen Platz hat. Hinterfragt wird diese Gepflogenheit nicht. Ein festgeschriebenes Recht ist sie aber nicht. Im Untersuchungsausschuss des Berliner Abgeordnetenhauses dürfen Vertreter der Exekutive nicht einmal in den öffentlichen Sitzungen anwesend sein. Im besagten Schreiben hieß es nun:

> *Im Zuge der zuletzt erfolgten Zeugeneinvernahmen von BKA-Personal mussten wir leider feststellen, dass sich diese personenbezogenen Angaben insbesondere auch in der Presseberichterstattung – hier vor allem in sozialen Medien – wiederfanden. Durch anwesende Pressevertreter wurden dabei auch in öffentlicher Sitzung gemachte Angaben detailliert und verbunden mit bildlichen Darstellungen der Zeugen wiedergegeben. Durch diese Offenlegung personenbezogener Daten von BKA-Mitarbeitern gegenüber einer nicht kontrollierbaren Öffentlichkeit kann deren Schutz nicht mehr gewährleistet werden. Sie sind für Unbefugte potentiell identifizier- und damit aufklärbar. Dadurch würden der Ermittlungs-/Schutzauftrag und die Arbeitsfähigkeit des BKA sowie letztlich das Staatswohl der Bundesrepublik Deutschland gefährdet.*

Die Konsequenz: In Zukunft würden von Zeugen unterhalb der Referatsebene nur noch die Initialen mitgeteilt werden.

Weil Öffentlichkeit nicht kontrollierbar ist, sind das Staatswohl und die Arbeitsfähigkeit des BKA gefährdet? Darunter macht man es in der Bundesregierung offensichtlich nicht. Hätte diese Sicht allgemeine Gültigkeit, wäre es das Ende jeglicher Öffentlichkeit. Hier offenbart sich ein befremdliches Verständnis von Öffentlichkeit und Pressefreiheit, die unmittelbar zusammenhängen. Journalisten, die berichten und damit das tun, was sie sollen, stören. Mit dem Hinweis auf »bildliche Darstellungen« war im Übrigen die Arbeit einer freien Zeichnerin gemeint, welche die Zeugen bei ihren Auftritten abbildete.

»Gefährliche Öffentlichkeit«. Unfreiwillig attestiert das Ministerium damit zwar, welch hohen Stellenwert Öffentlichkeit in einer Demokratie besitzt, zugleich hängt damit aber auch die Frage zusammen: Was ist das »Staatswohl« eigentlich? Wem gehört es und wer entscheidet darüber? Vielleicht sollte den Ministerialräten und Staatssekretären einmal gesagt werden, dass bei drei gleichwertigen Staatsgewalten nicht eine einzelne festlegt, was das »Staatswohl« ist und wann es in Gefahr ist. Die Vertuschung von Wissen über einen Terroranschlag fällt schon gar nicht darunter.

Presse und Öffentlichkeit erfuhren von da an statt Namen nur noch Buchstaben der BKA-Zeugen: EKHK (Erster Kriminalhauptkommissar) T. M., EKHK M. G., KHK (Kriminalhauptkommissar) A. H., KHK A. S., KHK T. V., KHK A. Q., KHK D. G., KOK (Kriminaloberkommissar) E., KHK Z. Und so weiter und so fort. Interessant wäre einmal zu untersuchen, ob durch diese Form der Anonymisierung das wenig verantwortungsvolle Auskunftsverhalten der BKA-Zeugen zum Anschlagsgeschehen und den ungelösten Widersprüchen begünstigt wurde. Sagt jemand, der nicht mit seinem vollen Namen für das eintreten muss, was er sagt, vielleicht anders aus?

Im Abgeordnetenhaus von Berlin kam das Alphabet der Aufklärung ähnlich trocken daher: A-1, L-1, O-1, H-2, W-2, P-3, B-4, K-5, S-6, B-7. Fehlen noch X-1 bis X-4, die erfundenen Initialen für LfV-Zeugen. Im Untersuchungsausschuss in Düsseldorf hielt man es mit der Abkürzungspraxis genauso. Dagegen liest sich die Verfremdungsnomenklatur der Verfassungsschutz-Zeugen fast wie ein bisschen Geheimdienst-Poesie, Aliasnamen wie aus Romanen: »Lia Freimuth«, »Gilbert Siebertz«, »Christoph Hammerstein«, »Henrik Isselburg«, »Thilo Bork«, »Paul Steinmark«, »Gernot Rolfsteeg«. Zum Einsatz kamen bei den öffentlichen Auftritten des BfV-Personals auch Perücken, Brillen und künstliche Bärte. Ein Sicherheitsapparat versteckt und verschanzt sich.

Die Zeugenverfremdung und -anonymisierung war nur eine der Restriktionen des Bundesinnenministeriums neben der Weigerung, V-Personen oder selbst Quellenführer befragen zu lassen, Zeugenbefragungen exzessiv zu stören, Akten großflächig zu schwärzen oder gar ganz zurückzuhalten. Dazu zählt das tolle Stück von Mai 2021. Während der Untersuchungsausschuss im Bundestag bereits seit Wochen an seinem Abschlussbericht schrieb, wurde vom BMI unerwartet mitgeteilt, das Bundesamt für Verfassungsschutz habe leider vergessen, einige angeforderte Akten zu liefern. Etwa zehn Ordner an der Zahl. Das war Anfang Mai. Doch zwei Wochen später kam das BfV mit einer zweiten Nachlieferung daher, erneut Hunderte von Seiten. In diesen nachgereichten Unterlagen soll es um Personen aus dem Umfeld von Amri gehen, aber zum Beispiel auch um einen konkreten »Hinweisgeber« aus der islamistischen Szene, der in der Fussilet-Moschee verkehrte, in Kontakt mit Amri stand und sich kurz nach dem Anschlag beim BfV gemeldet haben soll. Welches Wissen er genau offenbarte, ist bisher nicht bekannt. Die Informationen dieses Hinweisgebers erreichten aber auch die Bundesanwaltschaft nicht.

Zu welchen Manövern die Behörden fähig sind, um Öffentlichkeit zu vermeiden, konnte man kurz vor dem ersten Jahrestag des Anschlags im Untersuchungsausschuss des Berliner Abgeordnetenhauses erleben. Ein hochrangiger Vertreter des LKA in Düsseldorf, der Zeuge S-1 aus dem Führungsstab des dortigen LKA und sinnigerweise verantwortlich für die Öffentlichkeitsarbeit des Amtes, beantwortete zunächst in öffentlicher Runde keine einzige Frage. Er verwies stets auf die Zuständigkeit des Staatsschutzes. Nach zwanzig Minuten war sein Auftritt erledigt. Die öffentliche Sitzung wurde beendet. Der Zeuge verließ das Parlamentsgebäude, Publikum und Journalisten gingen ebenfalls nach Hause. Einige Zeit später kehrte der verabschiedete Zeuge auf einmal zum Ausschuss zurück, um doch noch eine Aussage zu machen, unbemerkt von Journalisten und Besuchern. In Abwesenheit der Öffentlichkeit erklärte Herr S. nun, als Stabsleiter des LKA habe er zwei Tage nach dem Anschlag die Fahndung nach dem Terroristen koordiniert. Der gesuchte Amri war genau zu dieser Zeit, am 21. Dezember 2016, in Nordrhein-Westfalen aufgetaucht. Als der Ausschuss wissen wollte, woher die Information kam, konkret nach Amri zu suchen, verweigerte der zurückgekehrte Zeuge mit Verweis auf seine begrenzte Aussagegenehmigung abermals die Auskunft.

Bei der Befragung eines Staatsschutzbeamten im LKA Berlin dauerte der nicht-öffentliche Teil einmal wesentlich länger als der öffentliche. Journalisten und Zuhörer, darunter Opfer des Anschlages, mussten den Saal verlassen. Als mehrere Obleute hinterher in der Presserunde erklärten, es habe sich um eine »ergiebige und vielsagende Aussage« gehandelt, man habe »viel gelernt«, der Zeuge habe »alle Fragen zufriedenstellend beantwortet«, fragte ein Journalist nach: »Wenn die nicht-öffentliche Sitzung ergiebiger war als die öffentliche, ist das Prinzip Öffentlichkeit dann ein Auslaufmodell?« Darauf antwortete der Ausschussvorsitzende Stephan Lenz (CDU):

> *Es ist immer schwierig, über nicht-öffentliche Sitzungen öffentlich zu sprechen. Aber es hätte nicht so lange gedauert, wenn es nichts zu fragen und zu besprechen gegeben hätte, so weit kann man es schon sagen. Wir sind ja in einem sensiblen Bereich, insofern haben Geheimhaltungsvorschriften ihren Sinn und auch der Ausschluss der Öffentlichkeit. Das hat schon seinen Sinn. Wir wollen bei allem Aufklärungsinteresse natürlich nicht alles offenlegen, was die Tätigkeit der Polizei angeht. Das ist das Spannungsfeld, in dem wir uns bewegen. Einerseits wollen wir natürlich Öffentlichkeit, andererseits wollen wir natürlich aber auch den Sicherheitsinteressen Rechnung tragen. Und insofern entscheiden wir im Moment im Zweifel eher für die Nicht-Öffentlichkeit.*

Bei der Vernehmung des Berliner Verfassungsschutz-Chefs griff der Ausschuss seinerseits zu einem Manöver. Michael Fischer wurde kurzfristig, geradezu konspirativ, herbeitelefoniert. Sein Name stand vorher nicht auf der Tagesordnung, auch Journalisten erfuhren erst hinterher von seinem Erscheinen. Ein unangekündigter, verdeckter Auftritt in bester Geheimdienstmanier. Der Ausschuss wandelte dafür die Sitzung kurzerhand in eine interne Beratung um, in der sich Fischer die Kritik der Abgeordneten am Antwortverhalten von LfV-Vertretern und wegen fehlender Unterlagen des Amts anhören sollte. Unter anderem fehlten Zehntausende von E-Mails, Treffberichte mit V-Personen waren übermäßig geschwärzt. Durchaus Dinge, mit denen man einen Geheimdienst-Chef auch öffentlich hätte konfrontieren können, sprich vor Publikum.

Nach dem Anschlag vom 19. Dezember 2016 lieferte auch das LfV Berlin der obersten Ermittlungsbehörde Bundesanwaltschaft Informationen zu. Die stellvertretende Leiterin des Berliner Verfassungsschutzes heißt Katharina Fest. Bei ihrer Befragung im Berliner Untersuchungsausschuss wollte der Abgeordnete Niklas Schrader (Linkspartei) wissen, ob es im Amt eine Dokumentation gebe, welche Informationen und welche Akten nach Karlsruhe gegangen sind.

Fest: »Ja, die gibt es.«

Schrader: »Sind darunter auch Quellen-Informationen?«

Fest: »Grundsätzlich schon.«

Schrader: »Gibt es eine Übersicht aller Quellen im Bereich Islamismus und was von denen über den Anschlag, den Täter usw. zugeliefert wurde?«

Fest: »Sage ich in eingestufter Sitzung.«

Schrader: »Ich will nur abstrakt wissen, ob es so eine Übersicht gibt.«

Fest: »Übersichten gibt es immer.«

Schrader: »Und hier?«

Fest: »In nicht-öffentlicher Sitzung.«

Schrader: »Allein die Frage, ob es so etwas gibt, ist geheimhaltungsbedürftig?«

Fest: »Ja.«

Schrader: »Warum?«

Fest: »Es ist nicht meine Aufgabe zu erklären, warum ich das nicht von der Aussagegenehmigung gedeckt sehe.«

Schrader: »Eine Begründung wäre schon gut. Ich will nur wissen, ob es so eine Übersicht gab oder nicht. Das wäre auch die Frage an den Vorsitzenden.«

Karsten Woldeit (AfD), stellvertretender Vorsitzender des Ausschusses: »Nach dem Untersuchungsausschuss-Gesetz ist vorgesehen, dass eine Begründung abgegeben wird.«

Die Zeugin beriet sich mit ihrer Rechtsanwältin.

Fest: »Die Frage fällt unter Methodenschutz, und da gibt es ja einen Kontext. Ich bitte zu respektieren, dass ich öffentlich dazu nichts sagen möchte.«

Schrader: »In welcher Hinsicht ist der Methodenschutz gefährdet? Ich will doch nicht wissen, wie die Übersicht entstanden ist, sondern nur ob.«

Stephan Lenz, Vorsitzender des Ausschusses: »Ich denke, wir sollten es respektieren, dass sie dazu nichts sagen möchte.«

Fest: »Es spielen viele Fragen zusammen, das fällt unter Methodenschutz.«

Schrader: »Auf die Frage, ob Ihnen bekannt war, dass das BfV in der Fussilet-Moschee eine Quelle hatte, sagten Sie, das wollten Sie nur in nicht-öffentlicher Sitzung beantworten. Warum? Weil eine Quelle offengelegt werden könnte? Weil es um Methodenschutz geht? Was ist der Grund?«

Fest: »Ich beantworte keine Fragen, die den Zuständigkeitsbereich einer anderen Behörde betreffen.«
Schrader: »Es ist Ihr Bereich, nicht der einer anderen Behörde.«
Lenz: »Ich denke, wir sollten das so zur Kenntnis nehmen.«

Ein Anschlagsopfer, das die Sitzung verfolgte, nannte das hinterher »eine Kapitulation des Untersuchungsausschusses vor dem Verfassungsschutz.«

Zu den vielen Fragen, die im Verlauf von fast vier Jahren Ausschuss-Existenz nur hinter verschlossenen Türen beantwortet wurden, zählen folgende: Seit wann werden V-Personen im Bereich Islamismus eingesetzt? Wie werden V-Personen gewonnen? Wie werden sie eingesetzt? Wo werden die Erkenntnisse über das islamistische Spektrum zusammengeführt? Welche Überschneidungen zwischen Organisierter Kriminalität und Islamismus gab es im Fall Amri? Wenn es zu Überschneidungen kommt, wechseln dann auch die Quellen die Bereiche? Gibt es V-Personen, die in Organisierte Kriminalität oder Islamismus verstrickt sind? Gibt es V-Personen in Gefängnissen? In welcher Form wird mit den Nachrichtendiensten kooperiert? Welche Informationen spielten im Verbotsverfahren der Fussilet-Moschee eine Rolle? Welche Aufträge gab es nach dem Anschlag für Quellen? Werden durch die Konzentration auf islamistischen Extremismus in den Bereichen Links- und Rechtsextremismus keine V-Personen mehr eingesetzt?

Die Antworten gehörten nicht in die Öffentlichkeit, hieß es als Begründung für die Geheimhaltung. Das Gegenteil ist richtig: Die Antworten gehören der Öffentlichkeit. Zeugen kann man schützen, indem man sie in einem eigenen Raum befragt, für das Publikum hörbar, aber nicht sichtbar. Doch so vertreibt man Publikum: wenn sich die Sitzungen immer mehr vom öffentlichen Bereich in den nicht-öffentlichen verlagern, weil die Abgeordneten den Ansprüchen der Behörden immer öfter nachgeben und die Organe der Exekutive einem Organ der Legislative ihre Regeln diktieren. Das Spiel funktioniert nur, wenn sich alle daran halten. Wenn Abgeordnete, was mehr als einmal vorgekommen ist, in vorauseilender Folgenschaft in der öffentlichen Sitzung keine einzige Frage stellen und zugleich verschweigen, welche Fragen sie in der eingestuften Runde beantwortet haben wollen. Zu besichtigen ist hier ein Gesamtsystem, in dem die Geheimhaltungsregeln der Sicherheitsbehörden verinnerlicht wurden. Ein Sicherheitsapparat, der in kurzen Abständen einen Anschlag nach dem anderen mit seinen geheimen Arbeitsweisen eben nicht verhindert, hat streng genommen keine guten Karten. Gründe genug, seine Regeln zu hinterfragen. Um das Attentat von Berlin aufzuklären, braucht es mehr Öffentlichkeit und nicht weniger.

Die Beseitigung der Öffentlichkeit widerspricht nicht nur dem demokratischen Prinzip der Res publica, der öffentlichen Angelegenheiten. Das Parlament beraubt sich damit selber seiner wichtigsten Waffe. Untersuchungsausschüsse mit ihren weitreichenden Kompetenzen, auch exekutiven, die sogenannten »scharfen Schwerter« des Parlamentes, werden stumpf und wirkungslos, wenn die konkreten Auseinandersetzungen nicht mehr sichtbar sind. Wenn niemand zuhören und berichten kann, ist es, als habe der Untersuchungsausschuss gar nicht stattgefunden.

Die Etablierung der administrativ-exekutiven Corona-Regeln ab dem Frühjahr 2020 hatte zusätzliche Auswirkungen auf die Arbeit der Untersuchungsausschüsse. Abgesagte oder verkürzte Sitzungen, die Empfehlung an die Ausschussmitglieder, auf manche Frage zu verzichten, sowie der allgemeine Ausschluss der Öffentlichkeit – im Abgeordnetenhaus war über ein Jahr lang, bis zum Ende, kein Publikum mehr zugelassen, sondern lediglich Presse. Das galt anfänglich auch sogar für Anschlagsopfer, ehe sie wieder dabei sein durften. Dennoch war das Öffentlichkeitsprinzip über ein Jahr lang nicht gewährleistet.

Die Presse ist kein Ersatz für Öffentlichkeit. Im Zweifel erweist sie sich sogar als Falle. Ihre Anwesenheit täuscht vor allem Öffentlichkeit vor. Wenn aber nicht alles berichtet wird, was bei den Zeugenvernehmungen zur Sprache kam, kann man dem Glauben verfallen, was berichtet wurde, sei alles.

Die Rolle der Presse: Kontrollierte Öffentlichkeit

Der Blick auf die Wahrheit wie auf die Vertuschung der Wahrheit geschieht in den parlamentarischen Untersuchungsausschüssen für gewöhnlich vor aller Augen und Ohren, live und öffentlich. Öffentlichkeit ist die Voraussetzung, um überhaupt darüber berichten zu können. Ein Großteil des in diesem Buch Geschilderten kam an diesen offenen politischen Schauplätzen zur Sprache. Jeder Journalist und jede Reporterin konnten dasselbe hören und hätten dasselbe schreiben können. Doch was sie daraus machten, war höchst unterschiedlich.

In den Sitzungen ergab sich, dass im Tat-LKW keine Fingerabdrücke und belastbare DNA des angeblichen Täters Anis Amri sichergestellt wurden. Niemand sonst berichtete das. Ähnlich, dass an der Tatpistole DNA von Amris Mitbewohner Kamel A. gefunden wurde; oder dass in einer Videoaufnahme aus einer Unterführung am U-Bahnhof Zoo, die in der Ausschusssitzung vorgeführt wurde, zu sehen ist, wie Amri aus der U-Bahn hinaus- und Richtung Tatort geht; oder dass das »Fuffy«-Abhörprotokoll aus Italien den Namensvetter Soufiane Amri mit der LKW-Attacke in Zusammenhang bringt. Nichts davon wurde berichtet. Als vor dem Untersuchungsausschuss des Abgeordnetenhauses einer der Nachtat-Zeugen vom Waldorf-Astoria-Gebäude seine Wahrnehmungen schilderte, die sich darin zuspitzten, dass der Tat-Fahrer aufgrund der Beschreibung seiner Schuhe Zweifel an der Täterschaft von Anis Amri aufkommen ließ, erklärte mir die Kollegin einer Berliner Tageszeitung, das könne man nicht berichten, das sei zu kompliziert. Kompliziert war es nicht, berichtet hat sie aber trotzdem nicht. Vielleicht wusste oder spürte sie, dass sie damit gegen das allgemeine Narrativ verstoßen hätte – mit unberechenbaren Folgen.

Als die Auseinandersetzung zwischen dem LKA von Nordrhein-Westfalen und dem BKA um die Quelle »VP 01« aufbrach und der Leiter der EK »Ventum« berichtete, ihm sei erklärt worden, die Anweisung, die Quelle aus dem Spiel zu nehmen, sei von ganz oben gekommen, griff beispielsweise die *Süddeutsche Zeitung* zum Mittel der Polemik. Sie sprach von einer »ominösen Order von ganz oben« und unterstellte ausgerechnet den kritisch und konsequent fragenden Abgeordneten von FDP, Linkspartei und Grünen, sie hätten »schon lange die Theorie, dass Amri von heimlichen Mächten im Hintergrund beschützt« worden sei. Die *SZ* war ganz offensichtlich besorgt. Möglicherweise um die bestehende Ordnung, denn der Konflikt zwischen LKA und BKA hatte etwas Grundsätzliches und berührte das doch eigentlich unantastbare Sicherheitssystem der BRD. Es war kein Einzelfall, sondern eine Wiederholung.

Die *SZ* bildet mit den ARD-Anstalten WDR und NDR einen sogenannten »Rechercheverbund«, der von einem ARD-Fremden geleitet wird, nämlich Georg Mascolo. Der unterstützte im Fall der Abschiebung des mutmaßlichen Mittäters Ben Ammar die BKA-Agenda publizistisch und begrüßte die Maßnahme. Bei Fragen der nationalen Sicherheit scheinen manche Journalisten zu vergessen, welchen Beruf sie haben. Rückhalt- und schonungslose Recherchen sind da nur schwer zu erwarten.

Im Fall »Opalgrün« mischte sich auf dem Höhepunkt der Auseinandersetzung im Untersuchungsausschuss des Bundestags die ARD einmal in besonderer Weise in die Sache ein. Auf ihrer Webseite Tagesschau.de veröffentlichte sie einen widersprüchlichen Text zu dem Fall. Verantwortet von ARD-Journalisten, die im Gegensatz zu anderen Kollegen die Entwicklungen im Untersuchungsausschuss nicht verfolgten. Zunächst war in dem Artikel von »hochbrisanten Informationen« aus dem Verfassungsschutz von Mecklenburg-Vorpommern die Rede, die wie das »letzte fehlende Puzzleteil« in das Bild passen würden, das im »Zuge der Ermittlungen über den Anschlag entstanden« sei. Welches Bild genau sie meinten, erklärten sie nicht. Im Laufe der Arbeit des Untersuchungsausschusses wurden bestimmte offizielle Bilder bisher eher erschüttert. Bemerkenswerter aber war die Aussage im Tagesschau-Text, die Ermittler würden mittlerweile davon ausgehen, dass »an der Geschichte, die der V-Mann erzählte, nichts dran« sei. Wie nun? Hochbrisant und geheim, aber dann nichts dran? Nichts dran, aber trotzdem das letzte fehlende Puzzleteil? Die ARD schlug Alarm und gab zugleich Entwarnung. Sollte hier unter Einsatz eines etablierten Mediums eine wichtige Spur kaputt gemacht werden? Der Untersuchungsausschuss war jedenfalls alles andere als der Meinung, dass an der Geschichte »nichts dran« sei. Er lud fünf weitere Zeugen zu dem Komplex vor.

Ein Medienverhalten, das schon in der NSU-Affäre zu beobachten war. Der gar zu intensive Blick in Richtung des Sicherheitsapparates wird vermieden, weil sonst die Gefahr droht, dass dessen Verstrickung in den Terror besichtigt werden könnte. Presseöffentlichkeit ist kein Ersatz für Öffentlichkeit. Gegen das Risiko unvollständiger oder tendenziöser Berichterstattung hilft nur Publikumsöffentlichkeit, öffentliche Öffentlichkeit sozusagen.

Kapitel 32

Die Wiederholung – vorläufige Schlussbetrachtung

Mit einem Lastwagen absichtsvoll in eine Menschenmenge zu rasen, trägt faschistische Züge. Es folgt derselben Intention wie die Zündung der Nagelbombe in der Kölner Keupstraße durch Terroristen des »Nationalsozialistischen Untergrunds«, nämlich wahllos Menschen töten oder verletzen zu wollen. Gestern NSU – heute Amri.

Bundeskanzlerin Angela Merkel sagte im September 2017: »Ich sehe erhebliche Fortschritte bei der Terrorabwehr in Deutschland. So etwas wie Amri wird sich nicht wiederholen.« Das war zwar pflichtschuldige Regierungsrhetorik, kam darüber hinaus aber ziemlich bekannt daher. Die Worte selbst waren eine Wiederholung. Im Februar 2012, beim Gedenkakt für die Opfer des NSU, hatte die Kanzlerin ein ähnliches Versprechen abgelegt: »Wir tun alles, um die Morde aufzuklären und die Helfershelfer und Hintermänner aufzudecken und alle Täter ihrer gerechten Strafe zuzuführen, damit sich so etwas nie wiederholen kann.«

Der Anschlag vom Breitscheidplatz war gleich eine mehrfache Wiederholung. Es war die Wiederholung einer Tat mit vielen Toten und Verletzten, die Wiederholung der Vertuschungen und fehlenden Aufklärung und schließlich die Wiederholung regierungsamtlicher Entschuldigungs- und Beschwichtigungsrituale. Eine Endlosspirale. Es ist ein riesiges, überdimensioniertes und von außen schwer zu erkundendes Geflecht aus Personen, Institutionen, Daten, Ereignissen und Handlungsebenen, in denen der Anschlag vom 19. Dezember 2016 verortet werden muss. Wie simpel und irreal erscheint dagegen die Theorie von Anis Amri als alleinigem und spontanem Täter. Der Name »Amri« ist so etwas wie eine Chiffre, die über die Person Anis Amri hinausgeht. Und der Begriff »Amri-Komplex« steht für die gesamten ungeklärten Hintergründe und Widersprüche dieses verschränkten Tatkonstrukts.

Was ist am 19. Dezember 2016 genau passiert? Die Fragen, die am Anfang der Geschichte standen, sind heute, Jahre später, noch immer nicht beantwortet, auch weil entscheidende Ermittlungsschritte ausgeblieben sind. Warum dieser Anschlag? Was war das Motiv und was das Ziel des Tötungsplans? Warum dieser Tatort und dieser Tattag? Warum und woher dieses Tatmittel, der vierzig Tonnen schwere Lastwagen? Wer war der Haupttäter, der den LKW steuerte? Wer sind die Mittäter und Mitwisser? Wie lange wurde das Attentat vorbereitet? Wie stark ist der »deutsche« Anteil daran? Was wussten und wissen die Sicherheitsbehörden? Gab es Überschneidungen von Tätern und ihnen? Gab es Auftraggeber für die Attacke? Welche Rolle spielte der Tunesier Anis Amri darin? Dass diese Grundfragen nicht geklärt sind, heißt: Die Tat ist offen, der oder die Täter sind noch zu suchen. Die Figur Amri kann dabei wie ein Medium verstanden werden, das zu den unbekannten Tatbeteiligten führt.

Ein Weihnachtsmarkt auf dem Platz an der Gedächtniskirche im Zentrum Berlins wurde als Tatort ausgewählt. Zufall oder weil der Ort für eine doppelte Symbolik steht? Einmal für das »christliche« Ereignis Weihnachten, das zur Inszenierung als »islamistischer« Anschlag passt. Dass anscheinend religiöse Fanatiker einen Weihnachtsmarkt zum Anschlagsziel bestimmen, ein solches Szenario könnte als mögliches Tatmotiv noch verfangen. Nicht so richtig will dazu passen, dass einige »Islamisten« aus dem Umfeld der Verdächtigen selber auf Weihnachtsmärkten an Konsumbuden standen, so am Breitscheid- oder am Alexanderplatz, um Dinge zu verkaufen oder einer Lohnarbeit nachzugehen. Die zerstörte Ruinenkirche ist aber auch vor allem ein Mahnmal für die deutsche Kriegsvergangenheit. Außerhalb Deutschlands ist das kaum bekannt. Außerhalb Europas noch weniger. Kann sich jungen Tunesiern diese »deutsche« Symbolik so ohne Weiteres erschließen? Oder bräuchte es dazu deutsche Hilfe?

Die Anschlagsgeschichte besteht aus zahlreichen losen Enden. Die mutmaßliche Tätergruppierung umfasst einen »deutschen Teil« von Personen vor allem aus dem Umfeld der Fussilet-Moschee in Berlin. Sie lieferte die Infrastruktur für Vorbereitung und Durchführung der Tat. Hinzu kommt ein »internationaler Teil« professioneller, reisender dschihadistischer Kader; drittens ein Teil der zur »Organisierten Kriminalität« gehört, mit Drogen- und Waffenhandel zur Terrorfinanzierung, sowie ein »behördlicher Teil«, der für die Verquickung der islamistischen Szene mit Sicherheitsbehörden durch Informanten und V-Personen steht. Alles in allem ein Personal, mit dem die Hunderttausenden von Menschen, die vor allem ab 2015 nach Deutschland flohen und von politisch interessierter Seite als Framing für den Anschlag dienen, höchstens Nationalität und Herkunft gemein haben, aber nicht die Flucht und folglich auch nicht die Religion als Tatmotiv. Zur internationalen Dimension gehören Spuren, die nach Italien, Frankreich, Belgien und sogar nach Polen führen, aber auch offizielle Verbindungen zu Polizei- und Nachrichtendiensten im Ausland.

Wir wissen nicht, wie es war. Wir wissen aber eher, wie es nicht war. So, wie es offiziell von Bundesanwaltschaft und Bundeskriminalamt dargestellt wird, war es nicht. Eine Formel, die den Terrorfall Breitscheidplatz mit anderen Terrorkomplexen verbindet. Mit der weitgehend ungeklärten NSU-Mordserie, aber auch mit dem Oktoberfestattentat 1980. Und auch bei Anschlägen im RAF-Komplex erscheint die amtliche Version zweifelhaft, etwa beim Attentat auf den Generalbundesanwalt Siegfried Buback 1977.

Behauptete Einzeltäterschaften – auch das eine Wiederholung im bundesdeutschen Terrornarrativ. Dem angeblichen Einzeltäter Amri gingen die zwei NSU-Einzeltäter Böhnhardt und Mundlos voraus, und denen der Einzeltäter Gundolf Köhler. Für alle gilt, dass die tatsächliche oder ausschließliche Täterschaft nicht zweifelsfrei nachgewiesen ist.

Vor dem Untersuchungsausschuss von Brandenburg zum NSU-Skandal sagte einmal ein Verfassungsschutzbeamter als Zeuge selbstkritisch, das Handeln der Sicherheitsbehörden im Falle NSU sei eine »Schande« gewesen. Dann fügte er wörtlich hinzu: »Das werden Sie auch bei Amri erleben.« Der Anschlag war zu diesem Zeitpunkt etwa ein Jahr her, die Prognose hat sich längst bewahrheitet.

Die verblüffenden Parallelen zwischen den beiden Terrorkomplexen stellten sich rasend schnell ein. Zu den obskuren Hintergründen kam der fragwürdige Umgang mit der Tat. Ein Beobachter merkte an, der Amri-Skandal erweise sich als NSU-Skandal im Schnelldurchlauf. Ganz offensichtlich berühren Amri und NSU, aber auch das Oktoberfestattentat und die RAF, Grundsätzliches der politischen Ordnung der Bundesrepublik. Gibt es eine Realität im Staatsaufbau, eine innere Beschaffenheit, die nicht Sicherheit garantiert, sondern das Gegenteil befördert? Sind diese monströsen Terrorfälle auch deshalb vor allem politische Fälle?

Der Anschlag vom Breitscheidplatz führt »nach ganz oben«. Er war weder ein reiner Polizeifall noch ein gemischter Polizei- und Geheimdienstfall, sondern letztendlich ein politischer Fall. Das ergibt sich einerseits aus dem Verhalten von Behörden und Regierungsstellen nach dem Ereignis, wozu vor allem die Abschiebung von Ben Ammar, dem zweiten Hauptverdächtigen nach Amri, zählt. Unter der Patronage der Bundesregierung wurde er dadurch von Strafverfolgung verschont, denn damit wurde zugleich ein öffentlicher Prozess vermieden. Und das wiederum hat zumindest eine andere Wiederholung verhindert: ein neuerliches Desaster wie im Falle NSU vor dem OLG München mit unbefriedigender Wahrheitsfindung trotz fünf Jahren Prozessdauer.

Man konnte bei den politisch und sicherheitspolitisch Verantwortlichen aber auch Reaktionen beobachten, die in die Zeit vor dem Anschlag zurückführen. Dazu zählt ganz prominent der Konflikt zwischen dem LKA von Nordrhein-Westfalen und dem BKA um die zentrale menschliche Quelle VP 01 »Murat Cem«. Das mehr als fragwürdige Verhalten des BKA wird »von ganz oben« durch das Bundesinnenministerium verteidigt, also politisch geschützt. Die Regierungsorgane decken die Tätigkeit der Sicherheitsbehörden ab und tragen sie mit. Damit schließt sich der Kreis zur Bundeskanzlerin. Unklar ist bisher, was in der Tatnacht und den Tagen danach im Bundeskanzleramt an spezifischem Wissen zum Tatgeschehen kursierte.

Was wir heute wissen: Die Tat von Berlin steht in einer Reihe mit anderen Terrortaten in Deutschland. Wenn wiederholt darauf hingewiesen wird, es handelte sich um den schlimmsten einzelnen Terroranschlag seit dem Oktoberfestattentat, dann gibt es bemerkenswerterweise tatsächlich institutionelle Strukturen, die von der Todesfahrt in Berlin zur Bombe von München zurückführen. Mit dem gerichtlich attestierten Geheimhaltungsschutz einer V-Person, die möglicherweise den Sprengstoff für die Bombe von München geliefert hat, begründete das Bundesinnenministerium 2018 seine Weigerung, im Fall Breitscheidplatz weder eine zentrale Quelle noch deren Quellenführer aus dem BfV durch den Untersuchungsausschuss des Bundestags befragen zu lassen. Damit entlarvte es unfreiwillig, dass im Jahr 1980 eine V-Person mutmaßlich mit dem Attentat auf der Theresienwiese zu tun hatte, bei dem zwölf Unschuldige sowie einer der möglichen Täter starben.

Die anderen Terrorfälle, allen voran der NSU-Skandal, beeinflussen den Blick auf den Fall Breitscheidplatz. Mehrere Abgeordnete besitzen einen eigenen »NSU-Hintergrund«. Sie saßen als Mitglieder oder Berater in verschiedensten Untersuchungsausschüssen und haben dort die Winkelzüge und Verschleierungstechniken seitens der Sicherheitsbehörden bereits erlebt. Jetzt stießen sie zum Teil auf dieselben Behörden, Abteilungen und Verantwortlichen sowie auf dieselbe Kooperationsverweigerung.

Es gibt aber auch eine umgekehrte Wirkung: Die Erkenntnisse aus dem Fall Amri strahlen auf den NSU-Fall zurück. Denn wenn nach dem Skandal von gestern im Skandal von heute ähnliche Widersprüche auftauchen und offensichtlich keine internen Lösungen dagegen geschaffen wurden, dann vergrößert jeder Widerspruch im Amri-Komplex auch die verbliebenen Widersprüche im NSU-Komplex. Wenn beispielsweise der Verdacht nicht ausgeräumt werden kann, dass der oder die Attentäter vom Breitscheidplatz in Verbindung mit staatlichen Organen standen, dann macht das einen entsprechenden Verdacht gegen die NSU-Mitglieder Böhnhardt, Mundlos und Zschäpe virulenter. So hat der Anschlag vom Breitscheidplatz ganz nebenbei dafür gesorgt, dass auch der ungeklärte NSU-Terrorkomplex den Sicherheitsapparat wieder eingeholt hat und damit auch die Notwendigkeit aufzeigt, den staatlichen Umgang mit Terrorwilligen und Terrorstrukturen einer grundlegenden Revision zu unterziehen. Werden durch die bisherige Praxis Anschläge tatsächlich verhindert, oder werden sie eher begünstigt oder – schlimmer – gar herbeigeführt?

Den vielleicht mysteriösesten Satz in der Sammlung kryptischer Bekundungen von behördlichen Zeugen vor den Untersuchungsausschüssen sagte der Vorgesetzte des Leiters der EK »Ventum«: »Ich wünsche uns, dass eines Tages Klarheit herrscht.« Man hätte gerne gewusst, wie er das meint beziehungsweise von wem genau er sich das wünscht. Nachgefragt hat von den Abgeordneten niemand.

Das letzte Wort sei den unmittelbar von der Tat Berührten überlassen, den Verletzten und Angehörigen. In einem Offenen Brief vom April 2019 schrieben sie:

Für uns sind auch die konkreten Hintergründe von elementarem Interesse, die dazu führten, dass über siebzig Menschen teilweise schwer verletzt und zwölf Menschen ermordet wurden: unsere Ehe- und Lebenspartner, Väter, Mütter, Kinder, Geschwister, Enkel und Großeltern. Die Wahrheit mag für uns – wie auch viele traumatisierte Nothelfer – schmerzhaft sein, aber wenn sie uns vorenthalten wird oder nur stückweise ans Tageslicht kommt, wird es unerträglich. Wir möchten wissen: Wer war neben dem vermeintlichen Einzeltäter an dem Anschlag beteiligt? Weshalb wurde der Anschlag nicht verhindert, obwohl er hätte verhindert werden können und müssen? Und: Wer übernimmt für das staatliche Versagen die Verantwortung?

Abkürzungs- und Begriffsverzeichnis

ARD	Arbeitsgemeinschaft der öffentlich-rechtlichen Rundfunkanstalten der Bundesrepublik Deutschland
ASOG	Allgemeines Sicherheits- und Ordnungsgesetz, Berliner Polizeigesetz
BAMF	Bundesamt für Migration und Flüchtlinge
BAO	Besondere Aufbau-Organisation, große Ermittlungskommission
BAO City	Ermittlungskommission zum Anschlag vom Breitscheidplatz
BAW	Bundesanwaltschaft
BfV	Bundesamt für Verfassungsschutz
BKA	Bundeskriminalamt
BMI	Bundesministerium des Innern
BMJ	Bundesministerium der Justiz
BND	Bundesnachrichtendienst
BüMA	Bescheinigung über Meldung als Asylbewerber
DCPP	Direzione Centrale della Polizia di Prevenzione, italienisches BKA
»DeRad«	Deradikalisierung, Ausstiegsprogramm für Islamisten
DGST	Direction Générale de la Surveillance du Territoire, marokkanischer Inlandsgeheimdienst
DIGOS	Divisione Investigazioni Generali Operazioni Speciali, italienische Staatsschutzermittler
DIK	Deutschsprachiger Islamkreis, unter anderem DIK Hildesheim

EG	Ermittlungsgruppe
EG »Eisbär«	Ermittlungsgruppe Eisbär des BKA gegen drei Tunesier in Berlin
EK	Ermittlungskommission
EK »Eiba«	Ermittlungskommission des LKA Nordrhein-Westfalen (NRW) gegen die Brüder Ba., zusätzlich wurde Anis Amri in die EK aufgenommen
EK »Ventum«	Ermittlungskommission Ventum des LKA NRW gegen mehrere Führungspersonen des DIK Hildesheim
ERMA	Erfurter Maschinenfabrik, Fabrikat der Tatpistole
EV	Ermittlungsverfahren
FBI	Federal Bureau of Investigation, oberste Kriminalpolizeibehörde der USA
GAV	Gefahrenabwehrvorgang
GBA	Generalbundesanwalt, oberster Strafverfolger der Bundesrepublik
GenStA	Generalstaatsanwalt, Chef der vorgesetzten Behörde einer Staatsanwaltschaft
GTAZ	Gemeinsames Terrorismus-Abwehrzentrum, Informationsplattform der Sicherheitsbehörden zu islamistisch motiviertem Terror
IS	Islamischer Staat
ISIS	Islamischer Staat im Irak und Syrien
JVA	Justizvollzugsanstalt
KHK	Kriminalhauptkommissar
»Lacrima«	Name eines Gefahrenabwehrvorgangs des BKA
LfV	Landesamt für Verfassungsschutz
LKA	Landeskriminalamt
MAD	Militärischer Abschirmdienst
MdB	Mitglied des Bundestags
MEK	Mobiles Einsatzkommando
NfD/VS	Nur für den Dienstgebrauch/Verschlusssache
NIAS	Nachrichtendienstliche Informations- und Analysestelle, spezielle Runde im GTAZ
NSU	»Nationalsozialistischer Untergrund«, verantwortlich für eine Raub-, Anschlags- und Mordserie in den Jahren 1998–2011

OK	Organisierte Kriminalität
OLG	Oberlandesgericht
»Opalgrün«	Name einer gemeinsamen Operation von LfV Berlin, LfV Mecklenburg-Vorpommern und BfV
RBB	Rundfunk Berlin Brandenburg
PIAS	Polizeiliche Informations- und Analysestelle, spezielle Runde im GTAZ
PKGr	Parlamentarisches Kontrollgremium, Einrichtung des Deutschen Bundestags, die die Arbeit der Geheimdienste kontrollieren soll
PUA	Parlamentarischer Untersuchungsausschuss
RAF	»Rote-Armee-Fraktion«, nach eigenem Verständnis linksmotivierte Terrororganisation vor allem in den Siebziger- und Achtzigerjahren
SIS	Schengener Informationssystem
»Sirene«	deutsche SIS-Stelle, geführt vom BKA
SPoC	Single Point of Contact, gemeinsame Runden von Staatsschutz und Verfassungsschutz
Taskforce »Lupe«	Polizeiinterne Untersuchungsgruppe, die Manipulationen im LKA Berlin nachgehen sollte
UA	Untersuchungsausschuss
UP	Unbekannte Person, nicht identifizierte Person, die Spuren hinterließ
VE	Verdeckter Ermittler, hauptamtlicher Polizeibeamter, der unter falscher Legende tätig ist
VP	Vertrauensperson, Quelle der Polizei oder des Verfassungsschutzes
VPN	Violence Prevention Network, Ausstiegsprogramm für Islamisten
VS	Verschlusssache, auch: Verfassungsschutz

Dank

Bedanken möchte ich mich bei allen, die sich in den letzten vier Jahren meinen Fragen gestellt haben. Darunter Opfer des Anschlags, körperlich und seelisch Verletzte und Angehörige der Getöteten. Unter anderem Andreas Schwartz, Egbert Schmidt, Astrid Passin, Gerhard Zawatzki und Sascha Klösters. Sie sind Teil dieses Buches geworden. Mein Dank gilt Florian Rötzer, der als Verantwortlicher der Telepolis-Redaktion die kontinuierliche Berichterstattung zum Thema Breitscheidplatz unterstützt hat, für sein Vertrauen und seinen Weitblick. Schließlich habe ich mich über die gute Zusammenarbeit mit dem Westend-Verlag gefreut, der mit seinen Leuten und entschlossen das Buch ermöglich hat. Sie stehen auch für die Hoffnung, dass es ohne Anpassung geht und geistige Unabhängigkeit ein hohes Gut ist. Zu guter Letzt danke ich Jonathan und Benjamin, die mich ermuntert haben, die Arbeit zu Ende zu bringen.

Thomas Moser, Berlin im Mai 2021